权威·前沿·原创

皮书系列为

“十二五”“十三五”国家重点图书出版规划项目

长江中游城市群协同发展评价报告（2017）

ANNUAL REPORT ON THE COORDINATED DEVELOPMENT EVALUATION OF URBAN AGGLOMERATION IN THE MIDDLE REACHES OF THE YANGTZE RIVER (2017)

主　编 / 杨刚强
武汉大学长江经济带发展研究中心
武汉大学中国中部发展研究院

社会科学文献出版社
SOCIAL SCIENCES ACADEMIC PRESS (CHINA)

图书在版编目(CIP)数据

长江中游城市群协同发展评价报告. 2017 / 杨刚强主编. -- 北京: 社会科学文献出版社, 2017.12
(长江中游城市群蓝皮书)
ISBN 978-7-5201-1906-1

Ⅰ.①长… Ⅱ.①杨… Ⅲ.①长江中下游-城市群-发展-研究报告-2017 Ⅳ.①F299.275

中国版本图书馆 CIP 数据核字(2017)第 290359 号

长江中游城市群蓝皮书
长江中游城市群协同发展评价报告(2017)

主　　编 / 杨刚强

出 版 人 / 谢寿光
项目统筹 / 任文武
责任编辑 / 张丽丽

出　　版 / 社会科学文献出版社·区域与发展出版中心(010)59367143
地址: 北京市北三环中路甲 29 号院华龙大厦　邮编: 100029
网址: www.ssap.com.cn
发　　行 / 市场营销中心(010)59367081　59367018
印　　装 / 北京季蜂印刷有限公司

规　　格 / 开 本: 787mm × 1092mm　1/16
印 张: 18.25　字 数: 242 千字
版　　次 / 2017 年 12 月第 1 版　2017 年 12 月第 1 次印刷
书　　号 / ISBN 978-7-5201-1906-1
定　　价 / 88.00 元

皮书序列号 / PSN B-2016-578-1/1

本书如有印装质量问题, 请与读者服务中心(010-59367028)联系

主要编撰者简介

杨刚强 武汉大学中国中部发展研究院副院长，武汉大学长江经济带发展研究中心主任，武汉大学珞珈青年学者（武汉大学“351”人才），美国杜克大学访问学者，研究方向为公共资源配置与区域协调发展。先后主持国家社科基金一般项目、国务院政策研究室项目、教育部青年基金项目、国家发改委项目等30余项。在人民出版社、社会科学文献出版社出版学术专著2部，编著1部，在权威学术期刊等发表学术论文40多篇。

贺清云 湖南师范大学资源与环境科学学院教授、博士生导师，湖南省人民政府参事。主要从事人文地理、区域经济学领域的教学与科研工作，近年来承担国家自然科学基金项目等课题30余项，发表论文40多篇，出版专著、教材多部。

王　磊 美国哥伦比亚大学城市规划博士，武汉大学中国中部发展研究院教授、副院长，中国区域科学协会理事，中国区域经济学会副秘书长。主要研究方向为转型背景下的区域经济发展与空间结构演化。先后主持教育部人文社科基金、美国林肯土地政策研究院研究基金、日本东京财团优秀青年基金、韩国高等教育财团等科研项目，在国内外重要刊物发表论文40余篇，出版英文专著、编著各1部，译著《正义的理念》被新华网评为“2012年度中国影响力图书”。

张司飞 武汉大学中国中部发展研究院副研究员，武汉大学长江经济带发展研究中心副主任，硕士生导师，主要研究方向为创新与区域经济发展。在《管理世界》、《光明日报》（理论版）、《人民日报》（理论版）、《经济日报》（理论版）及 *Journal of Informetrics* 等 CSSCI 来源期刊、SSCI 收录期刊和权威报纸发表学术论文多篇，主持国家、政府和企业项目多项。

孙元元 武汉大学博士、博士后，武汉大学中国中部发展研究院副教授，武汉大学长江经济带发展研究中心副主任，主要研究方向为空间经济与世界经济。在《经济研究》、《世界经济研究》、《中国软科学》、《光明日报》（理论版）等发表学术论文 10 余篇。主持国家自然科学基金青年项目、武汉大学自主科研项目、中国博士后科学基金项目等多项科研项目。

王圣云 博士，南昌大学中国中部经济社会发展研究中心副研究员，美国密歇根州立大学访问学者，主要研究方向为区域经济与福祉地理学。在《中国软科学》、《人文地理》、《地理科学进展》、《经济地理》等期刊发表学术论文 50 余篇，在国家级出版社出版学术专著 4 部。主持国家社会科学基金青年项目、国家自然科学基金项目、教育部青年基金项目等多项科研项目。

范　斐 武汉大学中国中部发展研究院讲师，武汉大学长江经济带发展研究中心副主任，区域经济学博士后，主要研究方向为城市与区域创新政策。在 *Applied Economics* 及《系统工程理论与实践》、《科学学研究》、《中国软科学》、《地理学报》等发表学术论文 20 余篇。主持国家自然科学基金青年项目、中国博士后科学基金特别资助项目、湖北省软科学面上项目、武汉市软科学重点项目等 10 余项。

摘　要

湖北、湖南、江西三省全面贯彻新发展理念，以共抓大保护、不搞大开发为导向，以推进城乡、产业、基础设施、生态文明、公共服务“五个协同发展”为重点任务，积极加快长江中游城市群建设，在基础设施、生态文明、市场开放、公共服务等领域取得初步成效。

本书以“长江中游城市群协同发展评价”为主题，以总报告和分报告的形式，全面分析了长江中游城市群在城乡、产业、基础设施、生态文明、公共服务“五个协同发展”方面所取得的成效，并构建评价指标体系对其协同发展状况进行了客观评价，分析了存在的问题，提出了政策思路。

本研究认为，长江中游城市群经济社会发展呈现良好的态势，经济发展的质量和效益明显提高。武汉、长沙、南昌等省会城市加强对话交流，积极开展协商合作，在基础设施互联互通、市场一体化体系构建、产业和科技协同创新、生态环境联防联控、公共服务共建共享等方面取得了初步成效，长江中游城市群城乡、产业、基础设施、生态文明、公共服务协同发展度明显提升，但各区域在协同发展度、协同发展模式、协同发展路径等方面存在明显差异。长江中游城市群协同发展仍处于初级阶段，市场推动协同发展的潜力尚未充分发挥，影响协同发展的体制机制性障碍依然存在，协同发展的利益协调机制还不健全。

新时代、新征程。推进长江中游城市群协同发展，依然面临着一体化挑战、空间统筹挑战、开放性挑战等。促进长江中游城市群协同发展，要认真落实党的十九大关于促进区域协调发展的战略部署，特别是推动长江经济带发展的相关要求。深入贯彻新发展理念，准确把握发展中存在的不平衡不充分问题，以共抓大保护、不搞大开发为导向，坚持生态优先、绿色发展，协同共进、同心致远，协同建设长江中游现代经济体系、协同构建“有效市场”和“有为政府”、协同深化开放推进合作、协同推进发展体制机制创新。

关键词： 长江中游城市群　五个协同发展　指数评价

前　言

党的十九大做出中国特色社会主义进入新时代的科学论断，并明确指出我国社会主要矛盾已经转化为人民日益增长的美好生活需要和不平衡不充分的发展之间的矛盾。实施区域协调发展战略是新时代影响我国社会主要矛盾的重要因素，也是我国决胜全面建成小康社会，开启全面建设社会主义现代化国家新征程的重点任务。

中国特色社会主义进入新时代，要求中国区域协调发展开创新格局。迈向新征程，必须以习近平新时代中国特色社会主义思想为指导，深入贯彻新发展理念，着力解决区域发展中的不平衡不充分问题，不断增强区域发展的协调性，谱写区域经济发展的新篇章。

党的十八大以来，在区域发展总体战略的指引下，国家出台了一系列关于区域发展的重大战略部署，"一带一路"建设、京津冀协同发展、长江经济带发展成效显著，区域经济增长格局进一步优化。特别是通过重点区域的辐射带动，区域经济整体得到发展，区域发展的协调性增强，有力地支撑了国民经济的持续健康发展。

长江中游城市群是长江经济带的重要组成部分，是新时代国家推动长江经济带发展战略的重要支撑，是长江上、中、下游协同联动发展的关键环节，是打造中国区域经济新棋局的重要抓手。自《长江中游城市群发展规划》实施以来，立足中国经济新增长极、中西部新型城镇化先行区、内陆开放合作示范区、"两型"社会建设引领区的战略定位，紧紧围绕推进城乡、产业、基础设施、生态文明、公共服务"五个协同发展"的重点任务，长江中游城市群各城市开展了富有成效的工作。长江中游城市群省会城市会商会定期举行，各省会城市凝心聚力、携手共进，相继签署了《武汉共识》、《长沙宣言》、《合肥纲要》和《南昌行动》，在推动长江中游城市群协同发展、提升城市群竞争力方面发挥了重要作用。总的来说，长江中游城市群整体经济实力明显增强，在交通等基础设施建设、产业分工合作、城乡统筹发展、流域生态环境保护、基本公共服务体系一体化等方面都取得了明显成效，但依然面临诸多发展中的不平衡不充分问题。

推进新时代长江中游城市群发展，必须贯彻落实新发展理念。坚定不移以习近平新时代中国特色社会主义思想为指导，深入贯彻创新、协调、绿色、开放、共享的发展理念，以共抓大保护、不搞大开发为导向，坚持生态优先、绿色发展，并一以贯之。

推进新时代长江中游城市群发展，必须准确把握发展中存在的不平衡不充分问题。以当前发展中不平衡不充分的突出问题为着力点，加快完善长江中游城市群一体化发展机制，增强中心城市辐射带动能力，不断优化产业结构和空间布局，强化生态环境污染联防联治，加快实施乡村振兴战略，推进重点领域和重点区域的发展，形成良性互动、合作共赢的发展格局，协同打造中国经济新支撑带。

推进新时代长江中游城市群发展，必须协同共进、同心致远。应充分发挥长江中游城市群资源要素禀赋的比较优势，促进特色化、差异化发展。依托武汉国家中心城市，长沙、南昌等区域性中心城市，全面推进城乡建设、基础设施、产业发展、生态文明和公共服务等对接合作，实现集约发展、联动发展、互补发展。

新时代、新征程。在国家深入实施区域协调发展战略的新阶段，必须深化马克思主义理论研究和建设，必须充分发挥新型智库在决策咨询服务等方面的作用。新时代，新担当。武汉大学为服务国家长江经济带发展战略，建立了武汉大学长江经济带发展研究中心智库平台，组织广大专家学者就长江经济带发展过程中出现的新情况、新问题进行了深入研究，为有效促进长江经济带发展提供了新思路、新举措。

本书的出版，得到了国家发展改革委地区司、湖北省发展改革委、湖南省发展改革委、江西省发展改革委的关心指导与大力支持，有效地推进了长江中游城市群发展战略的研究工作和实践应用。希冀能够对国家有关部门和长江中游地区省市制定相关政策提供参考并产生积极影响，能够对致力于研究长江中游城市群发展的专家学者有所裨益。

目　录

Ⅰ　总报告

B.1　长江中游城市群协同发展实践与展望

…………… 武汉大学长江经济带发展研究中心课题组 / 001

一　长江中游城市群协同发展取得的成效 …………… / 002

二　长江中游城市群协同发展存在的问题 …………… / 019

三　长江中游城市群协同发展展望与建议 …………… / 023

Ⅱ　分报告

B.2　长江中游城市群城乡协同发展报告 …… 王圣云　罗　颖 / 029

B.3　长江中游城市群产业协同发展报告　…………… 孙元元 / 069

B.4　长江中游城市群基础设施协同发展报告

………………………………………… 范　斐　王　嵩 / 112

B.5　长江中游城市群生态文明建设协同发展报告

……………… 贺清云　许　骏　欧阳晓　邓杉文奇 / 168

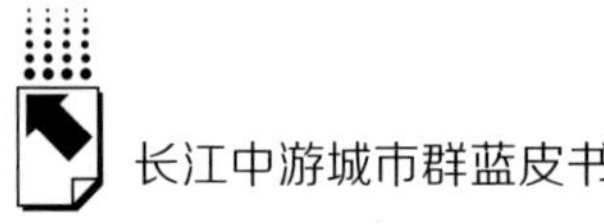

B.6 长江中游城市群公共服务协同发展报告

…………………………………… 王　磊　高　倩 / 219

B.7 后　记 …………………………………… / 262

Abstract …………………………………… / 264

Contents …………………………………… / 267

皮书数据库阅读**使用指南**

总 报 告

General Report

B.1

长江中游城市群协同发展实践与展望*

武汉大学长江经济带发展研究中心课题组**

摘 要： 加快长江中游城市群城乡、产业、基础设施、生态文明、公共服务“五个协同发展”，是落实国家区域发展战略的重要举措，也是推动经济增长空间从沿海向沿江内陆拓展的重要途径。以武汉、长沙、南昌三个省会城市为核心的长江中游地区，在基础设施互联互通、

* 本研究报告为国家发展改革委课题“长江中游城市群协同发展评价与政策研究”成果、武汉大学自主科研项目（人文社会科学）研究成果，得到“中央高校基本业务经费专项资金”资助，得到湖北省发改委“长江流域专项研究经费”资助。

** 执笔：杨刚强、程恒祥、张司飞。杨刚强，武汉大学中国中部发展研究院副院长，武汉大学长江经济带发展研究中心主任，武汉大学珞珈青年学者（武汉大学“351”人才），美国杜克大学访问学者，国家发展改革委课题“长江中游城市群协同发展评价与政策研究”负责人，主要研究方向为公共资源配置与区域协调发展；程恒祥，武汉大学中国中部发展研究院硕士生，主要研究方向为公共服务资源配置与区域协调发展；张司飞，武汉大学中国中部发展研究院副研究员，武汉大学长江经济带发展研究中心副主任，主要研究方向为创新与区域经济发展。

市场一体化体系构建、产业和科技协同创新、生态环境联防联控、公共服务共建共享等方面取得了初步成效，经济社会发展呈现良好的态势。但长江中游城市群协同发展仍处于初级阶段，市场推动协同发展的潜力尚未充分发挥，影响协同发展的体制机制性障碍依然存在，协同发展的利益协调机制还不健全。进入新时代，要推进长江中游城市群协同发展，必须深入贯彻新发展理念，以共抓大保护、不搞大开发为导向，协同建设长江中游现代产业体系、协同构建“有效市场”和“有为政府”、协同深化开放推进合作、协同推进发展体制机制创新，协同推进长江中游城市群经济社会协调发展。

关键词：　长江中游城市群　协同发展　指数评价

长江中游城市群山水相连、人文相亲。加快长江中游城市群协同发展，是我国发展进入新常态后培育区域发展新动能的重要举措，也是推动经济增长空间从沿海向沿江内陆拓展的重要支撑。近年来，武汉、长沙、南昌等省会城市不断凝聚共识，加强对话交流，积极开展协商合作，在基础设施、生态文明、市场开放、公共服务等领域取得初步成效，有效促进了长江中游城市群比较优势和内需潜力的充分发挥，有效带动了长江经济带和中部地区的快速发展。

一　长江中游城市群协同发展取得的成效

推进城乡、产业、基础设施、生态文明、公共服务“五个协同发展”，是加快长江中游城市群发展的重点任务，也是加快长江中游城市群建设的着力点。近年来，长江中游城市群三省会城市会商合作稳步推进，合作机制日益规范化、常态化，相继签署了《武汉共识》、《长沙宣言》、《合肥纲要》、《南昌行动》、《长江中游城市群省会城市合作行动计划（2017～2020年）》，进一步将省会城市合作推向新的阶段，加快了省会城市一体化进程。长江中游城市群湘、鄂、赣三省间合作协调机制也逐步完善，分别签署了《长江中游城市群战略合作协议》、《关于建立长江中游地区省际协商合作机制的协议》、《长江中游湖泊湿地保护与生态修复联合宣言》，三省在区域空间格局优化、基础设施互联互通、市场一体化体系构建、产业和科技协同创新、生态环境联防联控、公共服务共建共享等方面深入开展合作，取得了初步成效。

长江中游城市群各城市及省域立足国家区域战略，对于加快长江中游城市群转变经济发展方式，加强区域协作对接，增强整体经济实力，积极推进“五个协同发展”发挥了重要作用。①

（一）长江中游城市群经济发展呈现新局面

在中国进入新常态的背景下，各城市全面贯彻落实新发展理念，加快推进供给侧结构性改革和经济发展方式转变，积极落实国家区域发展战略，长江中游城市群经济发展呈现良好的态势，经济发展的质量和效益明显提高。2016年长江中游城市群GDP达到7.1万亿元，比上年同期增长9.23%，占全国GDP的9.57%。其中，湖北、湖南、江西省内城市分别实现GDP 2.91万亿元、2.56万亿元，1.63

① 本部分内容中，吸收了本书五篇分报告中的部分内容和观点。

万亿元，分别比上年增长 8.96%、9.47%和 9.33%。[①] 在各城市中，武汉、长沙、南昌的 GDP 位居前三，分别达到 1.19 万亿元、0.95 万亿元、0.44 万亿元，分别占所属省内城市总量的 41%、37%和 27%。

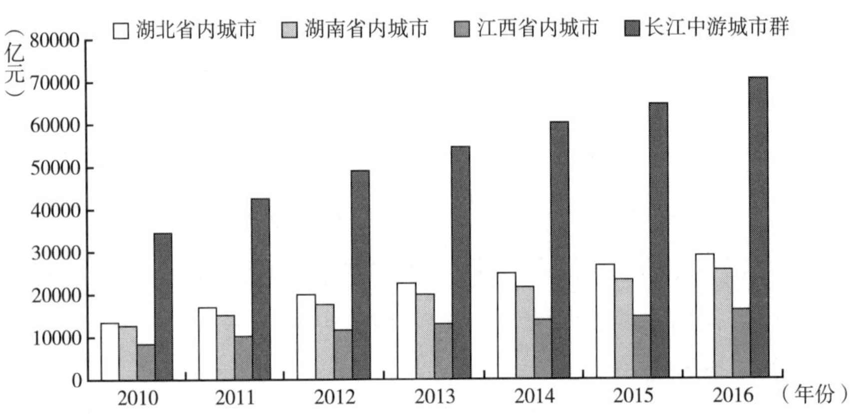

图 1　2010～2016 年长江中游城市群及其省内城市 GDP

2015 年，长江中游城市群地方一般预算内财政收入 3874.04 亿元，固定资产投资 57397.90 亿元、社会消费品零售总额 25984.83 亿元。其中，分省城市而言，如表 1 和图 2 所示，2015 年湖北省内城市各项指标总额均超过其他两省，所占比重均超过 40%，湖南省内城市除进出口总额（占 23.23%）低于江西省内城市总额（占 36.71%）外，其他各项指标均高于江西省内城市总额。

① 长江中游城市群范围：湖北省武汉市、黄石市、鄂州市、黄冈市、孝感市、咸宁市、仙桃市、潜江市、天门市、襄阳市、宜昌市、荆州市、荆门市；湖南省长沙市、株洲市、湘潭市、岳阳市、益阳市、常德市、衡阳市、娄底市；江西省南昌市、九江市、景德镇市、鹰潭市、新余市、宜春市、萍乡市、上饶市及抚州市、吉安市的部分县（区）。由于武汉城市圈中的仙桃市、潜江市、天门市，统计数据存在缺失，因此本文所涉及的数据分析仅为除这 3 个市之外的其他 28 个城市。

表 1　2015 年长江中游城市群分省城市发展概况

指标	固定资产投资额(亿元)	社会消费品零售总额(亿元)	进出口总额(亿美元)	地方一般预算内财政收入(亿元)
湖北省内城市	24011.03	11767.77	418.51	1752.47
湖南省内城市	18460.12	9013.86	242.68	1397.16
江西省内城市	14926.75	5203.20	383.43	724.41
长江中游城市群	57397.90	25984.83	1044.62	3874.04

资料来源：笔者根据 2016 年《中国统计年鉴》计算所得。

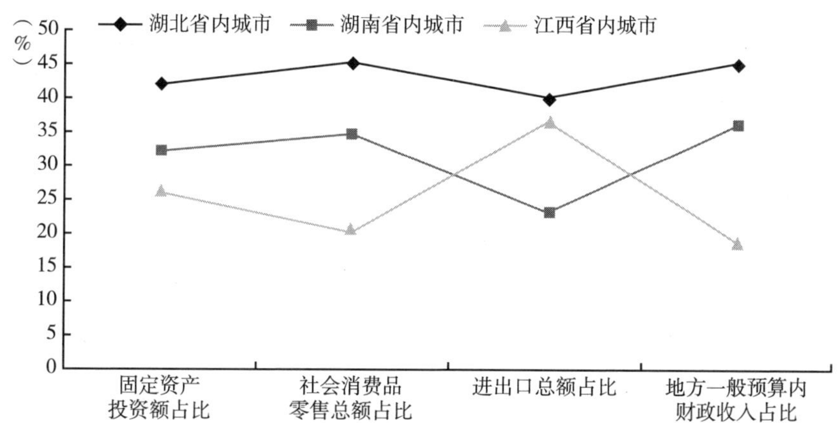

图 2　2015 年湖北、湖南、江西三省内城市各指标占比

分城市而言，如图 3 和图 4 所示，2015 年长江中游城市群各项指标中，绝对值和所占比重最高的城市依次为武汉、长沙和南昌，其中，固定资产投资额分别为 7681 亿元、6363 亿元和 4000 亿元，分别占长江中游城市群总量的 13.38%、11.09% 和 6.97%；社会消费品零售总额分别为 5102 亿元、3691 亿元、1663 亿元，分别占长江中游城市群总量的 19.6%、14.2% 和 6.4%；进出口总额分别为 281 亿美元、129 亿美元、115 亿美元，分别占长江中游城市群总量的 26.9%、12.3% 和 11.0%；地方一般预算内财政收入分别达到 1084

亿元、552 亿元、308 亿元，分别占长江中游城市群总量的 27.98%、14.25% 和 7.95%。此外，襄阳、宜昌、株洲、岳阳、衡阳、九江等城市发展迅速。

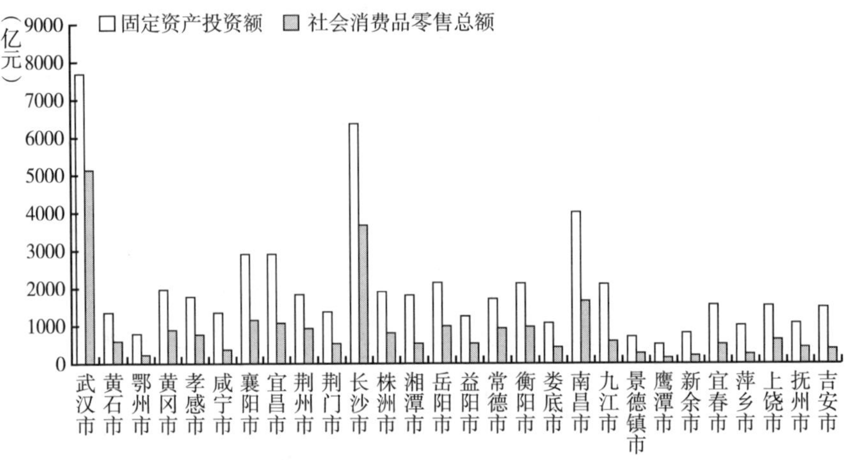

图 3　2015 年长江中游城市群各城市固定资产投资额和社会消费品零售总额

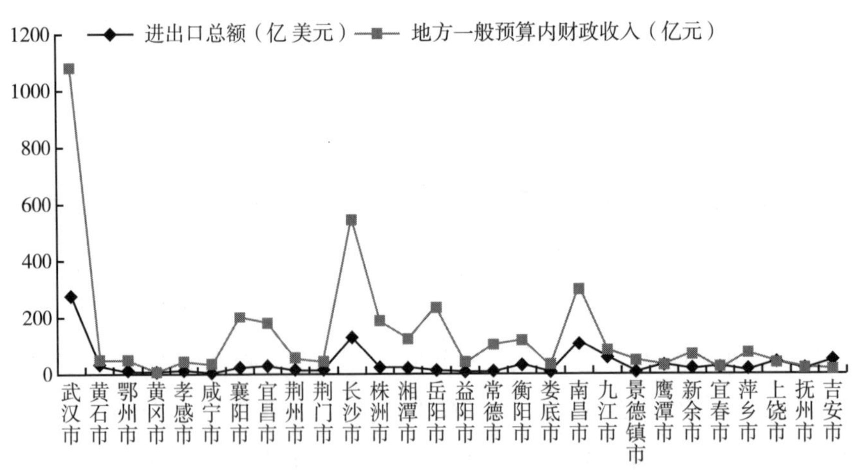

图 4　2015 年长江中游城市群各城市进出口总额和地方一般预算内财政收入

（二）长江中游城市群城乡一体化加速发展

长江中游城市群城镇化进程加快，2016 年常住人口城镇化率为 57.34%，比 2014 年提高 1.84 个百分点，其中，武汉、长沙、南昌的城镇化率分别达到 79.77%、75.99% 和 72.29%，城镇化的水平和质量明显提升。城乡居民收入水平大幅提升，2016 年长江中游城市群城镇居民可支配收入达到 29416 元，农村居民人均纯收入达到 13559 元，分别比 2014 年提高 4316 元、1559 元。多中心协调发展格局初步形成，武汉加快建设国家中心城市，襄阳打造汉江流域中心城市，宜昌打造长江中上游区域中心城市，长沙和南昌着力于建设重要区域性中心城市，中心城市辐射带动作用明显增强。武汉、长沙、南昌的综合承载能力和服务功能进一步增强，一批各具特色的中小城市和小城镇发展迅速，产城融合、城乡一体化发展的趋势向好。武汉城市圈、环长株潭城市群、环鄱阳湖城市群在集聚资源要素、产城融合发展，以及吸纳农业转移人口方面进入新阶段，多中心、网络化发展格局初步形成。

从城乡经济协同发展、城乡社会协同发展、城乡生态协同发展、城乡空间协同发展四个维度测算的城乡协同发展指数表明，2006～2015 年长江中游城市群城乡协同发展水平整体呈现稳步上升态势，其中，武汉市、长沙市在长江中游城市群各城市中城乡协同发展进程最快，武汉城市圈、环长株潭城市群城乡协同发展进程较快，环鄱阳湖城市群相对略显滞后（见图 5）。

（三）长江中游城市群产业发展协同协作度提升

2016 年长江中游城市群第一、二、三产业增加值分别达到 6739.50 亿元、34584.53 亿元、29538.26 亿元，分别比 2014 年增长 13.34%、9.27% 和 29.9%。从分省城市而言，各城市三次产业增加

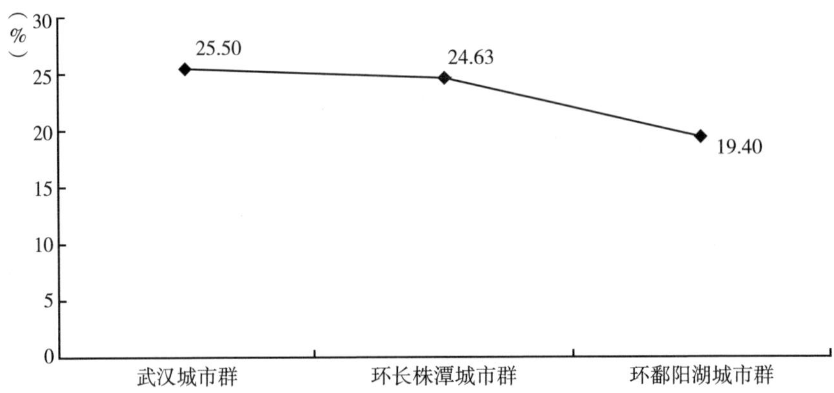

图5　2015年长江中游城市群内三大城市群城乡协同指数增速

值均呈明显增长趋势，湖北省所属城市三次产业增加值明显高于湖南和江西所属城市（见图6）。

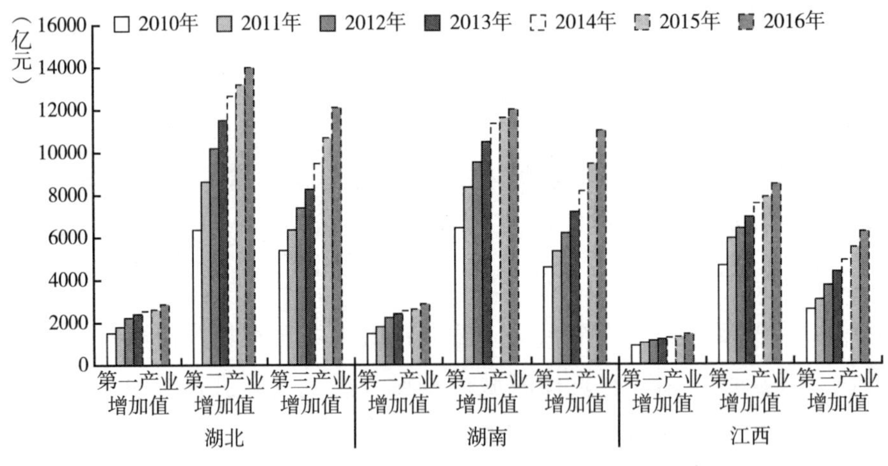

图6　2010～2016年长江中游城市群分省各城市三次产业增加值

2015年长江中游城市群第三产业增加值占GDP比重为36.65%，比上年增长2.09个百分点，武汉、长沙、南昌等主要城市第三产业增加值占比高于长江中游城市群平均水平（见图7）。

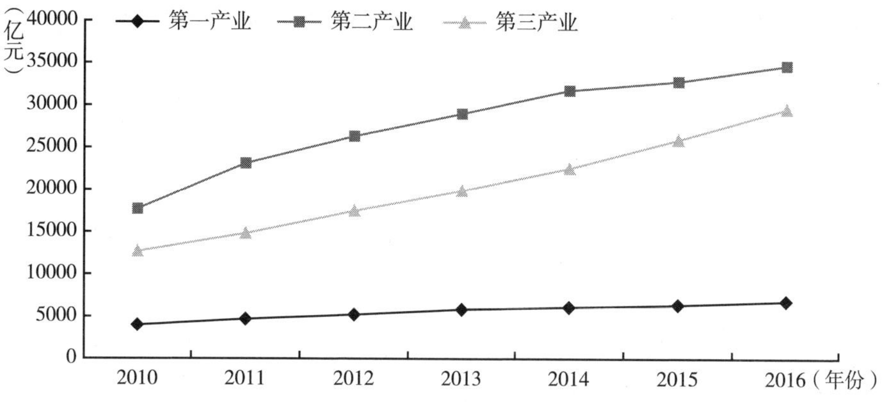

图7　2010～2016年长江中游城市群三次产业增加值

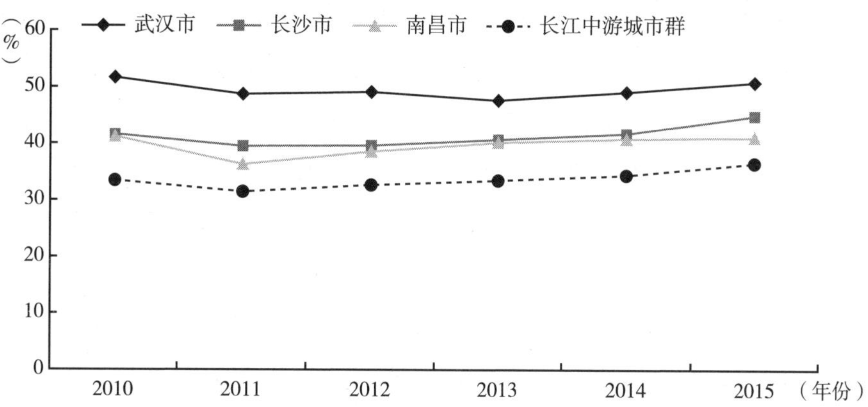

图8　2010～2015年长江中游城市群及主要城市第三产业增加值占比

近年来，长江中游城市群产业协同发展能力显著增强。一是先进制造业产业分工协作能力增强。依托武汉东湖、长株潭城市群国家自主创新示范区，一批战略性新兴产业集群、高端制造业产业集群竞争力不断增强，长江中游城市群汽车产业联盟、家电研发技术联盟等建设进程加快，武汉、长沙综合性国家高技术产业基地和南昌航空及生物等专业性国家高技术产业基地的辐射带动能力不断增强。二是物流、旅游、文化创意等现代服务业合作向纵深发展。联合推广“一程多站式”旅游，“旅游一卡通”正式发行，景点数量逐步扩大。三是产业和科技合作不断深入。一些跨区域技术创新联盟加速推进，借助武汉光博会、长沙科交会等，经贸交流和科技成果转化工作顺利开展。

课题组从资源有效配置的角度，构建了产业协同发展评价指标体系。研究结果表明，2010 年到 2014 年，长江中游城市群的产业协同发展指数呈现倒“U”形变化趋势。其中，2012 年产业协同发展指数最高，2014 年产业协同发展指数最低。从 2014 年开始，长江中游城市群的产业协同发展指数逐渐上升，产业融合发展不断深化。

就各城市群的产业协同发展指数而言，环鄱阳湖城市群、武汉城市圈、长株潭城市群的产业协同发展程度依次提升。长株潭城市群产业协同发展指数最高，高于长江中游城市群产业协同发展指数平均值，其次为武汉城市圈和环鄱阳湖城市群，其产业协同发展指数低于长江中游城市群平均值。具体而言，2010 年到 2016 年，长株潭城市群产业协同发展指数大致呈“U”形，武汉城市圈产业协同发展指数总体呈上升趋势，而环鄱阳湖城市群产业协同发展指数总体呈下降趋势。2014 年起，武汉城市圈的产业协同发展指数高于环鄱阳湖城市群，两者间差距逐渐扩大。2013 年到 2016 年，环鄱阳湖城市群产业协同发展指数从 0. 9698 下降到 0. 9155，说明环鄱阳湖城市群各城市间的市场分割程度有加大趋势（见表 2、图 9）。

表 2　长江中游城市群产业协同发展指数

年份	长江中游城市群	武汉城市圈	环鄱阳湖城市群	长株潭城市群
2010	0. 9908	0. 9291	0. 9709	1. 0394
2011	0. 9942	0. 9319	0. 9496	1. 0163
2012	1. 0031	0. 9675	0. 9492	1. 0353
2013	0. 9989	0. 9658	0. 9698	1. 0183
2014	0. 9874	0. 9826	0. 9466	1. 0226
2015	0. 9898	0. 9855	0. 9317	1. 0377
2016	0. 9904	0. 9781	0. 9155	1. 0581
均值	0. 9935	0. 9629	0. 9476	1. 0325

资料来源：《长江中游城市群产业协同发展报告》。

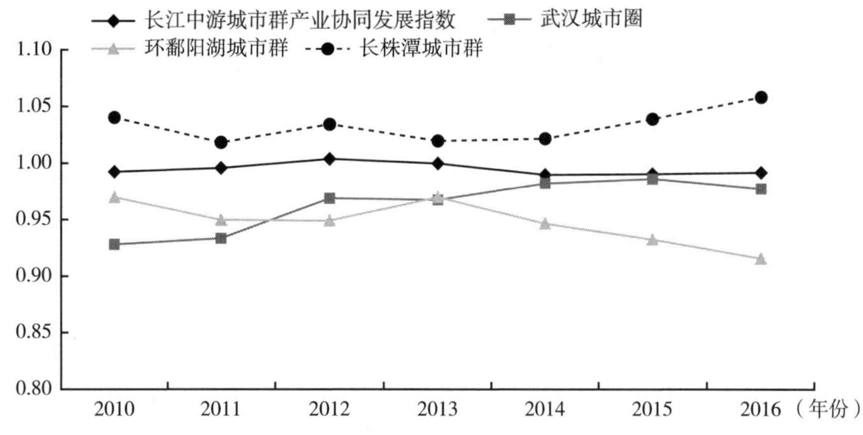

图 9　长江中游城市群及其他三大城市群产业协同发展指数

就三省份城市群之间的产业协同发展指数而言，总体呈“U”形变化趋势。其中，2011 年三省份城市群之间的产业协同发展指数最高，2014 年三省份城市群之间的产业协同发展指数最低，之后三省份城市群之间的产业协同发展指数逐渐上升（见图 10）。

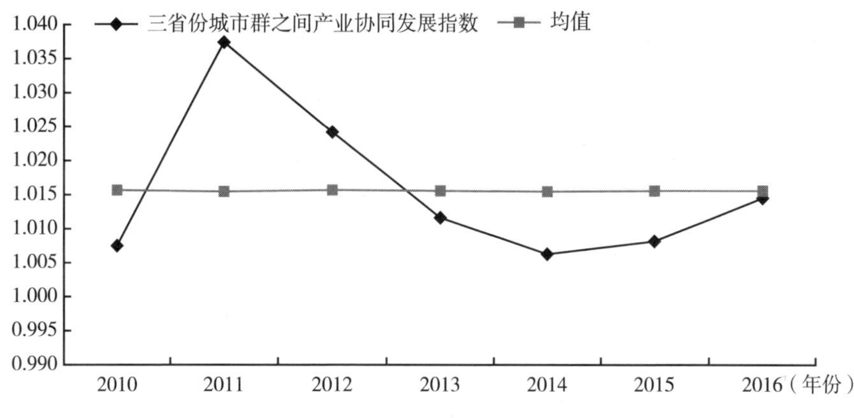

图 10　三省份城市群之间产业协同发展指数及均值

（四）长江中游城市群基础设施互联互通进程加快

近年来，长江中游城市群基础设施建设投资力度不断加大、进程不断加快。2016 年长江中游城市群三省共完成固定资产投资（不含农户）76571.08 亿元，其中湖北完成固定资产投资（不含农户）29503.88 亿元，增长 13.1%；湖南完成固定资产投资（不含农户）27688.5 亿元，比上年增长 13.8%，基础设施投资 7349.9 亿元，增长 26.2%；江西完成固定资产投资（不含农户）19378.7 亿元，增长 14.0%。基本形成了包括现代化港口群、区域枢纽机场、铁路和公路交通干线的密集立体化交通网络，综合交通枢纽建设取得积极进展。同时，长江中游城市群在水利基础设施、能源保障体系、信息基础设施等方面，不断加强协调与合作，分工合理、功能完善、保障有力的基础设施体系逐渐形成。

课题组对长江中游城市群基础设施协同发展状况进行了评价，研究表明：2010～2016 年，长江中游城市群各城市基础设施建设竞争与协同效应并存。就长江中游城市群各城市而言，2010 年基础设施协同发展指数排在前三位的为武汉、长沙和衡阳，2016 年则为武汉、长沙与南昌。武汉与长沙作为省会城市，基础设施协同发展能力一直稳定处于长江中游城市群的第一层级。襄阳、衡阳、岳阳、株洲、上饶、湘潭与常德在研究基期内的基础设施协同发展指数也排在前十，湖北与江西仅各有两个城市排在前十，湖南的城市排在前十的较多，这些城市的基础设施协同能力与武汉、长沙、南昌等核心城市的差别与其他城市相比相对较小。黄石、宜昌、荆州、黄冈、益阳、九江、新余、吉安、宜春与抚州 10 个城市 2016 年基础设施协同发展指数整体排在长江中游城市群的中部，但其与长江中游城市群其他城市的基础设施协同发展存在较好的基础，具有较大提升空间。鄂州、荆门、孝感、咸宁、娄底、景德镇、萍乡、鹰潭等 8 个城市的基础设施协同发展能力较弱，在未来长江中游城市群基础设施协同发展中的潜力较大，是影响整个长江中游城市群基础设施协同发展的薄弱环节，未来三个省份应当着重在这些城市进行重点基础设施建设项目的布局，在整体上优化长江中游城市群基础设施协同发展能力。

表3　2010年和2016年长江中游城市群基础设施协同发展指数

城市	2010年		2016年	
	数值	排序	数值	排序
武　汉	22.37	1	99.37	1
黄　石	0.67	18	2.44	19
宜　昌	1.19	11	3.90	13
襄　阳	3.12	5	11.57	4
鄂　州	0.17	28	0.94	26
荆　门	0.63	19	1.82	22
孝　感	0.27	26	1.30	25
荆　州	0.68	17	3.31	15
黄　冈	0.42	23	2.76	18
咸　宁	0.25	27	1.74	23
长　沙	14.18	2	49.92	2
株　洲	2.30	7	10.54	6
湘　潭	1.82	9	4.80	10
衡　阳	4.44	3	11.09	5
岳　阳	2.62	6	8.97	7
常　德	1.22	10	4.98	9
益　阳	0.77	15	2.99	16
娄　底	1.00	13	2.41	21
南　昌	4.08	4	12.37	3
景德镇	0.29	25	0.89	27
萍　乡	0.72	16	1.41	24
九　江	1.14	12	4.00	12
新　余	0.49	21	2.96	17
鹰　潭	0.30	24	0.53	28

续表

城市	2010 年		2016 年	
	数值	排序	数值	排序
吉　安	0.48	22	2.43	20
宜　春	0.79	14	4.42	11
抚　州	0.60	20	3.61	14
上　饶	1.87	8	6.35	8

资料来源：《长江中游城市群基础设施协同发展报告》。

就长江中游城市群内各省而言，各省基础设施协同发展获益值及省际总获益值都有了明显提升，湖北省内的基础设施协同发展总获益值提升最快，湖北与湖南之间的基础设施协同发展总获益值上升最多。从2016年省域内部及省际基础设施协同发展总获益值的大小顺序排列来看，湖北与湖南省际（22.72）＞湖北省域之内（11.02）＞湖南省域之内（7.70）＞湖北与江西省际（6.77）＞湖南与江西省际（3.40）＞江西省域之内（0.80）。从省域内部及省际基础设施协同发展获益比的大小顺序排列来看：湖北省域之内（5.89）＞湖北与江西省际（4.55）＞湖南省域之内（3.53）＞湖南与江西省际（2.58）＞湖北与湖南省际（2.20）＞江西省域之内（0.80）。对比省域内部及省际基础设施协同发展获益值排在前列的区域可以发现，综合基础设施发展能力较高的城市与综合基础设施发展能力较低的城市合作，拥有较高基础设施协同发展能力的城市明显在城市间的基础设施协同发展中占优势，例如武汉与湖北省域之内城市以及武汉与湖南、江西的城市展开基础设施合作，武汉的获益值要优于与其开展合作的城市。具体到省域内部以及省际基础设施协同发展获益值及获益比排序来看，在湖北、湖南、江西三省内部，武汉、长沙、南昌与省域内部其他城市的基础设施协同发展总获益值远远大于其余省域内部城市间基础设施协同发展获益值，武汉、长沙、南昌在省域内部城市间

表 4　2010～2016 年长江中游城市群分省域基础设施协同发展获益值及获益比

区域划分		2010 年				2016 年			
		S_{AOC}	S_{BOC}	S_{AOB}	获益比	S_{AOC}	S_{BOC}	S_{AOB}	获益比
湖北省内	武汉 - 襄阳	17.74	3.83	21.57	4.63	136.29	34.36	170.65	3.97
	武汉 - 宜昌	14.45	2.70	17.15	5.35	56.14	7.79	63.93	7.21
	武汉 - 荆州	9.13	1.22	10.35	7.48	47.18	5.78	52.96	8.16
	武汉 - 黄冈	6.54	0.68	7.22	9.62	40.77	4.49	45.26	9.08
	武汉 - 黄石	9.18	1.23	10.41	7.46	37.50	3.88	41.38	9.66
	平均	1.62	0.30	1.92	5.40	9.42	1.60	11.02	5.89
湖南省内	长沙 - 衡阳	16.08	8.36	24.44	1.92	33.79	30.41	64.2	1.11
	长沙 - 株洲	9.08	3.32	12.40	2.73	32.27	28.34	60.61	1.14
	长沙 - 岳阳	10.24	4.04	14.28	2.53	28.43	23.32	51.75	1.22
	长沙 - 常德	5.31	1.35	6.66	3.93	16.73	9.99	26.72	1.67
	长沙 - 湘潭	7.17	2.24	9.41	3.20	16.29	9.56	25.85	1.70
	平均	2.18	1.74	3.92	1.25	6.00	1.70	7.70	3.53
江西省内	南昌 - 上饶	1.62	0.23	1.85	7.04	4.18	2.90	7.08	1.44
	南昌 - 宜春	0.70	0.06	0.76	11.67	2.75	1.51	4.26	1.82
	南昌 - 九江	1.01	0.11	1.12	9.18	2.48	1.28	3.76	1.94
	南昌 - 抚州	0.56	0.04	0.60	14.00	2.25	1.09	3.34	2.06
	南昌 - 新余	0.47	0.03	0.50	15.67	1.85	0.79	2.64	2.34
	平均	0.16	0.04	0.20	4.00	0.38	0.42	0.80	0.90
湖北 - 湖南之间	武汉 - 长沙	129.68	91.35	221.03	1.42	609.77	335.84	945.61	1.82
	武汉 - 株洲	22.83	5.88	28.71	3.88	121.17	28.34	149.51	4.28
	武汉 - 湘潭	18.19	4.00	22.19	4.55	126.48	9.56	136.04	13.23

续表

区域划分		2010年				2016年			
		S_{AOC}	S_{BOC}	S_{AOB}	获益比	S_{AOC}	S_{BOC}	S_{AOB}	获益比
湖北－湖南之间	武汉－岳阳	25.59	7.12	32.71	3.59	107.64	23.32	130.96	4.62
	武汉－常德	13.61	2.43	16.04	5.60	64.96	9.99	74.95	6.50
	平均	3.53	2.40	5.93	1.47	15.62	7.10	22.72	2.20
武汉－南昌		37.04	13.13	50.17	2.82	143.39	37.32	180.71	3.84
湖北－江西之间	武汉－上饶	19.12	4.35	23.47	4.40	81.69	14.71	96.4	5.55
	武汉－宜春	9.21	1.24	10.45	7.43	58.59	8.37	66.96	7.00
	武汉－九江	12.85	2.20	15.05	5.84	53.67	7.21	60.88	7.44
	武汉－新余	6.34	0.64	6.98	9.91	41.41	4.61	46.02	8.98
	平均	1.23	0.44	1.67	2.80	5.55	1.22	6.77	4.55
湖南－江西之间	长沙－南昌	15.21	7.65	22.86	1.99	38.71	37.32	76.03	1.04
	长沙－上饶	7.55	2.44	9.99	3.09	21.25	14.71	35.96	1.44
	长沙－宜春	3.56	0.68	4.24	5.24	15.03	8.37	23.4	1.80
	长沙－九江	5.01	1.22	6.23	4.11	13.73	7.21	20.94	1.90
	长沙－抚州	2.89	0.47	3.36	6.15	12.57	6.22	18.79	2.02
	平均	0.93	0.49	1.42	1.90	2.45	0.95	3.40	2.58

资料来源：《长江中游城市群基础设施协同发展报告》。

注：①用 S_{AOB}代表 A、B 两个城市基础设施协同发展的总获益，S_{AOC}与 S_{BOC}分别代表 A 城市的基础设施协同发展获益与 B 城市的基础设施协同发展获益大小，S_{AOC}与 S_{BOC}的比值代表基础设施协同发展的获益比；②A 城市与 B 城市的基础设施协同发展获益比值越接近于 1，说明两个城市在基础设施协同发展中的获益分配越均匀，则两地开展基础设施协同发展的可能性越大，反之则越小。

基础设施协同发展中获益更多，其在省域内部城市间开展基础设施协同发展的意愿也更强烈些。

（五）长江中游城市群生态文明建设成效明显

长江中游城市群各城市加快生态文明建设，贯彻绿色发展理念的自觉性和主动性显著增强，初步建立起生态环境合作机制，初步探索了长江中游开发地区、受益地区与生态保护地区之间的横向生态补偿机制，忽视生态环境保护的状况得到明显改变，更加注重地区的协调、可持续发展。

一是重要山脉水系等生态系统的保护与修复工作进展顺利，森林覆盖率持续提高。长江治理与保护、罗霄山生态保护、洞庭湖水环境综合治理取得明显成效。2015 年，长江中游城市群建成区绿化覆盖率达到 40. 37%，公园绿地面积达到 1537. 75 公顷。二是生态环境治理明显加强，环境状况得到改善。一大批河流、湖泊的生态功能逐渐恢复，流域内各地落实“河长制”，将保护河流的任务分配到人，加强全流域的水污染综合防治。积极加快修复退化林、改造低产低效林及培育幼苗。三是“两型”社会建设成效明显。至 2016 年，湖北碳市场总成交量和成交总额都占全国碳市场八成左右的份额，成为全国首个“亿吨俱乐部”成员。湖南省先行先试，在全国率先建立起两型综合评价体系，在两型采购、农村环境治理、绿色发展评价指标体系、两型示范创建、城市环境综合治理、两型标准体系建设、绿心规划编制实施监管等方面累积了丰富的经验。2014 年 11 月，《江西省生态文明先行示范区建设实施方案》批复，江西省全境被纳入生态文明先行示范区。

课题组对长江中游城市群生态文明建设协调发展度评价表明，近年来，长江中游城市群生态文明建设取得明显成效，城市间生态文明建设的协调性不断提高。就各城市生态文明建设水平而言，2015 年各个城市生态文明建设平均得分排名前三位的分别是武汉、长沙和南昌，其他城市生态文明建设水平也呈现不断提高的态势。就长江中游城市群内相关城市群而言，生态文明建设的水平均在不断提升，2010～2015年，武汉城市圈、环长株潭城市群、环鄱阳湖城市群生态文明建设的综合得分分别为0.392、0.39和0.39。

就长江中游城市群各城市生态文明建设协调发展度而言，武汉、长沙、南昌生态文明建设的协调度最高，而其他城市协同发展表现为波段变化特征。其中，长沙市周边城市的生态文明建设协同发展呈现向好的态势，而武汉市和南昌市周边城市的生态文明建设协同发展状况基本处于不变的状态。就长江中游地区三大城市群内部生态文明建设协同发展状况而言，环长株潭城市群生态文明建设协调性相对较好，环鄱阳湖城市群生态文明建设协调程度略优于武汉城市圈。

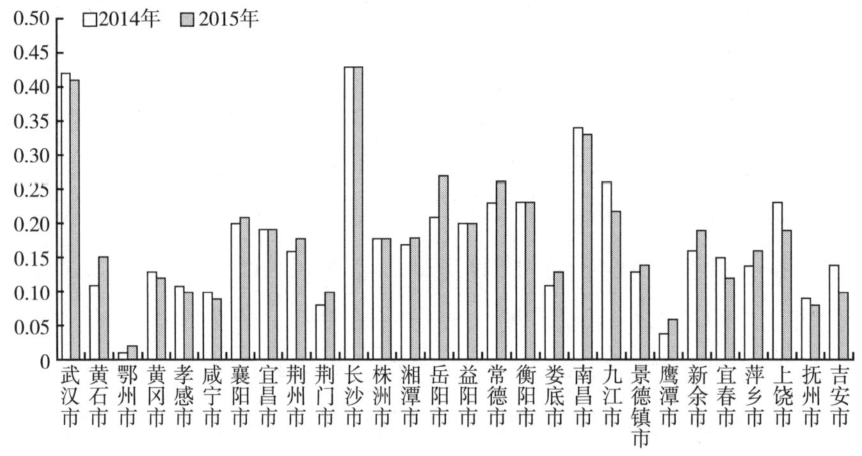

图11　2014～2015年长江中游城市群各城市生态文明协同指数

（六）长江中游城市群基本公共服务共建共享水平提升

长江中游城市群公共服务资源整合和政府间管理信息共享进程加快，基本公共服务共建共享水平不断提升。目前，长江中游城市群省会城市间住房公积金异地互认互贷在全国率先实施，医疗保险异地即时结算基本实现。一体化的就业创业服务体系逐步完善，统一的人力资源市场逐步建立。医疗卫生、教育等领域的合作交流逐步加强。

课题组对长江中游城市群基本公共服务协同发展评价表明，基本公共服务协同发展度在不断提升，但也存在明显的空间差异，这种差异更多体现在各城市群内部，而不是城市群之间。就长江中游地区所属城市而言，2015 年湖北省所属城市协同度最高，其次为环鄱阳湖城市群和环长株潭城市群。就具体公共服务而言，教育服务、医疗卫生、公共文化、基础设施等的协同发展度较高。

二　长江中游城市群协同发展存在的问题

长江中游城市群协同发展取得了初步成效，但不平衡不充分的问题依然存在。如一体化发展机制还有待完善，中心城市辐射带动能力不强，产业结构和空间布局不尽合理，城乡区域发展不够平衡，市场配置资源的决定性作用尚未充分发挥，影响协同发展和要素流动的体制机制障碍依然存在。

（一）协同发展处于初级阶段

长江中游城市群在城乡、产业、基础设施、生态文明、公共服务“五个协同发展”方面均取得明显成效，但协同发展的整体水平较低，协同发展程度高的主要是武汉、长沙和南昌三个省会城市，协同发展中不平衡不充分的问题凸显。从协同发展的主体看，协同发展主要以武汉、长沙、南昌省会城市协商推进，以及省级毗邻地区合作城市协商推进为主体，而其他城市以融入和参与武汉城市圈、环长株潭城市群、环鄱阳湖城市群发展为主，融入长江中游城市群的参与度不高。从协同发展的内容看，长江中游地区基础设施建设、公共服务共建共享、生态文明建设的协同度相对较高，而城乡、产业的协同度较低。从协同发展的程度来看，存在明显的空间差异。由于长江中游地区各城市发展水平处于不同的层级和阶段，区域内经济发展水平差异大，经济联系较为松散，武汉、长沙、南昌对周边地区的资源存在“虹吸效应”，导致协同发展的程度存在区域异质性，协同发展的成效存在区域差异性。

（二）尚未形成协同发展的共同体

实现协同发展，基本动力源于区域主体间的共同利益与共性需求，市场是推动区域协作的内生动力，但在市场经济体制中，自由市场的力量作用使得经济向区域不均衡方向发展也是一个内在的趋势，[①] 因此还需要相应的利益协调机制。推动长江中游城市群五个协同发展，关键在于培育形成区域合作的内在动力，增强区域开放的积极性和主动性，形成一体化的市场体系。

目前，长江中游地区尚未形成一体化的要素市场，包括一体化的金融市场、土地要素市场、技术和信息市场、创新要素市场等，尚未形成统一的准入标准和技术标准；也尚未建立完善的产业协同发展机制、产业协作收益分享机制、生态环境保护联动机制、科技创新协同机制、公共服务协调平台等。长江中游地区各城市虽有协同发展的共识、共谋，但难以形成协同发展的利益共同体，在促发展、抓落实方面缺乏应有的激励机制和协调机制。因此，长江中游地区五个协同发展体现出明显的空间差异，既有发展程度的差异，也有发展空间的差异，不平衡不充分的问题依然突出。

（三）存在影响协同发展的体制障碍

长江中游地区各城市分属不同的行政区划，现有行政体制分割在

① 陈秀山、张可云：《区域经济理论》，商务印书馆，2003。

一定程度上造成了市场的分割，主要体现在以下几个方面。

一是“强政府、弱市场”的格局，不利于协同发展。长江中游地区主要以武汉、长沙、南昌三个省会城市的协商和签署相关项目协议来推进协同发展，产业聚集与城市发展主要依靠政府推动。在区域行政体制分割的情况下，势必造成区域市场的分割，不利于资源要素在长江中游统一的大市场中自由流动配置，表现为长江中游城市群各中小企业和民营经济发展不足，行业协会和商会等非营利性组织不发达，区域性的要素市场发展滞后。如产业协同方面，长江中游地区三省份城市群之间的市场分割有不断加剧趋势，体现为长江中游城市群资源协同发展指数有收敛趋势，长江中游城市群产业集聚的技术外部效应有逐步减弱的趋势。

二是行政壁垒的存在，不利于协同发展。长江中游地区各城市资源禀赋不同、主体功能定位不同，担负的城市功能和使命不同，但各城市间存在严重的行政体制壁垒，制约了区域统一市场的形成与发展，区域协同发展的内生动力培育艰难。长期以来形成的以 GDP 等经济指标为核心的政绩考核制度，促使地方政府更多趋向于采取地方保护主义或超越资源禀赋和发展阶段的发展策略，不利于区域协同整体发展。如在我国现有财政分权和财政竞争机制下，基于刚性行政区划的区域地方政府分割治理，会改变相邻区域地方政府公共品的支出策略，出现搭便车的情况，造成具有显著区域外溢性公共品功能分裂、供给结构失衡和效率损失。一方面，地方政府事权与财权的不匹配，其对教育、医疗卫生等外溢性公共品供给奉行少分担多受益的原则，导致此类公共品供给存在结构失衡和效率损失的现象；另一方面，以 GDP 为主要考核指标的政治晋升机制，使得地方政府在政绩考核和经济利益竞争的驱使下，更偏好追求经济规模最大化，而忽视教育投资、环境治理等短期难以见效的外溢性公共品的投资。

三是缺乏制度的保障，不利于协同发展。当前我国区域合作的约束机制还比较欠缺，首先区域发展的相关法律法规建设一直滞后，区域经济合作缺乏专门性法律的支撑，使得我国区域经济合作中产生的许多问题解决起来无法可依。其次，长江中游城市群协同发展机制，主要停留在省会城市的各种会议制度与单项合作机制和组织上，一般采取集体磋商的形式，出台的相关合作协议往往不具有约束力，难以形成合理分工、共赢发展的协同发展格局。

（四）协同发展的利益协调机制不健全

协同发展的动力源于协作各方对利益的追求，地方利益也是地方政府所关注的重点领域。当前长江中游地区各城市间利益协调机制仍不健全，涉及区域产业、生态、城乡等的各类深层次利益协调机制尚未建立。如为了实现长江中游城市群发达地区的社会经济长远持续发展所需要的生态服务功能，限制了欠发达地区对当地资源的开发利用，并且需要增加对生态工程的投入，从而恶化了区域之间的利益分配关系。

一是利益协调推进机制不健全。长江中游地区的三个城市群过去都有自己的建设规划，但三个城市群间差异较大，在各级政府之间、地区之间和政府部门之间，缺少相互协调的制度和程序安排。目前，长江中游地区协调机制以省会城市间举办区域发展论坛、高层领导联席会议、城市联合会等形式为主，大多属于非制度化的、松散型的协商形式，其中一些组织机制多靠地方领导人来推动，缺乏一个统一的跨区域协调管理机构，也缺乏明确的调控权限，使得协调工作流于形式，难以落实。

二是生态补偿机制不健全。长江中游城市群目前生态补偿体制机制不完善，存在生态补偿范围、对象及标准不明确等问题，为生态补偿具体实施带来了障碍；补偿的资金问题，主要表现为单方面依靠财政转移支付以及相关的绿色基金，导致补偿力度不够，补偿客体不满意；财政转移支付体现的是由上级政府对下级政府进行补偿，长江中游城市群区域与区域之间同等级的横向补偿目前处于空白状态。生态环境好的地区为城市群其他经济发达地区的生态环境建设做出了巨大的贡献，但是，由于生态补偿机制不完善，生态文明协同建设缺乏动力，难以达到协同的最佳状态。

三　长江中游城市群协同发展展望与建议

（一）长江中游城市群协同发展展望

推进长江中游城市群发展，是全面落实党的十九大关于区域协调发展战略的具体体现，也是全力推进长江经济带发展的具体行动。全面推进长江中游城市群发展，有利于跨区域整合优化资源要素，有利于深化长江流域经济合作和开放开发，有利于共同保护长江水资源水环境，有利于推动形成区域发展新格局。

新时代、新征程。推进长江中游城市群协同发展，依然面临着一体化挑战、空间统筹挑战、开放性挑战等。促进长江中游城市群协同发展，要认真落实党的十九大关于促进区域协调发展战略部署，特别是推动长江经济带发展的相关要求。

推进新时代长江中游城市群发展，必须贯彻落实新发展理念。坚定不移以习近平新时代中国特色社会主义思想为指导，深入贯彻创新、协调、绿色、开放、共享的发展理念，以共抓大保护、不搞大开发为导向，坚持生态优先、绿色发展，并一以贯之。

推进新时代长江中游城市群发展，必须准确把握发展中存在的不平衡不充分问题。只有以当前发展不平衡不充分的突出问题为着力点，加快完善长江中游城市群一体化发展机制，增强中心城市辐射带动能力，不断优化产业结构和空间布局，强化生态环境污染联防联治，加快实施乡村振兴战略，才能推进重点领域和重点区域的发展，形成良性互动、合作共赢的发展格局，协同打造中国经济新支撑带。

推进新时代长江中游城市群发展，必须协同共进、同心致远。应充分发挥长江中游城市群资源要素禀赋的比较优势，促进特色化、差异化发展。依托武汉国家中心城市，长沙、南昌等区域性中心城市，全面推进城乡建设、基础设施、产业发展、生态文明和公共服务等对接合作，健全利益协调机制，实现集约发展、联动发展、互补发展。

（二）长江中游城市群协同发展政策建议

推进长江中游城市群五个协同发展，在发展路径上，应重点着力抓好四个方面：协同建设长江中游现代经济体系、协同构建“有效市场”和“有为政府”、协同深化开放推进合作、协同推进发展体制机制创新。

1. 协同建设长江中游现代经济体系

协同建设现代经济体系，是解决长江中游城市群发展不平衡不充分问题的必然要求，也是长江中游地区跨越发展关口、推进五个协同发展的迫切需要。

一是深化供给侧结构性改革，携手共建产业技术创新体系、协同搭建产业合作平台，共同打造先进制造业产业集群，构建具有区域特色的现代产业体系。以武汉东湖新技术产业开发区、长沙高新技术产业开发区、南昌高新技术产业开发区为引领，充分发挥武汉、长沙、南昌科技创新中心优势，加快科技创新成果落地转化，构建区域协同创新体系。推进产业分工合作，打造战略性新兴产业集群、现代服务业集聚区、优势农产品基地，强化对周边区域的引领辐射作用。加快建设实体经济、科技创新、现代金融、人力资源协同发展的产业体系，形成长江中游产业优势互补、行业供求衔接、空间布局合理的产业协同发展格局。

二是实施乡村振兴战略，加快推进新型城镇化，促进城乡统筹发展。充分发挥长江中游地区的农业资源优势，按照产业兴旺、生态宜居、乡风文明、治理有效、生活富裕的总要求，协同构建现代农业产业体系、生产体系、经营体系，促进农村一、二、三产业融合发展。加快推动生产要素在城乡之间双向流动，推进乡村振兴与城乡融合发展。

三是协同推进生态文明建设，推进绿色发展，强化污染防治，加强生态保护。加强长江中游水资源水环境保护，建立完善的水质监测信息共享机制。协同建立长江中游地区环境污染联防联控机制和预警应急体系，实施环境监管执法联动，加强信息共享与应急联动合作。

四是强化基础设施互联互通，建成网络化、智能化、标准化综合立体交通网络。长江中游地区应协同争取沿江高铁建设项目，打通省际“断头路”，完善与高铁站点相衔接的高速公路、城际和城市轨道交通、常规公共交通等配套设施。

五是加快基本公共服务共建共享，提高保障和改善民生的水平。携手推进长江中游地区城市信用体系建设，加快信用市场服务的互通、互认、互用。加强教育文化合作发展、社会保障互联互认、医疗卫生联动协作、食品安全联动监管、社会治理联防联控。推动长江中游城市群公共服务资源在更大空间、更大范围的整合，实现公共服务标准化、均等化。

2. 协同构建“有效市场”和“有为政府”

推进长江中游地区协同发展，既需要“有为政府”的科学调节，也需要“有效市场”的科学配置，使市场在资源配置中起决定性作用，更好发挥政府作用，才能有效推动长江中游地区资源的合理配置，实现协同发展。

一是加快建立统一的要素市场。加快构建长江中游地区一体化的要素市场，推进区域间、城乡间金融市场一体化、土地要素市场一体化、技术和信息市场一体化等。形成统一的准入标准和技术标准，促进资金、人才、技术、商贸、物流等市场要素有序自由流动。加快建立相对统一的市场执法标准和监管措施。

二是充分发挥企业的主体性作用。长江中游地区城乡、产业等的协同发展，主体是各级各类的企业，应建立企业主导的协同合作模式。长江中游地区，各城市的资源禀赋、发展阶段存在明显的差异，企业在区域间的资源要素配置存在巨大的潜力和空间。当前，应全力推进企业作为协同合作的主体、市场竞争的主体、资源配置的主体，激励企业积极参与市场竞争，让企业在投资、技术、销售及产业链分工等方面自主决策、自由合作，实现合作收益共享、合作风险共担，在合作中形成利益共同体，在市场竞争中推动城乡、区域要素合理配置，有效激活长江中游地区竞相迸发的市场活力，形成竞优的发展格局。

三是积极发挥政府协调作用。一方面充分发挥各级政府在长江中游地区跨区域的基本公共服务共建共享、交通、能源、环境保护等基础性建设方面的作用，有效促进具有显著外部性和外溢性公共品的供给。另一方面要为企业发展创造良好的市场环境，为城乡、产业等协同发展创造良好的条件。要积极消除行政壁垒，打破地区间市场分割，建立统一市场秩序，积极构建合作平台、建立合作机制、提供合作信息，推动市场主体在区域协同发展中发挥作用。同时，要积极制定相关产业政策、共同编制区域性规划，建立制度性的合作规则，为推进协同发展提供政策保障。

3. 协同深化开放推进合作

扩大开放、加强区域合作，有利于长江中游地区各城市在更大范围、更广领域、更高水平上实现资源要素优化配置，是加快长江中游城市群协同发展的重要“加速器”和“推进剂”。

一是增强各城市开放的主动性和积极性。在市场一体化不断推进的今天，各地区应积极扩大开放，加快各种要素的区际流动，实现资源共享、功能互补、联动发展，寻求区域合作的共同利益点，激发各地方参与区域合作的动力。要加强具有潜在合作利益地区的开放，通过内部的开放推动与外部的合作，既推进长江中游地区、长江经济带以及全国的一体化发展进程，又优化对外开放格局，积极参与和融入“一带一路”建设，推动企业联合走出去，深化与伏尔加河流域的合作，加强与密西西比河流域的合作，开展与莱茵河流域的合作，助推长江中游地区各城市优势产业、优势企业、优势产能走出去。实现以开放促发展，以合作带开放，把长江中游地区各城市的发展潜力变为增长现实，最大限度地实现合作主体的利益。

二是加强省际毗邻城市合作发展。进一步加快咸宁—岳阳—九江、荆州—岳阳—常德—益阳、九江—黄冈—黄石、九江—安庆—池州—景德镇、湖北通城—湖南平江—江西修水等省际毗邻区域的合作，积极打破行政区划壁垒，加强“五个协同发展”的规划统筹和协同合作，重点推进跨界流域治理、省界市场建设、路网联通和扶贫开发等，进一步提升长江中游地区协同发展的水平和质量。

三是加强重点领域的协同合作。加快推动口岸大通关建设，共建综合物流枢纽，构建功能互补的能源安全保障体系，构建资源与服务共享的信息体系。充分发挥湖北自贸区的功能，增强武汉片区、襄阳片区、宜昌片区的辐射带动作用，推动长江中游城市群成为全面改革开放试验田和内陆对外开放新高地。

4. 协同推进发展体制机制创新

只有强化长江中游城市群协同发展的体制机制创新，加快破除制约协同发展和要素流动的体制机制障碍，才能进一步增强“五个协同发展”的新动能。

一是加快建立长江中游城市群协同发展的体制机制，包括行政管理协同机制、城乡统筹协调发展机制、基础设施共建共享和标准化机制、环境污染联防联控机制和预警应急体系、产业协同发展机制、基本公共服务共建共享机制、科技创新协同机制。

二是加快健全利益协调机制。围绕长江中游地区重要能源矿产资源、重大生态品种、重要农产品等在区际的平等交换，通过深化价格体制改革、打造市场化交易平台，建立利益补偿和回馈机制等手段，促进资源开发地和利用地、农产品生产地和销售地、生态保护区与受益区等区际利益分享和发展机会上的协调平衡。

三是确保生态补偿机制常态化运行。加快划定禁止开发区，因地制宜地建立健全生态保护政策和生态保护补偿机制，完善农、林、牧、渔和矿产资源发展保护基金。联合设立确保长江中游城市群内部跨区域自然资源有偿使用的常态化运行机制，尽早推行《长江中游城市群生态保护补偿费用使用办法》，完善生态保护成效考评、补偿分配挂钩的激励与约束体制，加强生态补偿资金监管力度。鼓励生态受益区与保护生态地区通过项目协作补偿、扶贫攻坚补偿、异地搬迁补偿、产业转移补偿、人才输送补偿等创新型横向、纵向生态保护补偿方式积极探索跨区域生态文明共建新模式，给予开展重要生态功能区、污染治理区补偿试点工作的地区更多高级行政审批权限。研究制订以地方补偿为主、中央财政转移支付为辅的补偿细则。

四是完善长江中游地区平等的对话协商机制。继续推进长江中游城市群省会城市协商会，并进一步扩大协商会的城市范围，建立长江中游地区各城市完善的对话协商机制，加强对话交流，畅通区域信息交流路径，积极开展协商合作，鼓励和加强社会参与，在更高层次、更宽领域、更广范围推动深化合作，联手打造开放合作、互利共赢、共建共享的长江中游地区一体化发展新格局。

分 报 告

Sub Reports

B.2 长江中游城市群城乡协同发展报告*

王圣云　罗 颖**

摘 要：本报告从城乡经济协同、城乡社会协同、城乡生态协同、城乡空间协同四个维度，构建了长江中游城市群城乡协同发展指数。通过综合测算和比较分析可知：①2006～2015年长江中游城市群城乡协同发展进程稳步推进，武汉城市圈、环长株潭城市群的城乡协同发展进程较快，环鄱阳湖城市群相对略显滞后。②武汉城市圈的城乡社会协同与生态协同发

* 本研究报告为国家发展改革委课题“长江中游城市群协同发展评价与对策研究”的子课题研究成果。

** 王圣云，博士，南昌大学中国中部经济社会发展研究中心副研究员，美国密歇根州立大学访问学者，主要研究方向为区域经济与福祉地理学；罗颖，福建省南平市人，南昌大学经济管理学院硕士研究生，主要研究方向为城市群与中部经济。

展进程相对较慢；环长株潭城市群的城乡经济协同发展水平偏低，城乡社会协同发展进程最慢；环鄱阳湖城市群的城乡居民收入差距较大，城乡交通物流、通信水平发展较不协调。③武汉城市圈要进一步加强城乡生态环境监管体制改革，发挥科教优势提高周边各市教育文化服务水平；环长株潭城市群要积极鼓励城乡创新创业，出台教育卫生相关帮扶政策；环鄱阳湖城市群要不断加强城市群内部分工协作，不断完善交通物流网络。

关键词： 长江中游城市群　城乡协同　武汉城市圈　环长株潭城市群　环鄱阳湖城市群

一　长江中游城市群城乡协同发展成效

（一）武汉城市圈：城乡基础设施网络快速发展，城乡经济协同发展水平稳步上升

武汉市到周边城市的公路网络基本形成，城市圈城际铁路全面提速，既大大促进了城乡物流通信网络的发展，又开拓了旅游发展的新空间。同时，多市人口城镇化率超过50%。此外，城市圈城乡经济协同发展整体水平呈现稳步上升态势，产业结构进一步优化升级，城乡居民人均可支配收入、消费支出逐步缩小。

（二）环长株潭城市群：城乡发展协调性明显提高，城乡生态协同发展成绩显著

环长株潭城市群城乡协同发展总体水平快速提高，城市群内部互

促共进，要素进一步优化配置，注重城乡发展协调性，县域经济水平得到切实提升。近年来，生态环境保护治理成效显著，基础设施建设进展明显，城乡公共服务取得新进展，城乡教育结构进一步优化。

（三）环鄱阳湖城市群：城乡生态协同发展能力取得明显提升，城乡基本公共服务和社会保障差距趋于缩小

环鄱阳湖城市群城乡社会、生态协同发展取得进步，尤其是城乡生态协同发展水平一直较高，着重突出绿色生态、低碳生活及环境优美，向构筑全新的生态竞争力体系，建设宜居城镇空间迈进。而且城乡卫生公共服务水平逐步提升，社会保障体系日益完善，城乡居民生活得到改善。

二　长江中游城市群城乡协同发展评价

（一）城乡协同发展的相关理论与研究评述

“二元经济”理论是城乡协同发展的基础理论[①]。在城乡协同发展的测评研究方面，景普秋、张复明（2003）梳理了国内外城乡一体化研究的进展[②]。国内众多学者对其概念、内涵进行研究，但城乡协同涉及经济发展、社会生活、保护与发展、空间结构等多方面，因此目前尚未有一致的理解，且没有定量测度城乡协同发展的一致框架与评价模型。任平（2006）等人利用空间联系、功能联系评价成都市区域城乡协同进程[③]。朱颖（2008）建立了由城乡社会、经济、生

① 刘易斯：《劳动力无限供给条件下的经济发展》，《曼彻特学报》1954 年 5 月。

② 景普秋、张复明：《城乡一体化研究的进展与动态》，《城市规划》2003 年第 6 期。

③ 任平、介铭、张果：《成都市区域城乡协同进程评价研究》，《四川师范大学学报》（自然科学版）2006 年 11 月。

态环境融合度构成的城乡协同评价指标体系①。完世伟（2008）从空间、人口、经济、社会、生态环境五个视角及20项相关指标出发，构建城乡协同指标体系②。苏春江（2009）认为城乡经济社会发展包括统筹城乡经济发展、基础设施建设、人民生活等，而收入、支出、教育卫生等则属于城乡差异范畴，以此构建衡量河南省城乡协同进程的指标体系③。江敦涛（2011）运用空间、经济、社会、生态环境指标来分析山东半岛城乡一体化进程④。刁丽琼等人（2011）认为度量重庆“1小时经济圈”城乡协同要从空间、人口、社会等领域着手⑤。焦必方等人（2011）提出从经济、生活、医疗教育融合三个角度测度长三角地区城乡协同发展水平⑥。

（二）长江中游城市群城乡协同发展框架与指数设计

1. 研究框架与指标选取

结合与城乡发展现状有关的研究成果，构建长江中游城市群城乡协同发展指数框架，该框架可分为三个层次：目标层、准则层及指标层。目标层为长江中游城市群城乡协同。准则层包括城乡经济协同、城乡社会协同、城乡生态协同、城乡空间协同四个子系统（见图1）。

就衡量城乡协同发展指标而言，任平等人（2006）认为人均邮电业务量、公路网密度等指标属于空间联系指标；人均GDP等指标属于经济发展指标；非农人口比重等指标可用于刻画社会联系；工业废水达标率、人均绿地面积等指标可用来评价环境条件。朱颖

① 朱颖：《城乡协同评价指标体系研究》，《农村经济与科技问题探讨》2008年第19期。

② 完世伟：《城乡协同评价指标体系的构建及应用》，《经济经纬》2008年第4期。

③ 苏春江：《河南省城乡协同评价指标体系研究》，《农业经济问题》2009年第7期。

④ 江敦涛：《山东半岛城乡协同发展分析》，《农业技术经济》2011年第12期。

⑤ 刁丽琼、廖和平、魏洪斌等：《基于因子分析的重庆“1小时经济圈”城乡协同测度与评价研究》，《西南师范大学学报》（自然科学版）2011年第1期。

⑥ 焦必方、林娣、彭靖妮：《城乡协同评价体系的全新构建及其应用——长三角地区城乡协同评价》，《复旦学报》（社会科学版）2011年第4期。

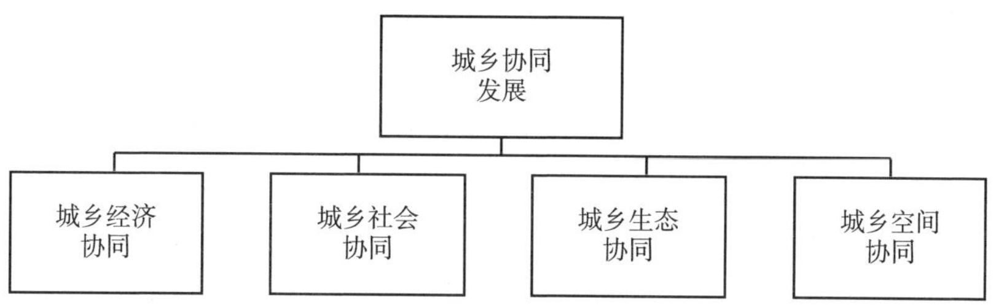

图1　长江中游城市群城乡协同发展指数框架

（2008）将城乡高中入学率和大学普及率、城乡每万人拥有医生数及农村合作医疗覆盖率、城乡居民人均居住面积比、城乡居民文化娱乐消费支出的比重、人口城市化率等指标用于衡量城乡社会发展融合程度；对城乡经济发展融合程度的度量应用城乡居民人均收入比、城乡人均国内生产总值比等指标；运用城乡森林覆盖率等指标分析城乡生态环境融合度。完世伟（2008）用交通网络密度指数、人口城市化率等指标来测度空间一体化指数；对人口一体化指数的刻画采用城乡文盲率等指标；将城乡人均地区生产总值比、非农业增加值占GDP比重、城乡居民收入差异系数等指标用来测度经济一体化指数；采用城乡高中毛入学率差异程度、城乡每万人拥有医生数差异程度等指标剖析社会一体化指数；将工业废水处理、工业固体废物综合利用率等指标纳入生态环境一体化指数范围。苏春江（2009）认为人均GDP、第二和第三产业增加值占GDP的比重、城镇化率等指标属于城乡经济发展方面的指标；用公路通车里程、高速公路等指标描述城乡基础设施建设；用城镇居民人均可支配收入、农民人均纯收入等指标反映城乡人民生活；以普通高校在校生规模、每千人拥有卫生机构病床数等指标测度城乡社会事业发展。刁丽琼等人（2011）认为人口子系统由人口城市化率、人口密度等指标构成；经济子系统包括地区生产总值、农村—城市收入差异系数等指标；把城乡每万人拥有卫生机构床位数差异程度、城乡人均居住面积比、社会保障和就业支出占总支出的比重等指标作为度量社会子系统的依据；将建成区绿化覆盖率、森林覆盖率等指标用来评价生态环境子系统；空间联系子系统指标由交通网络密度指数、城乡人均邮电业务量等组成。江敦涛（2011）采用公路网络密度、人均邮电业务量两个指标分析空间一体化；以城镇居民人均可支配收入、农村居民人均纯收入、人均国内生产总值、非农产业产值比等指标衡量经济一体化；从社会一体化视角出发，采用了非农人口比重、初中升学率、万人拥有医院床位数等指标；用绿化覆盖率、工业废水排放达标率、工业固体废物综合利用率衡量生态环境一体化。焦必方等人（2011）认为城乡居民人均年收入比、城乡居民人均生活消费支出比等指标属于城乡经济融合范畴；运用城乡医疗保健支出比、城乡文盲率比指标度量城乡医疗教育融合程度；城乡生活融合方面应用城乡移动电话比、城乡交通和通信比等指标。

综合相关理论和已有研究，经反复讨论和修改，本文共选取 20 项具体可行的指标，构建出长江中游城市群城乡协同发展指数评价体系（见表 1）。

表 1　长江中游城市群城乡协同发展指数评价体系

目标层	准则层	指标层	单位	指标方向
城乡协同发展指数	城乡经济协同指数	*C1*：人均 GDP	元	+
		C2：非农业产值占 GDP 比重	%	+
		C3：城乡居民人均可支配收入比	%	−
		C4：城乡居民人均消费支出比	%	−
	城乡社会协同指数	*C5*：高等学校在校生数	万人	+
		C6：城乡每千人拥有卫生技术人员数	人	+
		C7：人口城镇化率	%	+
		C8：城乡居民人均居住面积比	%	−
		C9：社会保障和就业支出	亿元	+

续表

目标层	准则层	指标层	单位	指标方向
城乡协同发展指数	城乡生态协同指数	*C10*:工业固体废物综合利用率	%	+
		C11:建成区绿化覆盖率	%	+
		C12:工业废水排放量	万吨	-
		C13:工业二氧化硫去除率	%	+
		C14:工业(粉)尘去除率	%	+
		C15:生活垃圾无害化处理率	%	+
		C16:单位 GDP 能耗	吨标准煤/万元	-
	城乡空间协同指数	*C17*:人均邮电业务量	元/人	+
		C18:公路密度	公里/百平方公里	+
		C19:民用汽车拥有量	辆	+
		C20:公路里程	千米	+

2. 指标说明

（1）*C1*：人均 GDP。人均 GDP 即人均地区生产总值，是指一个地区核算期内（通常是一年）实现的地区生产总值与这个地区常住人口数之比，是衡量该地区经济发展水平的一个重要指标。

（2）*C2*：非农业产值占 GDP 比重。非农业产值占 GDP 比重是指 GDP 扣除农、林、牧、渔业总产值后的剩余产值与 GDP 之比，反映该地区产业结构是否得到优化，应用该指标测度城乡经济协同发展水平。

（3）*C3*：城乡居民人均可支配收入比。城乡居民人均可支配收入比是一个地区当年城镇居民人均可支配收入与农村居民人均可支配收入之比，反映该地区城乡收入差距，是度量城乡经济协同发展水平的重要指标。

（4）*C4*：城乡居民人均消费支出比。城乡居民人均消费支出比是一个地区当年城镇居民人均消费水平与农村居民人均消费水平的比值，反映该地区城乡消费差距，是从经济角度衡量城乡协同发展进程不可或缺的指标。

（5）*C5*：普通高等学校在校生数。普通高等学校在校生数是指一个地区全日制大学、学院、高等职业技术学院/职业学院、高等专科学校在校生数，是反映该地区城乡高等教育发展水平的指标。

（6）*C6*：城乡每千人拥有卫生技术人员数。城乡每千人拥有卫生技术人员数是一个地区拥有的卫生技术人员总数与当年该地区人口总数之比，反映该地区医疗卫生发展水平，是从卫生领域的视角度量该地区的城乡协同发展水平的指标。

（7）*C7*：人口城镇化率。人口城镇化率是指一个地区城镇人口占该地区常住总人口的比例，反映该地区人口城市化水平，是测度城乡社会协同发展程度的重要指标。

（8）*C8*：城乡居民人均居住面积比。城乡居民人均居住面积比是一个地区城镇人均居住面积与农村人均居住面积的比值，是反映城乡居住条件差距的指标。

（9）*C9*：社会保障和就业支出。社会保障和就业支出是指一个地区政府财政支出中用于社会保障和就业项目支出的金额，反映该地区人民在社会保障和就业方面的社会福利水平，是从社会角度评价城乡协同发展的指标。

（10）*C10*：工业固体废物综合利用率。工业固体废物综合利用率是指从固体废物中提取或者使其转化为可以利用的资源、能源和其他原材料的固体废物量占其总生产量的比率①，从工业污染影响的角度，测度了该地区工业对城乡生态环境的影响，该指标值越大，表明工业固体废物对城乡生态环境污染影响越小。

（11）*C11*：建成区绿化覆盖率。建成区绿化覆盖率是指一个地区在城市建成区的绿化覆盖面积占建成区的百分比，反映城市建成区

① 中华人民共和国国家统计局官网，2013。

绿化水平。

（12）*C12*：工业废水排放量。工业废水排放量是指一个地区报告期内经过企业厂区所有排放口排到企业外部的工业废水量，反映该地区工业生产过程中排放的废水对城乡生态体系的影响。该指标值越大，表明工业废水排放对城乡生态体系影响越大。

（13）*C13*：工业二氧化硫去除率。工业二氧化硫去除率是一个地区工业二氧化硫去除量与工业二氧化硫产生量的比值，反映该地区工业生产过程中最终排放的二氧化硫对城乡生态的影响。

（14）*C14*：工业（粉）尘去除率。工业（粉）尘去除率是一个地区工业（粉）尘去除量与工业（粉）尘产生量的比值，反映该地区工业生产过程中最终产生的工业（粉）尘对城乡生态的影响。

（15）*C15*：生活垃圾无害化处理率。生活垃圾无害化处理率是指一个地区无害化处理的市区垃圾数量占市区生活垃圾产生总量的百分比，反映该地区市区的生活垃圾对城乡生态环境的影响，是分析城乡生态协同发展水平的首要指标。

（16）*C16*：单位 GDP 能耗。单位 GDP 能耗是指一个地区一次能源供应总量与 GDP 的比率，是反映一个地区能源利用效率的指标①，对衡量该地区生态发展有重要意义。

（17）*C17*：人均邮电业务量。人均邮电业务量是指一个地区每人平均拥有的邮电业务总量，反映一定时期内全社会邮电业务发展情况，是衡量该地区城乡社会联系状况的指标，在一定程度上度量了城乡社会协同发展水平。

（18）*C18*：公路密度。公路密度是指一个地区每百平方公里所拥有的公路总里程数，反映该地区交通便利水平。计算公式为：公路密度 = 公路里程/土地面积，是测度城乡空间协同发展水平至关重要的指标。

① 东胜区人民政府官网，2017。

（19）*C19*：民用汽车拥有量。民用汽车拥有量是指一个地区报告期末，已注册登记领有民用车辆牌照的全部汽车数量，可从侧面反映该地区经济发展水平。

（20）*C20*：公路里程。公路里程是指在一个地区一定时期内实际达到规定的等级公路，经公路主管部门正式验收交付使用的公路里程数①。

3. 长江中游城市群城乡协同发展指数测算模型

长江中游城市群城乡协同发展指数属于多指标综合评价体系，其中一项关键工作是确定指标权重。因不同指标量纲不一定相同，故先运用极差标准化方法处理相关指标的原始数据，再进行比较。再通过层次分析法（AHP）可以得到指标层相对于准则层权重和指标层相对于目标层权重。其中：*A* 表示目标层，*B* 表示准则层，*C* 表示指标层。

（1）指标权重确定

层次分析法的具体步骤如下：首先，构造递阶层次（见表1）。然后，构建各层判断矩阵（由于篇幅限制此处省略）。接着，进行判断矩阵一致性检验和层次单排序。最后，进行层次总排序，即依次沿递阶层次逐层计算具体指标相对于目标层的权重，并通过一致性检验（见表2）。

表2　长江中游城市群城乡协同发展 *B*～*C* 层次总排序

B～C	*B1*	*B2*	*B3*	*B4*	*W*
Bi 权重	0.4287	0.2304	0.1937	0.1472	
C1	0.0931				0.3752
C2	0.2214				0.9069
C3	0.3724				1.5007

① 中华人民共和国国家统计局，主要统计指标解释，http：//www.stats.gov.cn/tjsj/ndsj/2009/html/z15.htm。

续表

B ~ C	B1	B2	B3	B4	W
C4	0. 3131				1. 2793
C5		0. 1429			0. 7143
C6		0. 1429			0. 7143
C7		0. 2857			1. 4286
C8		0. 1429			0. 7143
C9		0. 2857			1. 4286
C10			0. 1009		0. 7081
C11			0. 1009		0. 7138
C12			0. 1009		0. 7138
C13			0. 1009		0. 7138
C14			0. 1009		0. 7138
C15			0. 2304		1. 7314
C16			0. 2651		2. 0662
C17				0. 2879	1. 1593
C18				0. 4765	1. 9211
C19				0. 1547	0. 6194
C20				0. 0810	0. 3256

（2）长江中游城市群城乡协同发展指数计算模型

运用线性加权评价法测度长江中游城市群城乡协同发展指数。公式如下：

$$g(x) = \sum_{m=1}^{4} W_m \times B_m = \sum_{n=1}^{20} W_n \times C_n$$

其中，$g(x)$ 表示的是长江中游城市群城乡协同发展指数，W_m 是各维度权重，W_n 是各指标权重。B_m 表示 4 个维度城乡协同发展指数（$m=1, 2, 3, 4$），C_n 表示各指标（$n=1, 2, \cdots, 20$）。

数据来源于历年《湖北统计年鉴》、《湖南统计年鉴》、《江西统计年鉴》、《中国城市统计年鉴》、《中国区域经济统计年鉴》以及各市统计年鉴和公报。

（二）长江中游城市群城乡协同发展指数评价

应用线性加权评价模型对2006～2015年长江中游城市群各市城乡协同发展水平进行综合评价分析，以此揭示从“十一五”至“十二五”时期武汉城市圈、环长株潭城市群、环鄱阳湖城市群城乡协同发展态势。

1. 长江中游城市群城乡协同发展指数总体排序比较

2015年武汉市、长沙市、南昌市在长江中游城市群各市中城乡协同发展进程较快，其核心城市地位更加巩固。三市分列城乡协同发展指数排名第1、2、5位，在各自所在城市群内城乡协同发展水平最高。

2006～2015年，由武汉市、长沙市连年位列长江中游城市群城市首位或第二位可知，武汉市、长沙市在长江中游城市群各市中城乡协同发展进程最快。而与武汉市、长沙市相比，南昌市排名在第3～5位，城乡协同发展水平偏低，但相较长江中游城市群其他城市，南昌市的城乡协同发展水平仍然较高（见表3）。

表3　长江中游城市群各市城乡协同发展指数：2006～2015年

城市群	城市	2006年		2010年		2011年		2015年	
		指数	排名	指数	排名	指数	排名	指数	排名
湖北省所属城市	武汉市	1.0768	1	1.1704	2	1.2076	2	1.3848	1
	黄石市	0.9446	14	0.9838	22	1.0203	21	1.1601	15
	鄂州市	0.9646	11	1.0723	7	1.1307	3	1.2462	3
	黄冈市	0.858	30	0.8983	31	0.9184	31	1.0802	28
	孝感市	0.8429	31	0.9439	27	0.9602	28	1.0842	27
	咸宁市	0.8677	28	0.9266	29	0.9851	25	1.1466	20
	仙桃市	1.0173	4	1.0499	9	1.0709	12	1.1868	10
	潜江市	0.9716	10	1.0080	17	1.0638	13	1.1747	14
	天门市	0.9084	22	1.0088	15	1.0382	17	1.1324	22
	襄阳市	0.9068	23	1.0451	10	1.1130	5	1.2002	7

续表

城市群	城市	2006 年		2010 年		2011 年		2015 年	
		指数	排名	指数	排名	指数	排名	指数	排名
湖北省所属城市	宜昌市	0.9128	19	0.9938	21	1.0573	15	1.1962	8
	荆州市	0.8978	25	0.9386	28	1.0160	23	1.1038	24
	荆门市	0.9331	16	1.0045	18	1.0751	10	1.1288	23
湖南省所属城市	长沙市	1.062	2	1.1870	1	1.2251	1	1.3559	2
	株洲市	0.9803	9	1.0938	4	1.1013	8	1.1566	17
	湘潭市	1.0017	5	1.0951	3	1.1113	6	1.2151	4
	岳阳市	0.9105	21	1.0082	16	1.0405	16	1.1875	9
	益阳市	0.9318	17	0.9941	20	1.0382	18	1.2042	6
	常德市	0.9224	18	1.0182	14	1.0310	19	1.1593	16
	衡阳市	0.9851	8	1.0436	11	1.0616	14	1.1758	13
	娄底市	0.8747	26	0.9043	30	0.9430	30	1.0968	25
江西省所属城市	南昌市	1.0388	3	1.0874	5	1.1160	4	1.2114	5
	九江市	0.9424	15	0.9943	19	1.0197	22	1.1407	21
	景德镇市	0.9569	12	1.0283	13	1.0307	20	1.1474	19
	鹰潭市	0.9483	13	1.0351	12	1.0835	9	1.1525	18
	新余市	1.0005	6	1.0769	6	1.1034	7	1.1761	12
	宜春市	0.9119	20	0.9722	23	0.9939	24	1.0918	26
	萍乡市	0.9863	7	1.0584	8	1.0725	11	1.1804	11
	上饶市	0.9019	24	0.9508	26	0.9638	27	1.0349	31
	抚州市	0.8601	29	0.9639	24	0.9658	26	1.0655	29
	吉安市	0.8702	27	0.9581	25	0.9577	29	1.0387	30

2006~2015 年，长江中游城市群城乡协同发展水平整体呈现稳步上升态势（见图 2、图 3、图 4）。长江中游城市群城乡协同发展指数显示武汉城市圈、环长株潭城市群城乡协同发展进程较快，环鄱阳湖城市群相对略显滞后。从各城市群内部城乡协同发展差距视角出发，首先，武汉市与武汉城市圈内其他各市城乡协同差距扩大，与武汉城市圈排第二位的城市的城乡协同发展指数差距由 2006 年的

0.0595 上升到 2015 年的 0.1386。同时，环长株潭城市群也出现各市城乡协同发展差距拉大的现象。环长株潭城市群第一位与第二位城市的城乡协同发展指数相差由 2006 年的 0.0603 上升到 2015 年的 0.1408。但是，环鄱阳湖城市群各市城乡协同发展差距缩小，取得协同进步。

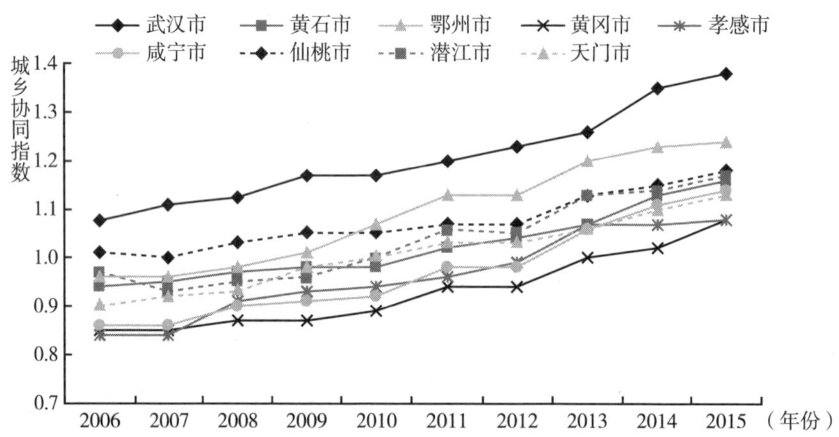

图 2　武汉城市圈各市城乡协同发展进程：2006～2015 年

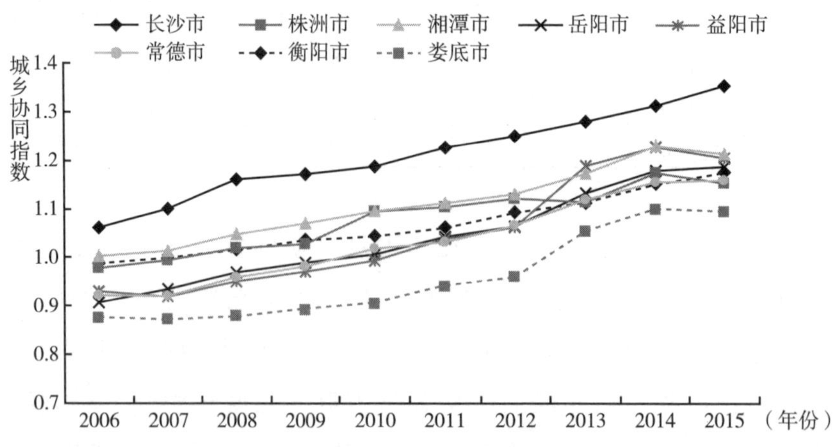

图 3　环长株潭城市群各市城乡协同发展进程：2006～2015 年

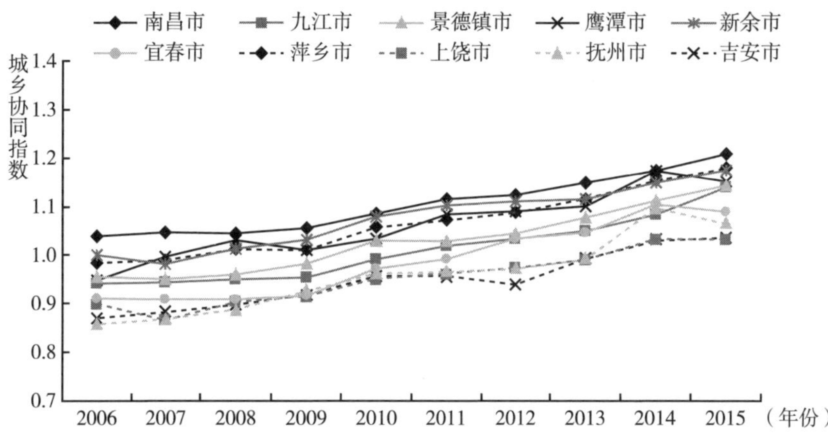

图4　环鄱阳湖城市群各市城乡协同发展进程：2006～2015年

2007～2015年武汉城市圈、环长株潭城市群、环鄱阳湖城市群城乡协同发展水平整体全面提升。其中，武汉市、长沙市、南昌市均呈现出逐年提升的态势。然而，2015年环长株潭城市群、环鄱阳湖城市群内部部分城市呈现出上升趋势放缓的现象（见图5、图6、图7）。

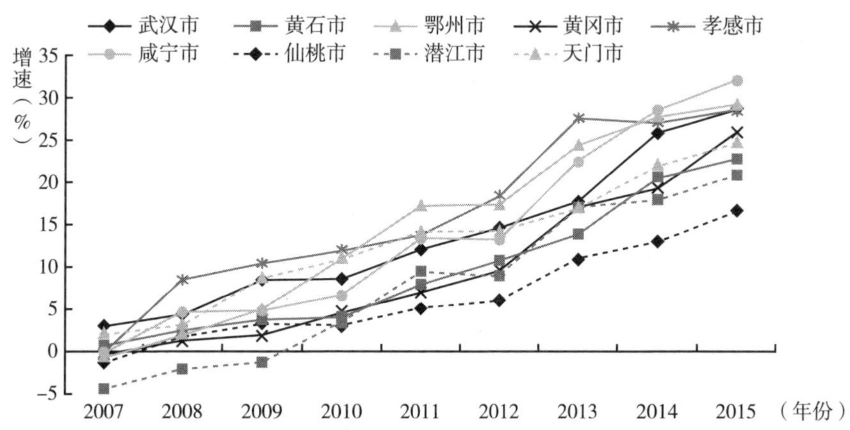

图5　武汉城市圈城乡协同发展指数增速分析（以2006年为基年）

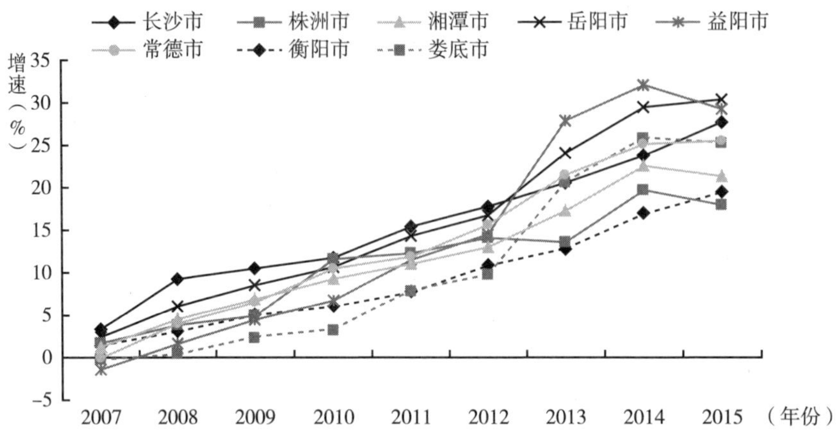

图6 环长株潭城市群城乡协同发展指数增速分析（以2006年为基年）

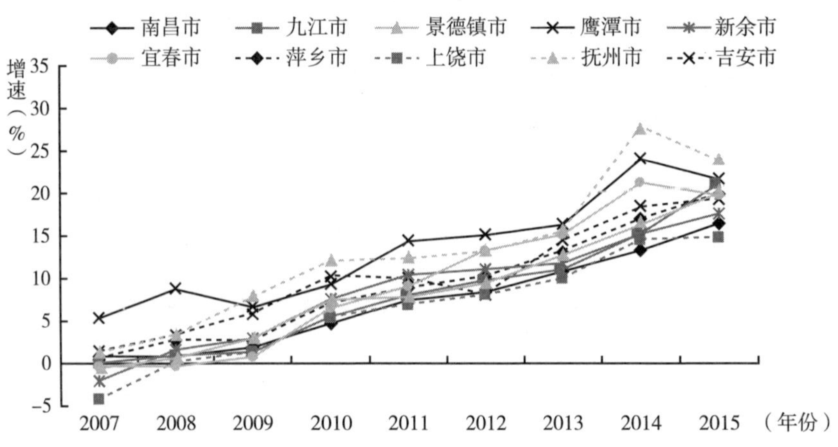

图7 环鄱阳湖城市群城乡协同发展指数增速分析（以2006年为基年）

从表4、表5、表6分析2015年较2014年增速，发现武汉城市圈、环长株潭城市群、环鄱阳湖城市群城乡协同发展整体向好，其中武汉城市圈、环长株潭城市群整体发展水平相近且高于环鄱阳湖城市群（由各城市群城乡协同发展指数平均增速分别为25.5%、24.63%、19.40%可知）。南昌市城乡协同发展水平相对较低，尚未充分发挥引领带动作用，与其核心城市定位略有不符。

表 4　武汉城市圈 2015 年各市城乡协同指数增速分析

单位：%

城市	武汉市	黄石市	鄂州市	黄冈市	孝感市
增长率	28.60	22.81	29.20	25.89	28.63

城市	咸宁市	仙桃市	潜江市	天门市
增长率	32.15	16.66	20.90	24.66

注：以 2014 年为基年。

表 5　环长株潭城市群 2015 年各市城乡协同指数增速分析

单位：%

城市	长沙市	株洲市	湘潭市	岳阳市
增长率	27.68	17.98	21.31	30.41

城市	益阳市	常德市	衡阳市	娄底市
增长率	29.23	25.68	19.36	25.39

注：以 2014 年为基年。

表 6　环鄱阳湖城市群 2015 年各市城乡协同指数增速分析

单位：%

城市	南昌市	九江市	景德镇市	鹰潭市	新余市
增长率	16.61	21.04	19.90	21.53	17.55

城市	宜春市	萍乡市	上饶市	抚州市	吉安市
增长率	19.73	19.68	14.75	23.88	19.36

注：以 2014 年为基年。

2. 长江中游城市群城乡经济协同发展进程分析

2015 年武汉市、长沙市城乡经济协同发展保持较高水平，但南昌市城乡经济协同发展进程放缓。由 2015 年数据显示，武汉城市圈、

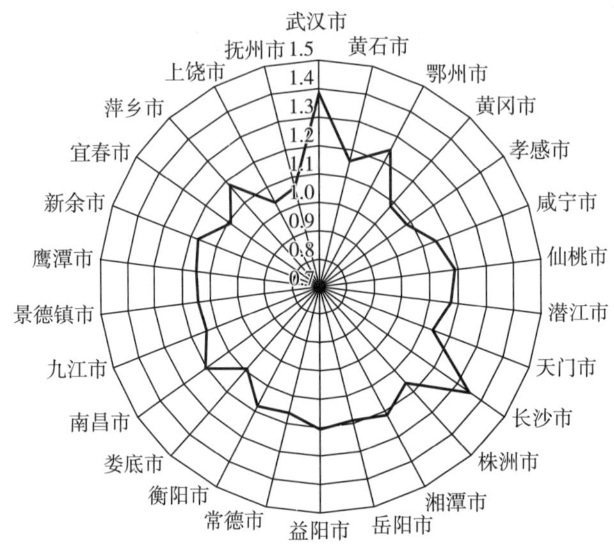

图8　三个城市群各市城乡协同发展水平

环长株潭城市群内部城乡经济协同发展进程差距较为明显。而环鄱阳湖城市群城乡经济协同进程虽然较慢，可是其内部各市城乡经济协同发展差距最小（见表7）。

表7　长江中游城市群各市城乡经济协同发展水平：2006年、2015年

城市群	城市	2006年		2015年	
		指数	排名	指数	排名
湖北省所属城市	武汉市	1.0838	5	1.3611	7
	黄石市	1.0004	16	1.2724	17
	鄂州市	1.0158	15	1.4157	2
	黄冈市	0.8576	30	1.1141	29
	孝感市	0.8781	28	1.1849	24
	咸宁市	0.9180	24	1.2929	15
	仙桃市	1.1659	1	1.3647	6

续表

城市群	城市	2006年		2015年	
		指数	排名	指数	排名
湖北省所属城市	潜江市	1.0743	6	1.3521	8
	天门市	1.0673	8	1.3265	9
	襄阳市	0.9393	20	1.3804	4
	宜昌市	0.8947	27	1.3197	10
	荆州市	0.9342	22	1.2105	22
	荆门市	1.0213	13	1.2557	18
湖南省所属城市	长沙市	1.1150	4	1.4788	1
	株洲市	0.9584	18	1.2527	19
	湘潭市	1.0301	11	1.3668	5
	岳阳市	0.9070	26	1.3170	11
	益阳市	0.9377	21	1.4012	3
	常德市	0.9205	23	1.2413	20
	衡阳市	1.0492	10	1.2973	14
	娄底市	0.8325	31	1.1530	27
江西省所属城市	南昌市	1.0211	14	1.1828	25
	九江市	1.0234	12	1.1613	26
	景德镇市	1.0702	7	1.2285	21
	鹰潭市	1.0626	9	1.2824	16
	新余市	1.1272	2	1.3053	12
	宜春市	0.9691	17	1.2050	23
	萍乡市	1.1227	3	1.2980	13
	上饶市	0.8749	29	1.0660	30
	抚州市	0.9433	19	1.1447	28
	吉安市	0.9099	25	1.0534	31

从2006~2015年城乡经济协同发展角度来看，在长江中游城市群中武汉城市圈经济协同发展进程最快。与“十一五”时期相比，“十二五”时期，武汉城市圈、环长株潭城市群、环鄱阳湖城市群城乡经济协同发展水平明显提高。由三个城市群“十二五”时期比“十一五”时期经济协同指数平均增长率分别提高7%、10%、9%可见，环长株潭城市群、

环鄱阳湖城市群城乡经济协同发展进程较快，而武汉城市圈相较略慢。以2014年为基年，比较2015年各城市城乡经济协同指数增长率可知，长沙市、南昌市城乡经济协同发展快于武汉市。虽然武汉城市圈、环长株潭城市群、环鄱阳湖城市群内部，如潜江市、天门市、益阳市、常德市、娄底市、九江市、抚州市出现负增长，其中抚州市负增长率最高，但是三个城市群整体上仍是增速加快的趋势（见表8、表9、表10）。

表8　武汉城市圈城乡经济协同指数增长率

单位：%

城市	武汉市	黄石市	鄂州市	黄冈市	孝感市
2006～2010年	6	4	13	-1	13
2011～2015年	16	20	13	21	12
2015年	0.86	0.64	0.76	7.56	0.77
城市	咸宁市	仙桃市	潜江市	天门市	
2006～2010年	6	2	6	4	
2011～2015年	21	10	9	11	
2015年	3.46	0.35	-0.02	-0.68	

注：2006～2010年增长率以2006年为基年；2011～2015年增长率以2011年为基年；2015年增长率以2014年为基年。

表9　环长株潭城市城乡群经济协同指数增长率

单位：%

城市	长沙市	株洲市	湘潭市	岳阳市
2006～2010年	12	22	15	11
2011～2015年	16	7	13	26
2015年	2.65	0.89	1.17	0.49
城市	益阳市	常德市	衡阳市	娄底市
2006～2010年	8	11	3	-4
2011～2015年	29	14	15	36
2015年	-1.79	-2.23	2.23	-0.89

注：2006～2010年增长率以2006年为基年；2011～2015年增长率以2011年为基年；2015年增长率以2014年为基年。

表 10　环鄱阳湖城市群城乡经济协同指数增长率

单位：%

城市	南昌市	九江市	景德镇市	鹰潭市	新余市
2006 ~ 2010 年	1	-2	0	1	1
2011 ~ 2015 年	10	12	14	11	12
2015 年	1.18	-0.29	4.57	0.08	0.61
城市	宜春市	萍乡市	上饶市	抚州市	吉安市
2006 ~ 2010 年	3	2	10	11	7
2011 ~ 2015 年	16	14	13	12	11
2015 年	0.56	0.69	4.90	-7.91	2.58

注：2006 ~ 2010 年增长率以 2006 年为基年；2011 ~ 2015 年增长率以 2011 年为基年；2015 年增长率以 2014 年为基年。

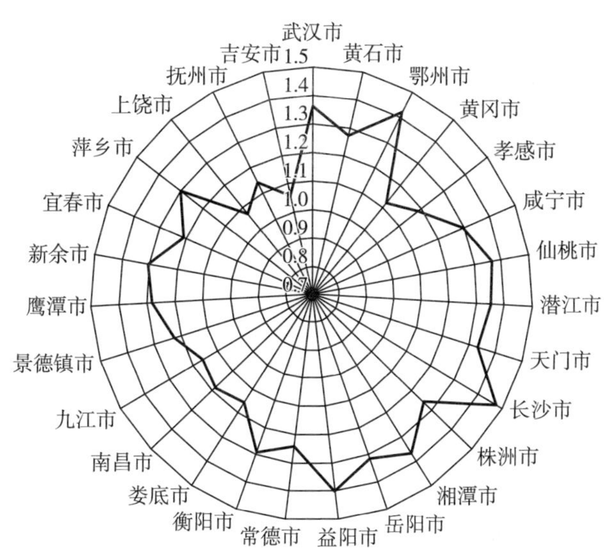

图 9　三个城市群各市城乡经济协同发展水平

3. 长江中游城市群城乡社会协同发展进程分析

2015 年在长江中游城市群各市中武汉市、长沙市、南昌市城乡社会协同发展水平最高。而 2015 年三个城市群内部城乡社会协同发展进程均出现了不同程度的分化，即各市城乡社会协同发展差距较大，其中以武汉城市圈分化现象最为突出。而由 2006 年与 2015 年数据相较可知，环长株潭城市群城乡社会协同发展进程放缓（见表 11）。

表 11　长江中游城市群各市城乡社会协同发展水平：2006 年、2015 年

城市群	城市	2006 年		2015 年	
		指数	排名	指数	排名
湖北省所属城市	武汉市	1. 0567	1	1. 3701	1
	黄石市	0. 8487	6	0. 9744	6
	鄂州市	0. 8003	8	0. 8932	18
	黄冈市	0. 6560	29	0. 8743	21
	孝感市	0. 6746	28	0. 8009	31
	咸宁市	0. 7235	22	0. 8193	29
	仙桃市	0. 6276	31	0. 8271	28
	潜江市	0. 7485	16	0. 8656	23
	天门市	0. 6472	30	0. 8152	30
	襄阳市	0. 7615	15	0. 9624	8
	宜昌市	0. 7651	14	1. 0278	5
	荆州市	0. 7217	23	0. 9134	15
	荆门市	0. 7423	17	0. 9057	16
湖南省所属城市	长沙市	0. 9629	2	1. 1434	2
	株洲市	0. 9091	4	0. 9570	9
	湘潭市	0. 8788	5	0. 9481	11
	岳阳市	0. 8072	7	0. 9369	14
	益阳市	0. 7892	9	0. 8815	19
	常德市	0. 7271	21	0. 9035	17
	衡阳市	0. 7863	10	0. 9445	13
	娄底市	0. 7367	18	0. 8709	22

续表

城市群	城市	2006		2015	
		指数	排名	指数	排名
江西省所属城市	南昌市	0.9125	3	1.1273	3
	九江市	0.7353	19	1.0746	4
	景德镇市	0.7851	11	0.9524	10
	鹰潭市	0.7785	12	0.8631	25
	新余市	0.7652	13	0.9447	12
	宜春市	0.7111	24	0.8642	24
	萍乡市	0.7313	20	0.9672	7
	上饶市	0.7090	25	0.8761	20
	抚州市	0.6892	27	0.8528	26
	吉安市	0.7022	26	0.8460	27

比较“十二五”与“十一五”时期各城市群城乡社会协同指数增长率，发现“十二五”时期环长株潭城市群、环鄱阳湖城市群平均增速稳步提升。虽然长江中游城市群城乡社会协同发展总体水平显示出上升态势，但武汉城市圈在“十二五”时期的增速降低了1.97%，城乡民生保障水平增速回落。同时三个核心城市中，南昌市城乡社会协同发展2015年较2014年成效甚是显著，武汉市增速最慢。孝感市、咸宁市、株洲市、湘潭市、岳阳市、益阳市、鹰潭市、宜春市、上饶市、吉安市呈现不同程度的负增长，拉低了其所在城市群整体水平。可见三个城市群内部社会保障体系不完善，各市城乡居民社会福利发展水平尚有较大差异（见表12、表13、表14）。

表12　武汉城市圈城乡社会协同指数增长率

单位：%

城市	武汉市	黄石市	鄂州市	黄冈市	孝感市
2006~2010年	9	6	9	12	14
2011~2015年	13	4	2	19	3
2015年	0.83	3.44	0.60	11.55	-0.31

续表

城市	咸宁市	仙桃市	潜江市	天门市
2006～2010年	1	20	5	13
2011～2015年	7	15	8	6
2015年	-1.77	17.89	10.23	12.00

注：2006～2010年增长率以2006年为基年；2011～2015年增长率以2011年为基年；2015年增长率以2014年为基年。

表13　环长株潭城市群城乡社会协同指数增长率

单位：%

城市	长沙市	株洲市	湘潭市	岳阳市
2006～2010年	14	-1	1	2
2011～2015年	2	6	7	11
2015年	3.93	-11.12	-9.76	-0.14
城市	益阳市	常德市	衡阳市	娄底市
2006～2010年	0	12	10	5
2011～2015年	10	8	7	8
2015年	-4.64	6.30	4.53	2.81

注：2006～2010年增长率以2006年为基年；2011～2015年增长率以2011年为基年；2015年增长率以2014年为基年。

表14　环鄱阳湖城市群城乡社会协同指数增长率

单位：%

城市	南昌市	九江市	景德镇市	鹰潭市	新余市
2006～2010年	13	11	12	7	17　　- *4]
2011～2015年	8	26	7	0	5
2015年	9.78	18.68	2.69	-10.5	5.49
城市	宜春市	萍乡市	上饶市	抚州市	吉安市
2006～2010年	9	20	10	7	7
2011～2015年	10	8	7	11	10
2015年	-0.23	7.53	-4.87	4.00	-2.9

注：2006～2010年增长率以2006年为基年；2011～2015年增长率以2011年为基年；2015年增长率以2014年为基年。

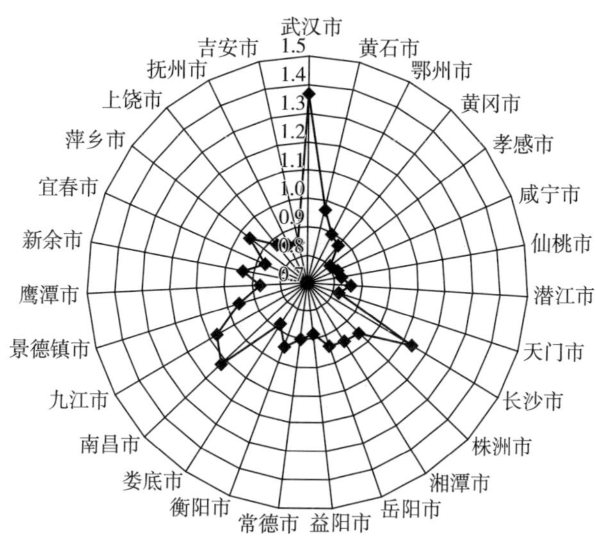

图 10　三个城市群各市城乡社会协同发展水平

4. 长江中游城市群城乡生态协同发展进程分析

与2006年城乡生态协同指数相比，2015年三个城市群城乡生态协同指数水平均有提高。2015年南昌市、武汉市、长沙市城乡生态协同发展水平较高，且环长株潭城市群与环鄱阳湖城市群城乡生态协同进程明显快于武汉城市圈。尤其是环鄱阳湖城市群城乡生态协同进程取得显著成效，但同时城市群内部各市差距略大（见表15）。

表 15　长江中游城市群各市城乡生态协同发展水平：2006 年、2015 年

城市群	城市	2006 年		2015 年	
		指数	排名	指数	排名
湖北省所属城市	武汉市	1.2025	7	1.4074	5
	黄石市	1.0776	23	1.2908	23
	鄂州市	1.0645	24	1.3594	10
	黄冈市	1.0898	22	1.2409	27
	孝感市	0.9715	30	1.2409	26

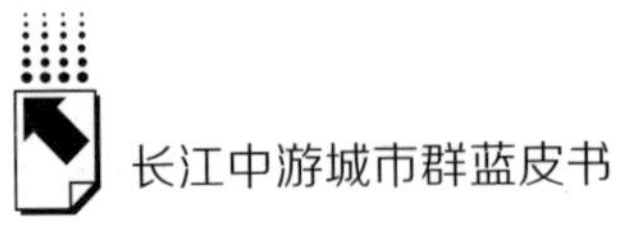

续表

城市群	城市	2006 年		2015 年	
		指数	排名	指数	排名
湖北省所属城市	咸宁市	0.9492	31	1.3301	15
	仙桃市	1.2356	5	1.3504	12
	潜江市	1.1584	13	1.3089	21
	天门市	0.9869	29	1.2200	30
	襄阳市	1.1553	14	1.2249	29
	宜昌市	1.1586	12	1.2719	24
	荆州市	1.0634	25	1.1694	31
	荆门市	1.1396	16	1.3179	16
湖南省所属城市	长沙市	1.1697	10	1.3712	8
	株洲市	1.2380	4	1.2989	22
	湘潭市	1.1814	9	1.3158	17
	岳阳市	1.1145	18	1.3671	9
	益阳市	1.1995	8	1.3329	14
	常德市	1.2469	3	1.4249	4
	衡阳市	1.2035	6	1.3122	19
	娄底市	1.1473	15	1.2354	28
江西省所属城市	南昌市	1.3234	2	1.4660	1
	九江市	1.1356	17	1.3865	7
	景德镇市	1.0950	21	1.4343	3
	鹰潭市	1.0251	28	1.4605	2
	新余市	1.1049	19	1.3157	18
	宜春市	1.1654	11	1.3105	20
	萍乡市	1.0589	26	1.2518	25
	上饶市	1.3323	1	1.3412	13
	抚州市	1.0269	27	1.3509	11
	吉安市	1.1024	20	1.3919	6

就“十一五”与“十二五”期间三个城市群城乡生态协同指数增长率而言，武汉城市圈城乡绿色生态发展稳中有进，但其生态基础

较差，故而整体水平不高。而环长株潭城市群、环鄱阳湖城市群后一阶段城乡生态协同发展增速略有下滑，是因为二者绿色生态体系初步形成，取得突破发展难度已提升。尽管2015年三个城市群城乡生态协同发展增速大致趋同，但环长株潭城市群、环鄱阳湖城市群与武汉城市圈的城乡生态基础大相径庭。环鄱阳湖城市群城乡生态实力最为雄厚，基础扎实；其次是环长株潭城市群，其近几年生态体系保护力度大，发展迅速；而武汉城市圈城乡生态基础较弱，发展相对滞后（见表16、表17、表18）。

表16　武汉城市圈城乡生态协同指数增长率

单位：%

城市	武汉市	黄石市	鄂州市	黄冈市	孝感市
2006～2010年	10	2	12	9	12
2011～2015年	4	10	10	7	18
2015年	0.22	1.14	1.49	-1.57	1.79

城市	咸宁市	仙桃市	潜江市	天门市
2006～2010年	14	-4	-4	26
2011～2015年	18	11	13	5
2015年	4.94	0.82	1.31	1.05

注：2006～2010年增长率以2006年为基年；2011～2015年增长率以2011年为基年；2015年增长率以2014年为基年。

表17　环长株潭城市群城乡生态协同指数增长率

单位：%

城市	长沙市	株洲市	湘潭市	岳阳市
2006～2010年	10	5	5	17
2011～2015年	1	-3	4	2
2015年	1.43	-0.69	0.34	1.28

续表

城市	益阳市	常德市	衡阳市	娄底市
2006~2010 年	5	9	5	5
2011~2015 年	2	15	8	0
2015 年	-1.90	1.24	0.54	-3.02

注：2006~2010 年增长率以 2006 年为基年；2011~2015 年增长率以 2011 年为基年；2015 年增长率以 2014 年为基年。

表 18　环鄱阳湖市群城乡生态协同指数增长率

单位：%

城市	南昌市	九江市	景德镇市	鹰潭市	新余市
2006~2010 年	4	19	21	36	13
2011~2015 年	6	3	11	3	2
2015 年	1.16	6.59	-0.28	1.02	1.06
城市	宜春市	萍乡市	上饶市	抚州市	吉安市
2006~2010 年	12	9	-4	22	21
2011~2015 年	0	4	2	7	3
2015 年	-5.92	1.11	-1.74	-0.96	1.08

注：2006~2010 年增长率以 2006 年为基年；2011~2015 年增长率以 2011 年为基年；2015 年增长率以 2014 年为基年。

5. 长江中游城市群城乡空间协同发展进程分析

从时间跨度分析看，长江中游各城市群城乡空间协同发展水平均有提升。2015 年武汉市、长沙市、南昌市城乡空间协同发展进程较快。同年，武汉城市圈、环长株潭城市群城乡空间协同发展水平提高且各市差距略有缩小，而环鄱阳湖城市群城乡空间协同发展水平整体偏低，其中抚州、上饶、鹰潭、宜春城乡空间协同发展速度较慢（见表 19）。

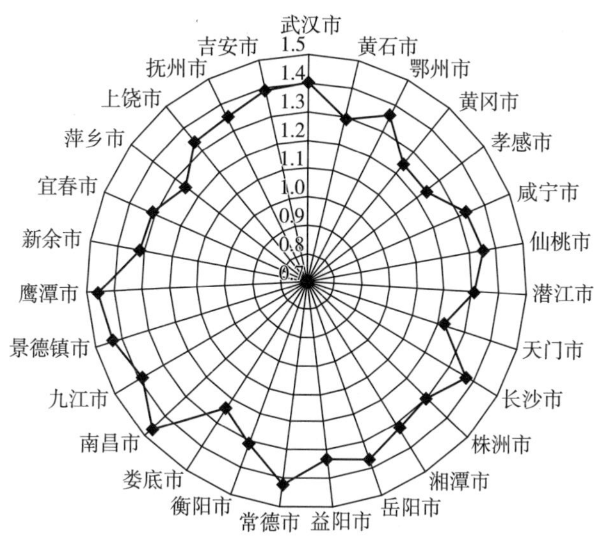

图 11　三个城市群各市城乡生态协同发展水平

表 19　长江中游城市群各市城乡空间协同发展水平：2006 年、2015 年

城市群	城市	2006 年		2015 年	
		指数	排名	指数	排名
湖北省所属城市	武汉市	0. 9225	2	1. 4469	1
	黄石市	0. 7571	23	0. 9513	22
	鄂州市	0. 9409	1	1. 1562	3
	黄冈市	0. 8705	9	1. 0923	5
	孝感市	0. 8345	14	1. 0282	9
	咸宁市	0. 8396	13	0. 9912	16
	仙桃市	0. 9070	5	1. 0163	10
	潜江市	0. 7759	22	0. 9648	21
	天门市	0. 7508	24	0. 9479	23
	襄阳市	0. 7126	28	1. 0150	11
	宜昌市	0. 8736	8	1. 0001	15

续表

城市群	城市	2006 年		2015 年	
		指数	排名	指数	排名
湖南省所属城市	长沙市	0.9212	3	1.3107	2
	株洲市	0.8163	16	1.0016	14
	湘潭市	0.8747	7	1.0589	8
	岳阳市	0.8140	17	0.9656	20
	益阳市	0.7855	19	0.9661	19
	常德市	0.8065	18	0.9713	18
	衡阳市	0.8223	15	1.0047	13
	娄底市	0.8548	11	1.1043	4
江西省所属城市	南昌市	0.9134	4	1.0912	6
	九江市	0.7766	21	0.8606	24
	景德镇市	0.7143	27	0.8384	26
	鹰潭市	0.7801	20	0.8215	29
	新余市	0.8623	10	0.9783	17
	宜春市	0.7261	25	0.8308	28
	萍乡市	0.8928	6	1.0777	7
	上饶市	0.7159	26	0.7899	31
	抚州市	0.6659	31	0.7921	30
	吉安市	0.7119	29	0.8324	27

在“十一五”、“十二五”期间，武汉城市圈、环鄱阳湖城市群城乡空间协同发展进程得到有序推进。然而，后一阶段环长株潭城市群城乡空间协同指数增长率下降。武汉城市圈“十二五”较“十一五”时期城乡空间协同指数平均增长率增加 6.53%，环长株潭城市群降低 2.34%，环鄱阳湖城市群增加 5.23%。从 2015 年增速来看，武汉城市圈、环长株潭城市群、环鄱阳湖城市群城乡空间协同发展水

平明显提升。其中，武汉城市群整体发展迅猛，相较而言，环鄱阳湖城市群发展略逊色，其内部如鹰潭市、上饶市出现负增长也影响了其整体发展水平。同时，武汉市城乡空间协同发展增速最快，其综合交通运输枢纽初步形成，长沙市的发展紧追其后，而南昌市的发展相对略差（见表20、表21、表22）。

表20　武汉城市圈城乡空间协同指数增长率

单位：%

城市	武汉市	黄石市	鄂州市	黄冈市	孝感市
2006~2010年	15	6	7	4	7
2011~2015年	37	18	15	20	15
2015年	10.63	5.77	2.08	4.34	4.42

城市	咸宁市	仙桃市	潜江市	天门市
2006~2010年	7	2	7	10
2011~2015年	10	10	16	15
2015年	1.90	2.52	5.04	4.46

表21　环长株潭城市群城乡空间协同指数增长率

单位：%

城市	长沙市	株洲市	湘潭市	岳阳市
2006~2010年	10	10	10	14
2011~2015年	29	11	10	4
2015年	6.78	4.88	2.23	1.59

城市	益阳市	常德市	衡阳市	娄底市
2006~2010年	15	11	14	19
2011~2015年	7	9	8	8
2015年	0.20	2.22	1.64	1.77

表 22　环鄱阳湖城市群城乡空间协同指数增长率

单位：%

城市	南昌市	九江市	景德镇市	鹰潭市	新余市
2006～2010 年	4	19	21	36	13
2011～2015 年	6	3	11	3	2
2015 年	2.11	0.53	6.19	-1.01	4.11
城市	宜春市	萍乡市	上饶市	抚州市	吉安市
2006～2010 年	12	9	-4	22	21
2011～2015 年	0	4	2	7	3
2015 年	1.52	2.55	-3.74	4.50	0.56

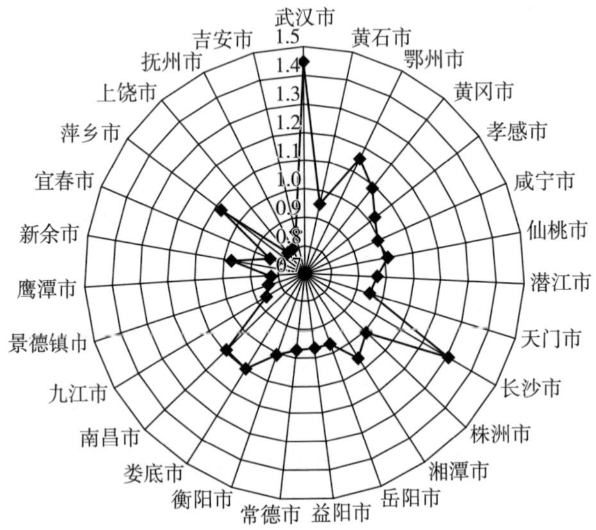

图 12　三个城市群各市城乡空间协同发展水平

三　长江中游城市群城乡协同发展面临的问题

（一）武汉城市圈：城乡社会协同与生态协同发展进程相对滞后

对比 2006 年，2015 年除武汉市外其他各市城乡协同发展水平均相对较低，表明武汉市作为核心城市辐射带动周边各市发展能力较弱。此外，2015 年武汉城市圈城乡社会协同与城乡生态协同发展进程相对滞后（见表 11、表 15、表 23）。前者主要体现在：①城乡文化教育差距较大；②各市人口城镇化差异较为明显；③城乡卫生社会保障体系不够完善。后者主要表现为：①部分城市工业固体未得到充分利用；②工业废水排放量较大；③生活垃圾无害化处理能力较弱；④单位 GDP 能耗较大。

（二）环长株潭城市群：城乡经济协同发展水平偏低，城乡社会协同发展进程最慢

环长株潭城市群城乡经济协同发展水平相对偏低，且相较于武汉城市圈、环鄱阳湖城市群，其城乡社会协同发展进程较慢（见表 7、表 11、表 24），对该城市群城乡协同发展进程影响略大。究其原因：其一，各市城乡经济发展不协调，各市与长沙市的人均 GDP 差距较大。此外，个别城市存在城乡居民人均可支配收入、消费支出差距较大的问题。其二，除长沙市外其余各市在卫生科教领域城乡发展水平偏低。

（三）环鄱阳湖城市群：城乡居民收入差距较大，城乡交通物流、通信水平发展较不协调

环鄱阳湖城市群城乡经济协同、城乡空间协同进程较慢问题相对明显（见表 7、表 19、表 25）。其中，城乡经济协同发展问题表现在：①城乡经济发展不协调，人均 GDP 差距偏大；②城乡居民收入差距较大。而城乡空间协同发展问题体现在：①各市城乡物流、通信水平发展差距大且不协调；②城乡公路网络密度较小，交通不够便利；③民用车辆拥有水平较低；④各市已建成通车公路里程差别较大。

表 23　武汉城市圈四个子系统城乡协同发展水平及总排名

城市	城乡经济协同				城乡社会协同				城乡生态协同				城乡空间协同			
	2006 年		2015 年		2006 年		2015 年		2006 年		2015 年		2006 年		2015 年	
	指数	排名	指数	排名	指数	排名	指数	排名	指数	排名	指数	排名	指数	排名	指数	排名
武汉市	1.08	5	1.36	6	1.06	1	1.37	1	1.20	7	1.41	5	0.92	2	1.45	1
黄石市	1.00	15	1.27	15	0.85	6	0.97	5	1.08	20	1.29	22	0.76	21	0.95	19
鄂州市	1.02	14	1.42	2	0.80	8	0.89	14	1.06	21	1.36	10	0.94	1	1.16	3
黄冈市	0.86	26	1.11	25	0.66	25	0.87	17	1.09	19	1.24	25	0.87	8	1.09	5
孝感市	0.88	24	1.18	20	0.67	24	0.80	27	0.97	26	1.24	24	0.83	12	1.03	9
咸宁市	0.92	21	1.29	13	0.72	19	0.82	25	0.95	27	1.33	15	0.84	11	0.99	13
仙桃市	1.17	1	1.36	5	0.63	27	0.83	24	1.24	5	1.35	12	0.91	5	1.02	10
潜江市	1.07	6	1.35	7	0.75	16	0.87	19	1.16	12	1.31	20	0.78	20	0.96	18
天门市	1.07	8	1.33	8	0.65	26	0.82	26	0.99	25	1.22	27	0.75	22	0.95	20

注：总排名即长江中游城市群 27 个城市全排名。

表 24　环长株潭城市群四个子系统城乡协同发展水平及总排名

城市	城乡经济协同				城乡社会协同				城乡生态协同				城乡空间协同			
	2006 年		2015 年		2006 年		2015 年		2006 年		2015 年		2006 年		2015 年	
	指数	排名	指数	排名	指数	排名	指数	排名	指数	排名	指数	排名	指数	排名	指数	排名
长沙市	1.11	4	1.48	1	0.96	2	1.14	2	1.17	10	1.37	8	0.92	3	1.31	2
株洲市	0.96	17	1.25	16	0.91	4	0.96	7	1.24	4	1.30	21	0.82	14	1.00	12
湘潭市	1.03	11	1.37	4	0.88	5	0.95	9	1.18	9	1.32	16	0.87	7	1.06	8
岳阳市	0.91	23	1.32	9	0.81	7	0.94	12	1.11	15	1.37	9	0.81	15	0.97	17
益阳市	0.94	19	1.40	3	0.79	9	0.88	15	1.20	8	1.33	14	0.79	17	0.97	16
常德市	0.92	20	1.24	17	0.73	18	0.90	13	1.25	3	1.42	4	0.81	16	0.97	15
衡阳市	1.05	10	1.30	12	0.79	10	0.94	11	1.20	6	1.31	18	0.82	13	1.00	11
娄底市	0.83	27	1.15	23	0.74	15	0.87	18	1.15	13	1.24	26	0.85	10	1.10	4

注：总排名即长江中游城市群 27 个城市全排名。

表 25　环鄱阳湖城市群四个子系统城乡协同发展水平及总排名

城市	经济一体化协同				社会一体化协同				生态一体化协同				空间一体化协同			
	2006 年		2015 年		2006 年		2015 年		2006 年		2015 年		2006 年		2015 年	
	指数	排名	指数	排名	指数	排名	指数	排名	指数	排名	指数	排名	指数	排名	指数	排名
南昌市	1.02	13	1.18	21	0.91	3	1.13	3	1.32	2	1.47	1	0.91	4	1.09	6
九江市	1.02	12	1.16	22	0.74	16	1.07	4	1.14	14	1.39	7	0.78	19	0.86	21
景德镇市	1.07	7	1.23	18	0.79	11	0.95	8	1.10	18	1.43	3	0.71	25	0.84	22
鹰潭市	1.06	9	1.28	14	0.78	12	0.86	21	1.03	24	1.46	2	0.78	18	0.82	25
新余市	1.13	2	1.31	10	0.77	13	0.94	10	1.10	16	1.32	17	0.86	9	0.98	14
宜春市	0.97	16	1.20	19	0.71	20	0.86	20	1.17	11	1.31	19	0.73	23	0.83	24
萍乡市	1.12	3	1.30	11	0.73	17	0.97	6	1.06	22	1.25	23	0.89	6	1.08	7
上饶市	0.87	25	1.07	26	0.71	21	0.88	16	1.33	1	1.34	13	0.72	24	0.79	27
抚州市	0.94	18	1.14	24	0.69	23	0.85	22	1.03	23	1.35	11	0.67	27	0.79	26
吉安市	0.91	22	1.05	27	0.70	22	0.85	23	1.10	17	1.39	6	0.71	26	0.83	23

注：总排名即长江中游城市群 27 个城市全排名。

四　促进长江中游三大城市群城乡协同发展建议

以遵循规律因势利导、统筹推进重点突破等为基本原则，紧紧围绕《长江中游城市群发展规划》提出的构建中心协同发展格局，促进统一战略规划并进行深度合作，建立更加有效的区域协调发展新机制，加强区域产业分工协作、实现功能与资源的有效整合和利用，科学、精准定位各城市、城市群发展方向，提高基础设施建设水平，构建互联互通的交通运输网络，强化发展轴线功能，形成有效、互补、良性竞合的一体化发展格局。同时，坚持走创新型城镇化道路、创新城乡统筹发展机制，构建以城市群为主体，大中小城市和小城镇协调发展的城镇格局，加快农业转移人口市民化，推进建设社会主义新农村，既有利于缓和人民日益增长的美好生活需要和不平衡不充分的发展之间的矛盾，又有利于实现我国社会主义现代化这一新时期的新目标。通过对比分析三大城市群城乡协同发展子系统指数及各项指标，并结合十九大报告中新时代中国的设想，针对长江中游的三个城市群（圈）提出如下对策建议。

（一）武汉城市圈：促进城乡绿色生态体系发展，提高城乡社会保障水平

（1）促进城乡绿色生态体系发展。加快推进城乡绿色发展，加大生态环境保护力度，加强城乡生态环境监管体制改革。

（2）提高城乡社会保障水平。武汉市要继续强化其辐射引领作用，并发挥科教优势提高周边各市教育文化服务水平，进一步推动相邻各市城乡社会保障发展，更好地促进武汉城市圈城乡协同发展。

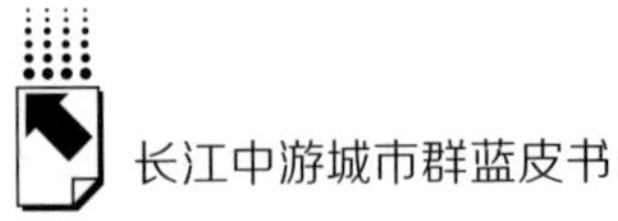

（二）环长株潭城市群：鼓励城乡创新创业，提升公共卫生及教育水平

（1）鼓励城乡创新创业。既要扎实推进长沙市、株洲市、湘潭市一体化发展，辐射带动周边各市协同发展，使城市群内部发展更趋协调，也要制定相关政策，优化工作环境，吸引高素质创新人才，鼓励创业带动就业，有效促进城乡经济协同发展。

（2）提升公共卫生及教育水平。针对教育及公共卫生服务水平较低的城市出台相关政策，在一定程度上进行帮扶，提高整体城乡教育及公共卫生服务水平，进而促使环长株潭城市群成为全国“两型”社会建设示范区和现代化生态型城市群。

（三）环鄱阳湖城市群：加强城市群内部分工协作，尽快完善交通物流网络

（1）加强城市群内部分工协作。优化南昌市要素集聚及科技创新，辐射带动周边地区发展，加强区域间的分工协作，更深入地推动产业结构优化升级，资源、要素自由流动，同时应该充分借助良好的城乡生态体系发展绿色经济，并结合“红色历史”开拓红色旅游路线，纵深推进环鄱阳湖城市群城乡经济协同发展。

（2）加快完善交通物流网络。加快完善与其他省市互联互通的交通运输网络，提高城乡物流服务效率及管理水平，由此进一步加快把环鄱阳湖城市群建设成为大湖流域生态人居环境建设示范区和低碳经济创新发展示范区。

参考文献

刘易斯：《劳动无限供给条件下的经济发展》，《曼彻特学报》1954年5月。

《中华人民共和国国民经济和社会发展第十三个五年规划纲要》，人民出版社，2016。

《关于促进中部地区城市群发展的指导意见》，国家发展和改革委员会官网，2010。

《关于大力实施促进中部地区崛起战略的若干意见》，中央政府门户网站，2012。

《国家新型城镇化规划（2014～2020）》，人民出版社，2016。

《长江中游城市群发展规划》，国家发展和改革委员会官网，2015。

《促进中部地区崛起“十三五”规划》，国家发展和改革委员会官网，2016。

王圣云、向云波、万科等：《长江经济带区域协同发展：产业竞合与城市网络》，经济科学出版社，2017。

王圣云、秦尊文、戴璐等：《长江中游城市集群空间经济联系与网络结构——基于运输成本和网络分析方法》，《经济地理》2013 年第 4 期。

石忆邵：《城乡协同理论与实践：回眸与评析》，《城市规划汇刊》2003 年第 1 期。

景普秋、张复明：《城乡一体化研究的进展与动态》，《城市规划》2003 年第 6 期。

任平、介铭、张果：《成都市区域城乡协同进程评价研究》，《四川师范大学学报》（自然科学版）2006 年 11 月。

朱颖：《城乡协同评价指标体系研究》，《农村经济与科技问题探讨》2008 年第 19 期。

完世伟：《城乡协同评价指标体系的构建及应用》，《经济经纬》2008 年第 4 期。

苏春江：《河南省城乡协同评价指标体系研究》，《农业经济问题》2009 年第 7 期。

刁丽琼、廖和平、魏洪斌等：《基于因子分析的重庆“1 小时经济圈”城乡协同测度与评价研究》，《西南师范大学学报》（自然科学版）2011 年第 1 期。

江敦涛：《山东半岛城乡协同发展分析》，《农业技术经济》2011 年第 12 期。

焦必方、林娣、彭靖妮：《城乡协同评价体系的全新构建及其应用—长三角地区城乡协同评价》，《复旦学报》（社会科学版）2011 年第 4 期。

孙来斌、姚小飞：《中国城乡协同研究述评》，《湖北社会科学》2016 年第 4 期。

宋德勇、胡赓：《长江中游城市群经济差异测度与格局研究》，《工业技术经济》2016 年第 11 期。

魏后凯、成艾华：《携手共同打造中国经济发展第四极——长江中游城市群发展战略研究》，《江汉论坛》2014 年 4 月。

赵秀清、白永平、白永亮：《长江中游城市集群经济增长与区域协调发展》，《城市发展研究》2016 年第 12 期。

田杰、何丹：《中部地区长江沿线城市群空间结构与经济发展研究》，《世界地理研究》2014 年 2 月。

武清华、姚士谋、薛凤旋等：《我国中部崛起的城市群发展策略思考》，《长江流域资源与环境》2011 年 4 月。

《中华人民共和国国家统计局》，主要统计指标解释，http：//www.stats. gov. cn/tjsj/ndsj/2009/html/z15. htm。

B.3 长江中游城市群产业协同发展报告*

孙元元**

摘　要：协同发展是长江中游城市群发展的核心，而产业协同发展又是其中重要的战略组成部分。由于产业协同发展的本质在于合理利用整个区域的产业资源，即使资源得到合理配置，因此本文从资源有效配置的角度构建了产业协同发展指数，并将其分解为资源协同发展指数和技术协同发展指数。本文的测算结果表明，从2010年到2014年，长江中游城市群的产业协同发展指数呈现倒“U”形变化趋势，不过从2014年开始，长江中游城市群的产业协同发展指数逐渐上升，说明长江中游城市群产业融合发展不断深化。此外，环鄱阳湖生态城市群、武汉城市圈、长株潭城市群的产业协同发展程度依次提升。本文的分析还说明，要推动长江中游城市群产业协同发展，关键在于联手打造现代产业集群、协同搭建产业合作平台、携手共建产业技术创新体系、合力推进跨区域产业转移与承接、共同构建产业协同发展机制。

* 本研究报告为国家发展改革委课题“长江中游城市群协同发展评价与对策研究”的子课题研究成果。

** 孙元元，经济学博士，武汉大学中国中部发展研究院副教授，武汉大学长江经济带发展研究中心副主任，主要研究方向为空间经济与国际贸易。在《经济研究》、《世界经济》、《中国软科学》、《光明日报》（理论版）等发表学术论文多篇。主持国家自然科学基金青年项目、武汉大学自主科研项目、中国博士后科学基金等多项科研项目。

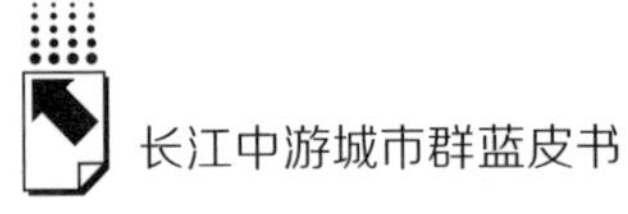

关键词：　长江中游城市群　产业协同发展　资源有效配置

长江中游城市群承东启西、连南接北，是长江经济带的重要组成部分，各主要城市间历史渊源深厚，交通条件优越，经济实力较强，城镇化基础良好。推动长江中游城市群协同发展，主要目的为打破常态思维，构建长江中游合作共赢的新局面，而长江中游城市群产业协同发展又是其中重要的战略组成部分。长江中游城市群产业协同发展是市场优化配置资源的必然选择，有坚实的现实基础和实现的可能性，也是长江中游城市群全面协同发展、将长江经济带打造成中国经济新支撑带的前提基础和必然趋势。

一　长江中游城市群产业协同发展的现实基础

（一）厚实的经济发展底蕴

长江中游城市群经济实力较强，资源丰富、人口众多，农业生产优势明显，工业门类较为齐全，形成了以装备制造、航空、冶金、石油化工、汽车及交通运输设备制造、家电等为主导的现代产业体系。长江中游城市群城镇化基础良好，分别以武汉、长沙、南昌为核心的武汉城市圈、环长株潭城市群、环鄱阳湖城市群发展迅速，形成了一批具有明显特色的中小城市及小城镇。

（二）产业和科技合作不断深入

2012 年长江中游城市集群产业一体化战略合作发展论坛在武汉召开，鄂湘赣三省签署战略合作协议，共推跨省域产业合作互补，实现一体化发展。推动农产品在农业标准等领域开展合作，打造长江中游城市群无障碍旅游区。鄂湘赣共同编制《长江中游城市群区域旅游合作总体规划》，明确将长江中游城市群打造成为多产业融合、低碳智慧的无障碍旅游合作区。2015 年，长江流域 13 个省市联合组成跨地区旅游推广联盟，湖北与重庆全面加强长江三峡旅游合作，湖北与江西着力打造咸岳九旅游“金三角”等。此外，长江中游城市群“3 +1”演艺联盟、旅游发展合作组织也已经建立。长江中游城市群人才共享机制逐步形成，跨区域技术创新联盟加速推进，借助武汉光博会、长沙科交会等，经贸交流和科技成果转化工作顺利开展。

（三）交通互联互通步伐不断加快

长江中游城市群拥有较为完整的铁路、公路交通干线以及一批区域枢纽机场，基本形成了立体化的交通网络，综合交通枢纽建设取得积极进展。此外，鄂湘赣还积极谋划推进长江中游综合交通运输示范区建设，坚持每年召开一次公路、港航、运管物流联席会议，签订会议备忘录，协调解决省际交通重大问题。三省启动了省际公路联网工程，此外，三省港航局还共同签署了水运合作备忘录，在不同领域加强合作，通过建立长江中游甩挂运输联盟等组织促进长江中游交通基础设施的有效衔接，制定了省际“断头路”对接时间表。

（四）省会城市合作稳步推进

2013 年，武汉市牵头在武汉召开首届长江中游城市群省会城市会商会，掀开了省会城市合作序幕。四年多以来，长江中游城市群省会城市合作机制日益规范化、常态化，主要包括合作执行机制不断完善，如城市合作秘书处的设立、专题合作组的成立等；工作推进机制逐步建立；合作交流机制日益多样化，如举办联席会、座谈会、论坛等交流活动，此外，参与主体除政府外还包括企业、社会组织等机构。2017 年 4 月 10 日，长江中游省会城市签署并发布了《长江中游城市群省会城市合作行动计划（2017 ~ 2020 年）》，进一步将省会城市合作推向新的阶段，加深了省会城市一体化进程。以市场一体化为例，2014 年，长江中游省会城市在经贸交流、市场监管、民间合作等方面进展较快。2014 ~ 2016 年，南昌在武汉注册投资的企业总数增长近一倍，而武汉在长沙新注册投资的企业增长近 50%。市场监管方面，长江中游城市群各省会城市建立了注册登记数据共享机制，同时，加强了质量品牌互认等。此外，长江中游城市群省会城市民间商会区域一体化、通关一体化、金融一体化等合作机制也在逐步深入。

（五）合作协调机制逐步完善

早在 2011 年湖北省就主导推动了湘鄂赣三省在会商制度上达成共识，2012 年和 2015 年三省又分别签署了《加快构建长江中游城市群战略合作协议》和《长江中游城市群战略合作协议》，强化了三省会商决策机制、协调推动机制和执行落实机制，确立了三省共谋“中三角”、打造“第四极”的战略意志。2016 年 12 月 1 日，湘鄂赣三省签署了《关于建立长江中游地区省际协商合作机制的协议》，三省表示将在区域空间格局优化、基础设施互联互通、市场一体化体系构建、产业和科技协同创新、生态环境联防联控、公共服务共建共享六个方面深入开展区域合作。同时，三省还签署了《长江中游湖泊湿地保护与生态修复联合宣言》。2017 年 7 月 25 日，湘鄂赣三省在武汉召开了“长江中游地区省际协商工作协调会”，就省际协商合作行动宣言、轮值组织构架、轮值运行常态化机制、年度工作重点签署备忘录，进一步落实了《关于建立长江中游地区省际协商合作机制的协议》，推动了长江中游地区省际协商合作机制的有效运行。

二 长江中游城市群产业协同发展评价

（一）长江中游城市群产业协同发展指标构建

1. 产业协同发展指数的测度

当前国内较少有文献探讨产业协同指标的内涵与构建方法，部分文献主要是从多级指标构建和指标排名的角度分析某个区域产业协同发展的程度，但是产业协同发展本质上是指某个区域所有城市间产业协同发展的程度，因此区域内部不同城市间指标排名的模式并不合适。构建合适的产业协同发展指标，首先需要考虑产业协同发展的本质是什么。产业协同发展既要考虑整个区域的利益最大化，也要考虑区域内部各个城市自身的发展，因此产业协同发展的本质在于合理利用整个区域的产业资源，即使资源得到合理配置[①]。此外，《长江中游城市群发展规划》也明确提出，应该“遵循城镇化和城市群发展客观规律，统筹考虑资源和环境承载能力，坚持市场在资源配置中起决定性作用，促进资源要素高效流动和优化配置”[②]。基于上述思路，本部分利用 Olley 和 Pakes（1996）提出的方法来计算产业协同发展程度[③]，其度量了某个区域所有城市资源配置的效率[④]，具体的测度方程为：

$$IS_t = e^{\sum_i (\mu_{it} - \bar{\mu}_t)(\rho_{it} - \bar{\rho}_t)} \tag{1}$$

---

① Hsieh, C. and P. Klenow, 2009, “Misallocation and Manufacturing TFP in China and India,” *Quarterly Journal of Economics*, 124 (4): 1403 - 1448.

② 《长江中游城市群发展规划》第 4 页。

③ Olley, Steven, Ariel Pakes, 1996, “The Dynamics of Productivity in the Telecommunications Equipment Industry,” *Econometrica*, 64 (6): 1263 - 1297.

④ 聂辉华、贾瑞雪：《中国制造业企业生产率与资源误置》，《世界经济》2011 年第 7 期。

公式（1）中的μ_{it}表示某地区的产业份额，ρ_{it}表示某地区的工业生产率，本文在计算时将生产率取对数，$\bar{\mu}$ 和 $\bar{\rho}$ 分别表示各个地区在工业产出中所占份额的均值和各个地区工业生产率的均值。公式（1）所计算的 *IS* 指数测度了产业协同发展的程度，也为该地区所占产业份额与地区生产率的协方差，其内在的含义为，如果资源能够实现优化配置，那么工业生产率越高的地区应该得到更多的资源。因此，如果该指数越低，表明地区间资源配置的效率越低，资源误置越严重；反之，如果该指数越高，表明地区间资源配置的效率越高。如果 *IS* 指数为正数，说明总体而言，地区间资源的配置是有效的，而当 *IS* 指数为负数时，意味着产业份额小的地区生产率反而大，因此资源应该向份额小的地区流动，从而使 *IS* 指数变为正数，因此资源配置优化不一定资源就是继续向产业集聚程度高的地区流动，也可以是向产业集聚规模较小的地区流动，但都是向生产率更高的地区流动。

2. 产业协同发展指数的分解

测度产业协同发展指数固然重要，但同样重要的是明确产业协同发展的来源，分析产业协同发展指数大小的形成因素。本部分利用公式（2）将产业协同发展的变化分解为两项，*RS* 为资源协同发展指数，度量了当技术不变时，资源在不同地区间的再配置对产业协同发展的贡献，*TS* 为技术协同发展指数，度量了当各个地区所占产业份额不变时，技术进步对产业协同发展的贡献，具体分解公式如下：

$$\frac{IS_t}{IS_{t-1}} = RS_t \cdot TS_t \tag{2}$$

其中：

$$RS_t = e^{\sum_i (\bar{\rho}_{it} - \bar{\Phi}_t)\Delta\mu_{it}} \tag{3}$$

$$TS_t = e^{\sum_i (\bar{\mu}_{it} - \bar{\mu}_t)\Delta\rho_{it}} \tag{4}$$

公式（3）中的 $\bar{\Phi}_t$ 表示前后两期总生产率的均值：

$$\bar{\Phi}_t = \frac{(\sum_i \mu_{it}\rho_{it} + \sum_i \mu_{it-1}\rho_{it-1})}{2} \tag{5}$$

而公式（3）和公式（4）中的 $\bar{\rho}_{it}$ 和 $\bar{\mu}_{it}$ 表示前后两期每个地区生产率的均值和所占产业份额的均值。由上述分解公式可知，产业协同发展有两个来源：一方面地区间资源的自由流动会使资源流向生产率最高的地区，进而会使资源配置最优，从而推动产业协同发展，上述资源协同发展指数主要涉及产业资源的流动，其主要与产业资源在不同城市或城市群间的流动难易程度相关。另一方面，技术协同发展指数说明每个地区的生产率差异及其演变也会促进不同地区间的产业协同发展，如某个地区产业集聚的外部性较高，随之生产率得到提升，该地区拥有资源的利用效率也得到提升，整个区域的资源配置更加优化，产业协同发展的程度也得到提升。

（二）长江中游城市群产业协同发展指标的数据来源

本部分的研究对象为长江中游城市群，其范围包括：湖北省的武汉市、黄石市、鄂州市、黄冈市、孝感市、咸宁市、仙桃市、潜江市、天门市、襄阳市、宜昌市、荆州市、荆门市；湖南省的长沙市、株洲市、湘潭市、岳阳市、益阳市、常德市、衡阳市、娄底市；江西省的南昌市、九江市、景德镇市、鹰潭市、新余市、宜春市、萍乡市、上饶市、抚州市、吉安市①。研究的时间范围是 2010～2016 年。研究所需要的主要数

① 为求行文简便，本文若不特别说明，文中的武汉城市圈指代长江中游城市群湖北省范围内城市，长株潭城市群指代长江中游城市群湖南省范围内城市，环鄱阳湖生态城市群指代长江中游城市群江西省范围内城市。

据为各个地区规模以上工业的投入产出数据，数据主要来自《中国工业统计年鉴》、《中国统计年鉴》，以及各省份和上述城市的统计年鉴等①。

计算产业协同发展指数时，首先需要估算各个地区的工业生产率。现有估计生产率的方法主要有两种：一种是利用工业增加值、资本存量和劳动投入估计生产率，另一种是利用工业总产值、资本存量、中间投入和劳动投入估算，除开产出数据，两者的主要差别在于中间投入是否需要估算②。本部分决定采用第一种方法，主要原因在于虽然可以利用工业总产值与应缴增值税之和，减去工业增加值得到工业中间投入，而且长江中游城市群绝大部分城市的统计年鉴提供了应缴增值税的数据，但是较多城市的统计年鉴没有提供中间投入这个指标，从而无法利用工业总产值与应缴增值税之和减去工业增加值的方法得到工业中间投入。不过，《中国工业统计年鉴》提供了湖北省、湖南省、江西省的中间投入，可行的方法是利用长江中游城市群范围内各个城市的工业总产值或者工业销售值占对应省份工业总产值或者工业销售值的比重来估算其中间投入。然而，当前对中间投入的平减并无十分准确的处理方法，而且考虑到中间投入的名义值完全需要估算，而往往理论上正确的估算方法可能得到与真实数据相差甚远的估计值。由于中间投入在估算生产率时所占份额往往又很大，中间投入估算的准确性会对生产率的估算造成很大的影响，这都说明，应该采用直接的统计数据或者估算步骤最少的数据，即采用第一种方法估算生产率。因此，本部分最终利用工业增加值、资本存量和劳动投入估算长江中游城市群各个城市的工业生产率。

对于工业增加值，长江中游城市群部分城市的统计年鉴仅仅提供

① 2016年的工业统计数据主要来自2016年各个城市和省份的国民经济和社会发展统计公报、各省份内所设区市主要经济指标统计、各个城市和省份的统计月报、各个城市和省份统计局提供的相关工业统计数据等。

② 陈诗一：《中国工业分行业统计数据估算：1980～2008》，《经济学》（季刊）2011年第3期。

了工业总产值或者工业销售值，却并没有提供工业增加值，本部分考虑了如下的估算方法：若该城市的统计年鉴提供了工业总产值，可以用该城市工业总产值占所在省份工业总产值的比重估算其工业增加值，否则，就用该城市工业销售值占所在省份工业销售值的比重估算其工业增加值。对于工业增加值的价格平减，由于工业增加值主要是由总产值减去工业中间投入来构成，因此应该用工业品出厂价格指数和原材料、燃料、动力购进价格指数同时消除产品和原材料的价格变动因素，计算出与基期价格可比的工业增加值，即所谓“双缩法”，但是现行的工业价格指数缩减法仍然采用与工业总产值缩减类似的“单缩法”来缩减增加值，也即用工业品出厂价格直接缩减工业增加值，而不考虑原材料等购进价格因素[①]，因此本部分亦如此估算。本部分所使用的产出价格平减指数来自《中国统计年鉴》提供的工业品出厂价格指数，并构建了以 2010 年为基期的工业品出厂价格指数，计算出了长江中游城市群各个城市的实际工业增加值。

对资本存量的估算主要有永续盘存法和利用固定资产净值年平均余额估算法，因此首先需要明确估算时采用的方法。本部分首先尝试用永续盘存法估算，有较多文献选择永续盘存法估算资本存量[②]。利用永续盘存法估算资本存量时，首先需要估算的是折旧率，若将固定资本分为设备和建筑两部分，分别估算两者折旧率的方法可能并不合适，这是由于建筑类和设备类资产结构存在区别，不同城市建筑类和设备类资产的权重较难准确确定，因此这种折旧率的设定方式可能不是一个合适的方法。此外，长江中游城市群部分城市的统计年鉴虽然没有提供本年折旧，但是提供了累计折旧，因此可以用本年度与上年

① 陈诗一：《中国工业分行业统计数据估算：1980～2008》，《经济学》（季刊）2011 年第 3 期。

② 黄勇峰、任若恩、刘晓生：《中国制造业资本存量永续盘存法估计》，《经济学》（季刊）2002 年第 2 期。

累计折旧的差值得到当年的本年折旧，最后用当年的本年折旧除以上年固定资产原值得到当年的折旧率。但是在实际估算中，部分城市某些年份的本年折旧估算值为负值。

因此，本部分在估算长江中游城市群各个城市的资本存量时，采用固定资产净值年平均余额估算法，较多文献是如此处理的[①]，基于企业数据的研究也通常直接使用固定资产净值作为资本存量的代理变量。但是，部分城市的统计年鉴没有给出固定资产净值年平均余额，本部分用固定资产原值和累计折旧估算，还有部分城市的统计年鉴没有给出固定资产原值和累计折旧，仅仅给出了资产合计，对此本部分利用该城市所在省份资产合计与资产净值的比值来估算其资产净值。本部分利用固定资产投资价格指数对固定资产净值进行平减，对于初始资本存量，用2010年长江中游城市群各个城市工业的固定资产净值作为其初始资本存量。最后，本部分用长江中游城市群各个城市工业的从业人员年平均人数作为劳动力投入数据。

利用上述数据，本部分计算出长江中游城市群各个城市的工业生产率，进而计算出长江中游城市群的工业总生产率，以及湖北、江西、湖南三个省份在长江中游城市群范围内所有城市的工业总生产率，具体如表1所示。

表1　长江中游城市群工业总生产率

年份	长江中游城市群	武汉城市圈	环鄱阳湖生态城市群	长株潭城市群
2010	1.1214	1.0475	1.0428	1.2578
2011	1.2944	1.3285	1.0743	1.3738
2012	1.3480	1.3948	1.1685	1.3998

① 李胜文、李大胜：《中国工业全要素生产率的波动：1986～2005——基于细分行业的三投入随机前沿生产函数分析》，《数量经济技术经济研究》2008年第5期。

续表

年份	长江中游城市群	武汉城市圈	环鄱阳湖生态城市群	长株潭城市群
2013	1.3732	1.3647	1.2553	1.4618
2014	1.4476	1.4379	1.4017	1.4950
2015	1.4908	1.4936	1.4137	1.5473
2016	1.5077	1.5384	1.3760	1.5699
均值	1.3690	1.3722	1.2475	1.4436

由表1可知，就工业生产率的均值而言，长株潭城市群最高，武汉城市圈次之，环鄱阳湖生态城市群最低，而长江中游城市群工业生产率的均值要大于环鄱阳湖生态城市群，小于长株潭城市群和武汉城市圈。长江中游城市群、武汉城市圈、长株潭城市群、环鄱阳湖生态城市群工业生产率的变化趋势见图1。从2010年到2016年，四个城市群的工业生产率大致呈上升趋势，其中长株潭城市群的工业生产率要显著高于其他城市群，环鄱阳湖生态城市群的工业生产率要低于其他城市群，武汉城市圈与长江中游城市群的工业生产率较为接近。

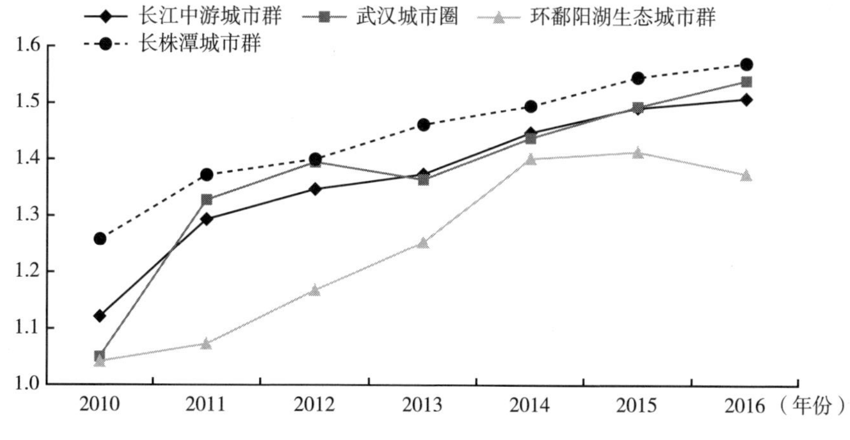

图1　长江中游城市群工业总生产率

（三）长江中游城市群产业协同发展评价分析

1. 产业协同发展指数的测度

利用前文中产业协同发展指数的构建方法，本部分计算了长江中游城市群和武汉城市圈、环鄱阳湖生态城市群、长株潭城市群以及三个城市群之间的产业协同发展指数。其中长江中游城市群的产业协同发展指数见表2。

表2　长江中游城市群产业协同发展指数

年份	长江中游城市群产业协同发展指数	年份	长江中游城市群产业协同发展指数
2010	0.9908	2014	0.9874
2011	0.9942	2015	0.9898
2012	1.0031	2016	0.9904
2013	0.9989	均值	0.9935

从2014年开始，长江中游城市群产业融合发展不断深化。由表2和图2可知，2010年到2014年，长江中游城市群的产业协同发展指数呈现倒“U”形变化趋势，其中，2012年长江中游城市群的产业协同发展指数最高，2014年长江中游城市群的产业协同发展指数最低。值得关注的是，从2014年开始，长江中游城市群的产业协同发展指数逐渐上升，说明长江中游城市群产业融合发展不断深化。

环鄱阳湖生态城市群、武汉城市圈、长株潭城市群的产业协同发展程度依次提升。武汉城市圈、环鄱阳湖生态城市群、长株潭城市群的产业协同发展指数见表3。由表3可知，就产业协同发展指数的均值而言，长株潭城市群最高，武汉城市圈次之，环鄱阳湖生态城市群最低，结合表2可知，长江中游城市群产业协同发展指数的均值要大于环鄱阳湖生态城市群和武汉城市圈，但是要小于长株潭城市群。

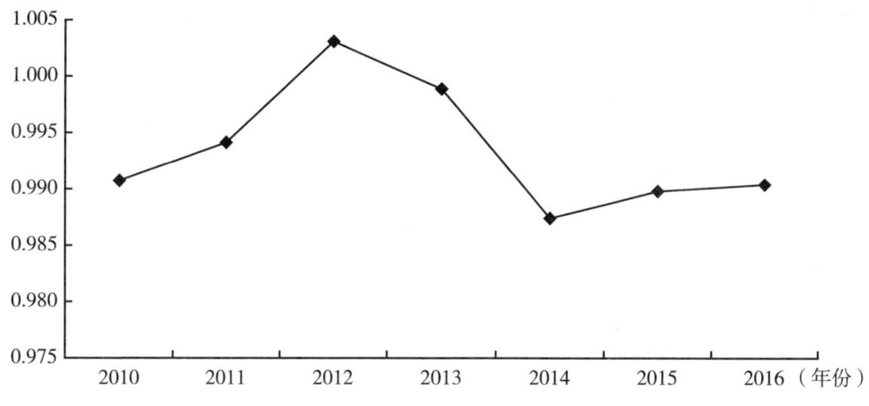

图2　长江中游城市群产业协同发展指数

表3　三省份城市群的产业协同发展指数

年份	武汉城市圈	环鄱阳湖生态城市群	长株潭城市群
2010	0. 9291	0. 9709	1. 0394
2011	0. 9319	0. 9496	1. 0163
2012	0. 9675	0. 9492	1. 0353
2013	0. 9658	0. 9698	1. 0183
2014	0. 9826	0. 9466	1. 0226
2015	0. 9855	0. 9317	1. 0377
2016	0. 9781	0. 9155	1. 0581
均值	0. 9629	0. 9476	1. 0325

武汉城市圈、长株潭城市群、环鄱阳湖生态城市群产业协同发展指数的变化趋势见图3。从2010年到2016年，长株潭城市群产业协同发展指数的变化大致呈现为“U”形，武汉城市圈产业协同发展指数总体呈上升趋势，而环鄱阳湖生态城市群产业协同发展指数总体呈下降趋势。长株潭城市群的产业协同发展指数要显著高于其他城市群，从2014年开始，武汉城市圈的产业协同发展指数要高于环鄱阳湖生态城市群，而且两者间的差距逐渐扩大。从2013年到2016年，

环鄱阳湖生态城市群产业协同发展指数从 0.9698 下降到 0.9155，说明环鄱阳湖生态城市群各城市间的市场分割有加重趋势。

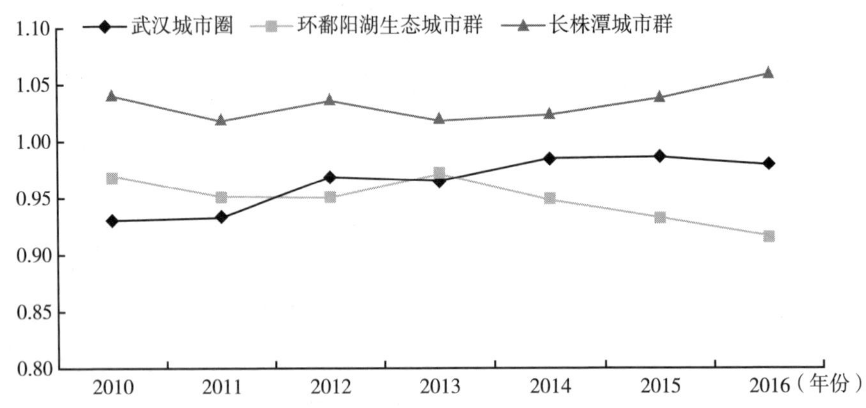

图 3　三个城市群的产业协同发展指数

三省份城市群之间的产业协同发展指数呈现“U”形变化趋势。三省份城市群之间的产业协同发展指数及其变化趋势分别见表 4 和图 4。由图 4 可知，从 2011 年开始，三省份城市群之间的产业协同发展指数呈现“U”形变化趋势，其中，2011 年三省份城市群之间的产业协同发展指数最高，2014 年三省份城市群之间的产业协同发展指数最低。与长江中游城市群类似的是，从 2014 年开始，三省份城市群之间的产业协同发展指数逐渐上升。

表 4　三省份城市群之间产业协同发展指数

年份	三省份城市群之间产业协同发展指数	年份	三省份城市群之间产业协同发展指数
2010	1.0075	2014	1.0061
2011	1.0373	2015	1.0082
2012	1.0240	2016	1.0145
2013	1.0115	均值	1.0156

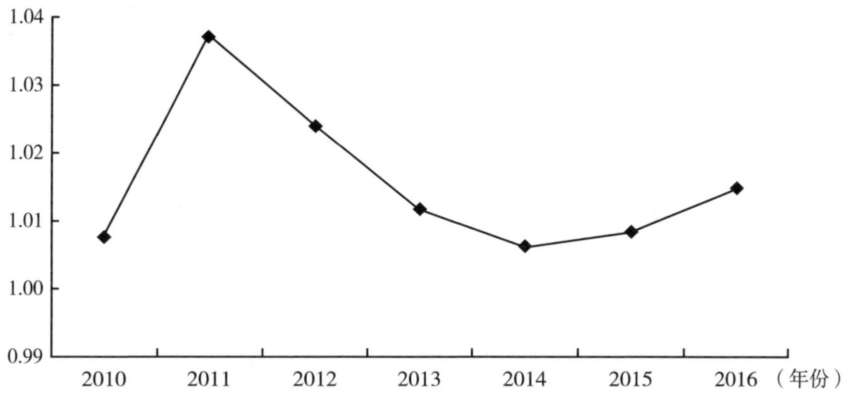

图4　三省份城市群之间产业协同发展指数

2. 产业协同发展指数的分解

本部分将参考现有文献将产业协同发展指数进一步分解为资源协同发展指数和技术协同发展指数，从而可以进一步判断长江中游城市群的产业协同发展主要来自技术推动，还是来自产业资源的再配置。

表5　长江中游城市群产业协同发展指数的分解

年份	产业协同发展指数的变化值	资源协同发展指数	技术协同发展指数
2011	1. 0035	1. 0053	0. 9982
2012	1. 0090	1. 0004	1. 0086
2013	0. 9957	0. 9976	0. 9982
2014	0. 9885	0. 9985	0. 9900
2015	1. 0025	1. 0021	1. 0003
2016	1. 0006	1. 0033	0. 9973
几何均值	0. 9999	1. 0012	0. 9988

注：当对产业协同发展指数的变化值进行分解时，计算的均值都为几何均值。

长江中游城市群各个城市间的市场一体化促进了城市间资源配置优化和产业协同发展，而产业集聚的技术外部性并不明显。长江中游城市群产业协同发展指数的分解结果见表5，其变化趋势见图5。就指数的几何均值而言，长江中游城市群产业协同发展指数变化值的均值要小于1，这主要是因为技术协同发展指数的均值仅为0.9988，而资源协同发展指数为1.0012，说明长江中游城市群各个城市间的市场一体化不断深化，进而促进了长江中游城市群内部资源配置优化和产业协同发展，但是产业集聚的技术外部性并不明显。在2013年和2014年之外的年份，长江中游城市群产业的协同发展程度都有所上升。总体而言，产业协同发展指数的变化趋势与技术协同发展指数变化趋势一致，而且两者的波动相对较大，但是资源协同发展指数的变化较为平缓。

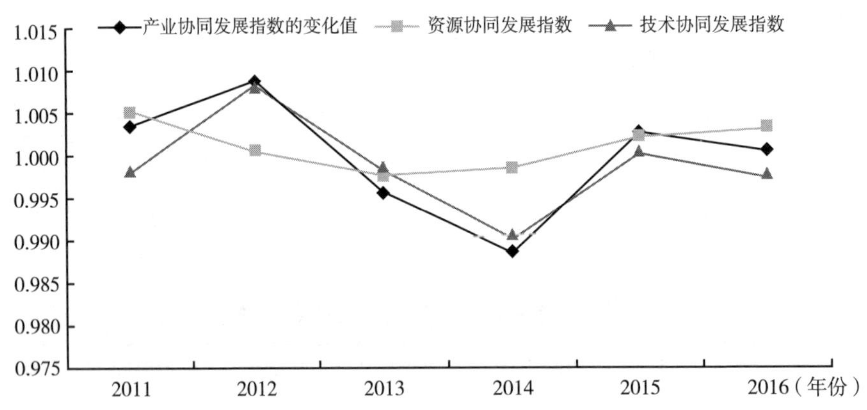

图5　长江中游城市群产业协同发展指数的分解

武汉城市圈的市场一体化促进了武汉城市圈内部资源配置优化和产业协同发展，同时武汉城市圈的产业集聚也会产生显著技术外部性，进而推动了产业协同发展。武汉城市圈产业协同发展指数的分解结果见表6，其变化趋势见图6。就指数的几何均值而言，武汉城市圈产业协同发展指数变化值的均值要大于1，这是因为技术协同发展指数和资源协同发展指数的均值均大于1，既说明武汉城市圈各个城市间的市场一体化不断深化，进而促进了武汉城市圈内部资源配置优化和产业协同发展，也说明了武汉城市圈产业集聚会产生显著的技术外部性，进而提高了工业生产效率，最终提高了资源的有效利用率。与长江中游城市群类似的是，武汉城市圈产业协同发展指数的变化趋势与技术协同发展指数变化趋势一致。

表 6　武汉城市圈产业协同发展指数的分解

年份	产业协同发展指数的变化值	资源协同发展指数	技术协同发展指数
2011	1.0030	1.0058	0.9972
2012	1.0381	1.0121	1.0257
2013	0.9982	0.9992	0.9990
2014	1.0174	1.0001	1.0173
2015	1.0029	1.0045	0.9984
2016	0.9926	1.0054	0.9872
几何均值	1.0086	1.0045	1.0041

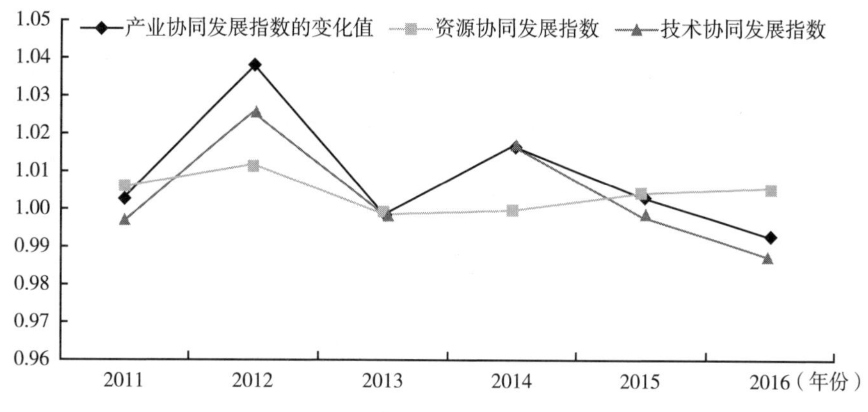

图 6　武汉城市圈产业协同发展指数的分解

环鄱阳湖生态城市群各个城市间的市场分割阻碍了环鄱阳湖生态城市群内部资源流动和产业协同发展，同时环鄱阳湖生态城市群产业集聚并没有产生显著的技术外部性。环鄱阳湖生态城市群产业协同发展指数的分解结果见表 7，其变化趋势见图 7。就指数的几何均值而言，环鄱阳湖生态城市群产业协同发展指数变化值的均值要小于1，这是因为技术协同发展指数和资源协同发展指数的均值均小于1，不但说明环鄱阳湖生态城市群各个城市间的市场分割逐渐加剧，进而阻碍了环鄱阳湖生态城市群内部资源流动和产业协同发展，也意味着环鄱阳湖生态城市群产业集聚并没有产生显著的技术外部性。此外，环鄱阳湖生态城市群的产业协同发展指数仅2013年大于1，说明环鄱阳湖生态城市群的产业协同发展有不断恶化的趋势。

表7　环鄱阳湖生态城市群产业协同发展指数的分解

年份	产业协同发展指数的变化值	资源协同发展指数	技术协同发展指数
2011	0.9780	0.9912	0.9866
2012	0.9996	0.9955	1.0041
2013	1.0217	0.9984	1.0234
2014	0.9761	0.9991	0.9769
2015	0.9842	0.9938	0.9904
2016	0.9827	0.9933	0.9893
几何均值	0.9903	0.9952	0.9950

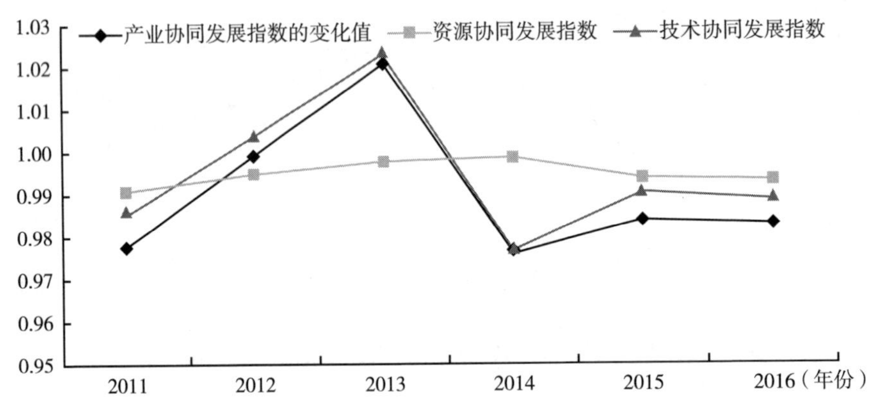

图7　环鄱阳湖生态城市群产业协同发展指数的分解

从2014年开始，长株潭城市群的资源协同发展和技术协同发展程度要显著高于武汉城市圈和环鄱阳湖生态城市群。长株潭城市群产业协同发展指数的分解结果见表8，其变化趋势见图8。就指数的几何均值而言，长株潭城市群产业协同发展指数变化值的均值要大于1，这主要是因为长株潭城市群资源协同发展指数的均值大于1，说明长株潭城市群各个城市间的市场一体化不断深化，进而促进了长株潭城市群内部资源配置优化和产业协同发展。从2014年开始，长株潭城市群、武汉城市圈和环鄱阳湖生态城市群相比，仅有长株潭城市群的资源协同发展指数、技术协同发展指数以及相应的产业协同发展指数变化值均大于1，说明长株潭城市群产业协同发展趋势更加显著。

表8　长株潭城市群产业协同发展指数的分解

年份	产业协同发展指数的变化值	资源协同发展指数	技术协同发展指数
2011	0.9778	1.0043	0.9736
2012	1.0186	1.0014	1.0172
2013	0.9836	0.9985	0.9851
2014	1.0042	1.0035	1.0007
2015	1.0148	1.0071	1.0076
2016	1.0197	1.0089	1.0107
几何均值	1.0030	1.0040	0.9990

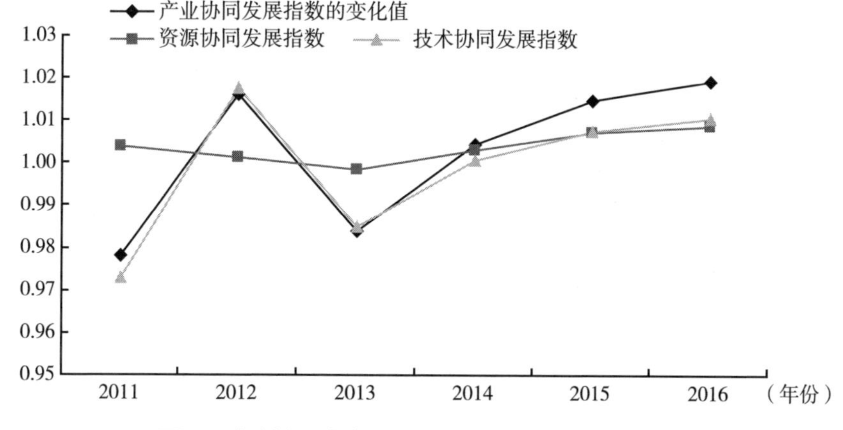

图8　长株潭城市群产业协同发展指数的分解

三省份城市群之间的市场分割有加剧趋势，但是产业集聚产生了显著的技术外部性。三省份城市群之间产业协同发展指数的分解结果见表9，其变化趋势见图9。就指数的几何均值而言，三省份城市群之间产业协同发展指数变化值的均值要大于1，资源协同发展指数的均值小于1，而技术协同发展指数的均值大于1。这意味着三省份城市群之间的市场分割有加剧趋势，但是就城市群作为一个整体而言，产业集聚可以产生显著的技术外部性。

表9　三省份城市群之间产业协同发展指数的分解

年份	产业协同发展指数的变化值	资源协同发展指数	技术协同发展指数
2011	1.0296	1.0031	1.0264
2012	0.9872	0.9943	0.9929
2013	0.9878	0.9991	0.9887
2014	0.9946	0.9963	0.9983
2015	1.0021	0.9990	1.0031
2016	1.0063	0.9998	1.0064
几何均值	1.0012	0.9986	1.0025

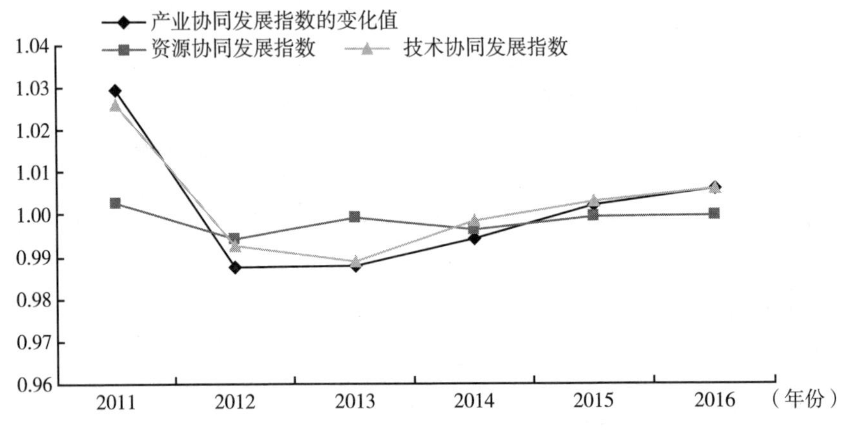

图9　三省份城市群之间产业协同发展指数的分解

三 长江中游城市群产业协同发展存在问题及其影响因素

（一）长江中游城市群产业协同发展存在的问题

本部分主要通过对比长江中游地区三个城市群，即武汉城市圈、环鄱阳湖生态城市群、长株潭城市群之间协同发展指数的差异，对比长江中游城市群与武汉城市圈、环鄱阳湖生态城市群、长株潭城市群三个城市群之间协同发展指数的差异，以及对比长江中游城市群与全国、长江经济带协同发展指数的差异，找出长江中游城市群产业协同发展中存在的问题和不足。

环鄱阳湖生态城市群的产业协同发展指数不断下降。首先，通过前文表3可以发现，武汉城市圈、环鄱阳湖生态城市群、长株潭城市群之间协同发展指数的差异较大，三者协同发展指数的均值分别为0.9629、0.9476以及1.0325，环鄱阳湖生态城市群的产业协同发展指数明显低于武汉城市圈和长株潭城市群的协同发展指数，表明环鄱阳湖生态城市群中各个城市工业的资源配置效率较低，意味着资源并没有配置到城市群内生产率最高的城市。不但如此，还可以发现从2013年开始，环鄱阳湖生态城市群的产业协同发展指数不断下降，即环鄱阳湖生态城市群各类产业的资源配置效率不断恶化，可见当前优化环鄱阳湖生态城市群的产业布局，促进各类产业资源在城市群内部自由流动，进而提升其资源配置效率已经迫在眉睫。

长江中游各个城市群内部的产业协同程度要低于城市群之间的产业协同程度。长江中游城市群、三省份城市群之间、长江经济带、全国的产业协同发展指数见表10，其变化趋势见图10。就产业协同发展指数的均值而言，三省份城市群之间、长江中游城市群、长江经济带、全国产业协同发展指数的均值依次下降。首先，长江中游城市群的产业协同发展程度要高于长江经济带和全国平均水平；其次，长江中游三省份城市群之间的产业协同发展程度要高于长江中游城市群所有城市间的产业协同发展程度，这说明城市群内部的产业协同程度要低于城市群之间的产业协同程度；最后，从2010年到2016年，长江中游城市群、长江经济带以及全国的产业协同发展指数表现出一定的收敛趋势。

表10　长江中游城市群与三省份城市群之间、长江经济带、全国产业协同发展指数对比

年份	长江中游城市群	三省份城市群之间	长江经济带	全国
2010	0.9908	1.0075	0.9972	0.9651
2011	0.9942	1.0373	0.9884	0.9668
2012	1.0031	1.0240	0.9899	0.9781
2013	0.9989	1.0115	0.9959	0.9806
2014	0.9874	1.0061	0.9939	0.9807
2015	0.9898	1.0082	0.9936	0.9885
2016	0.9904	1.0145	0.9921	0.9873
均值	0.9935	1.0156	0.9930	0.9781

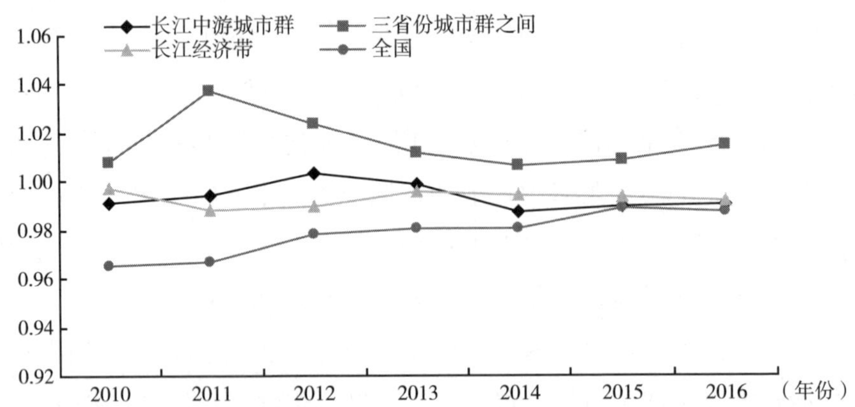

图10　长江中游城市群与三省份城市群之间、长江经济带、全国产业协同发展指数对比

长江中游城市群、三省份城市群之间以及长江经济带的相对协同发展指数见表11。相对协同发展指数为相应指数与全国协同发展指数的比值。长江中游城市群、三省份城市群之间以及长江经济带的相对协同发展指数均大于1，这说明上述区域的协同发展程度要高于全国平均水平。

表11 长江中游城市群与三省份城市群、长江经济带的相对协同发展指数

年份	长江中游城市群	三省份城市群之间	长江经济带
2010	1.0266	1.0440	1.0333
2011	1.0284	1.0730	1.0223
2012	1.0256	1.0470	1.0121
2013	1.0187	1.0316	1.0157
2014	1.0068	1.0258	1.0134
2015	1.0013	1.0199	1.0051
2016	1.0031	1.0276	1.0049
均值	1.0158	1.0384	1.0153

注：相对协同发展指数为相应指数与全国协同发展指数的比值。

武汉城市圈和环鄱阳湖生态城市群的产业协同发展程度要显著低于全国平均水平。武汉城市圈、环鄱阳湖生态城市群、长株潭城市群的相对协同发展指数见表12。较为明显的是，三个城市群中，仅有长株潭城市群的相对协同发展指数大于1，武汉城市圈和环鄱阳湖生态城市群的协同发展程度要显著低于全国平均水平。

表12 三省份城市群的相对协同发展指数

年份	武汉城市圈	环鄱阳湖生态城市群	长株潭城市群
2010	0.9628	1.0061	1.0770
2011	0.9640	0.9822	1.0513
2012	0.9892	0.9705	1.0585

续表

年份	武汉城市圈	环鄱阳湖生态城市群	长株潭城市群
2013	0.9849	0.9890	1.0385
2014	1.0019	0.9652	1.0427
2015	0.9969	0.9425	1.0498
2016	0.9907	0.9273	1.0717
均值	0.9843	0.9690	1.0556

注：相对协同发展指数为相应指数与全国协同发展指数的比值。

武汉城市圈、环鄱阳湖生态城市群、长株潭城市群产业协同发展指数变化值见表13，其变化趋势见图11。首先，就产业协同发展指数变化值的均值而言，武汉城市圈、长株潭城市群、环鄱阳湖生态城市群产业协同发展指数变化值的均值依次下降；其次，总体而言，在三个城市群中，仅有环鄱阳湖生态城市群的产业协同发展指数表现出明显的下降趋势；最后，尽管武汉城市圈产业协同发展指数变化值的均值大于1，环鄱阳湖生态城市群产业协同发展指数变化值的均值小于1，但是两个城市群产业协同发展指数变化值逐步趋近，即武汉城市圈产业协同发展有变缓趋势。

表13　三省份城市群产业协同发展指数变化值对比

年份	武汉城市圈	环鄱阳湖生态城市群	长株潭城市群
2011	1.0030	0.9780	0.9778
2012	1.0381	0.9996	1.0186
2013	0.9982	1.0217	0.9836
2014	1.0174	0.9761	1.0042
2015	1.0029	0.9842	1.0148
2016	0.9926	0.9827	1.0197
几何均值	1.0086	0.9903	1.0030

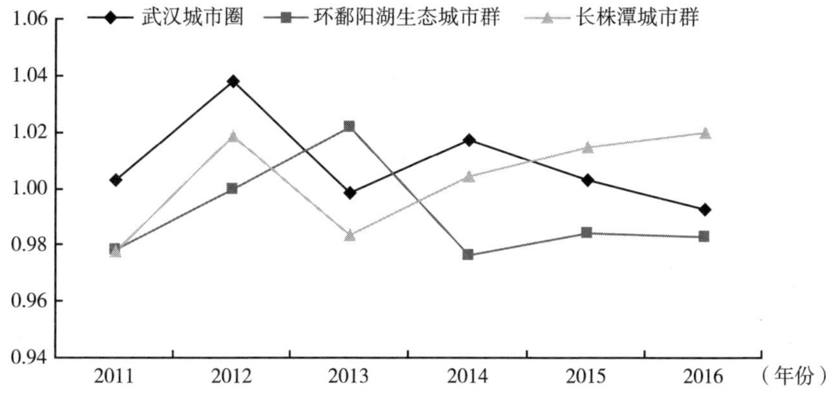

图 11　三省份城市群产业协同发展指数变化值对比

武汉城市圈、环鄱阳湖生态城市群、长株潭城市群资源协同发展指数见表 14，其变化趋势见图 12。首先，就资源协同发展指数的均值而言，武汉城市圈、长株潭城市群、环鄱阳湖生态城市群资源协同发展指数的均值依次下降；其次，从 2011 到 2016 年，环鄱阳湖生态城市群的资源协同发展指数均小于 1，环鄱阳湖生态城市群的资源配置效率不断下降，市场分割不断恶化；最后，武汉城市圈和长株潭城市群的资源协同发展指数的均值都大于 1，而且从 2014 年开始，长株潭城市群的资源协同发展程度要高于武汉城市圈。

表 14　三省份城市群资源协同发展指数对比

年份	武汉城市圈	环鄱阳湖生态城市群	长株潭城市群
2011	1.0058	0.9912	1.0043
2012	1.0121	0.9955	1.0014
2013	0.9992	0.9984	0.9985
2014	1.0001	0.9991	1.0035
2015	1.0045	0.9938	1.0071
2016	1.0054	0.9933	1.0089
几何均值	1.0045	0.9952	1.0040

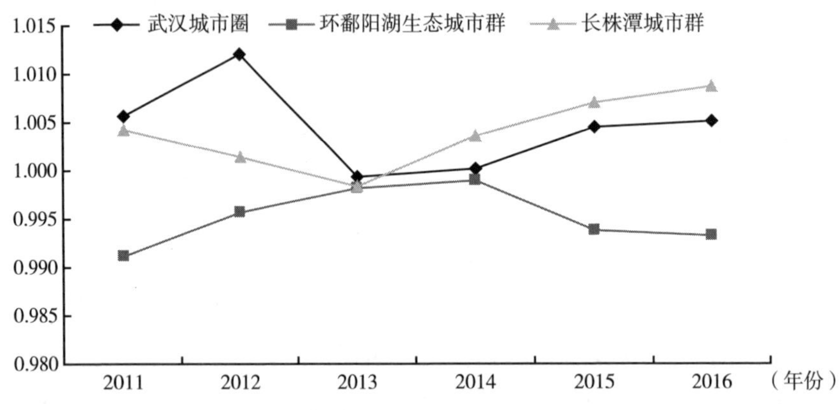

图 12　三省份城市群资源协同发展指数对比

武汉城市圈的技术协同发展指数明显下降。武汉城市圈、环鄱阳湖生态城市群、长株潭城市群技术协同发展指数见表 15，其变化趋势见图 13。首先，就技术协同发展指数的均值而言，武汉城市圈、长株潭城市群、环鄱阳湖生态城市群技术协同发展指数的均值依次下降；其次，在三个城市群中，仅有武汉城市圈的技术协同发展指数的均值大于 1；最后，尽管武汉城市圈的技术协同发展指数的均值大于 1，但是从 2014 年开始，武汉城市圈和环鄱阳湖生态城市群的技术协

表 15　三省份城市群技术协同发展指数对比

年份	武汉城市圈	环鄱阳湖生态城市群	长株潭城市群
2011	0. 9972	0. 9866	0. 9736
2012	1. 0257	1. 0041	1. 0172
2013	0. 9990	1. 0234	0. 9851
2014	1. 0173	0. 9769	1. 0007
2015	0. 9984	0. 9904	1. 0076
2016	0. 9872	0. 9893	1. 0107
几何均值	1. 0041	0. 9950	0. 9990

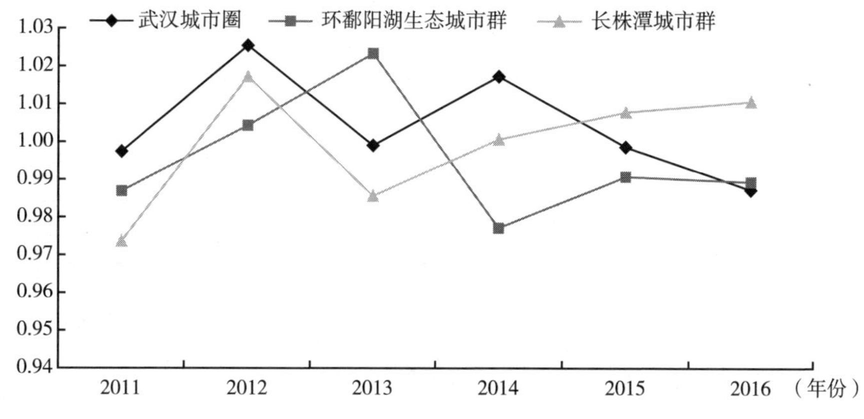

图 13　三省份城市群技术协同发展指数对比

同发展指数逐步趋近，同时长株潭城市群的技术协同发展程度不但开始大于1，而且逐步上升，说明长株潭城市群产业集聚的技术外部效应开始显现。

长江中游城市群产业协同发展的速度要低于全国平均水平。长江中游城市群、三省份城市群之间、长江经济带、全国产业协同发展指数变化值见表16，其变化趋势见图14。首先，就产业协同发展指数变化值的均值而言，全国、三省份城市群之间、长江中游城市群、长江经济带产业协同发展指数变化值的均值依次下降；其次，尽管长江中游城市群、三省份城市群之间以及长江经济带的协同发展程度要高于全国平均水平，但是它们产业协同发展的速度要低于全国平均水平；最后，长江中游城市群、长江经济带、全国产业协同发展指数的变化值有逐步收敛的趋势。

表 16　长江中游城市群与三省份城市群之间、长江经济带、全国产业协同发展指数变化值对比

年份	长江中游城市群	三省份城市群之间	长江经济带	全国
2011	1.0035	1.0296	0.9911	1.0018
2012	1.0090	0.9872	1.0015	1.0117
2013	0.9957	0.9878	1.0061	1.0025

续表

年份	长江中游城市群	三省份城市群之间	长江经济带	全国
2014	0.9885	0.9946	0.9980	1.0002
2015	1.0025	1.0021	0.9997	1.0079
2016	1.0006	1.0063	0.9985	0.9988
几何均值	0.9999	1.0012	0.9991	1.0038

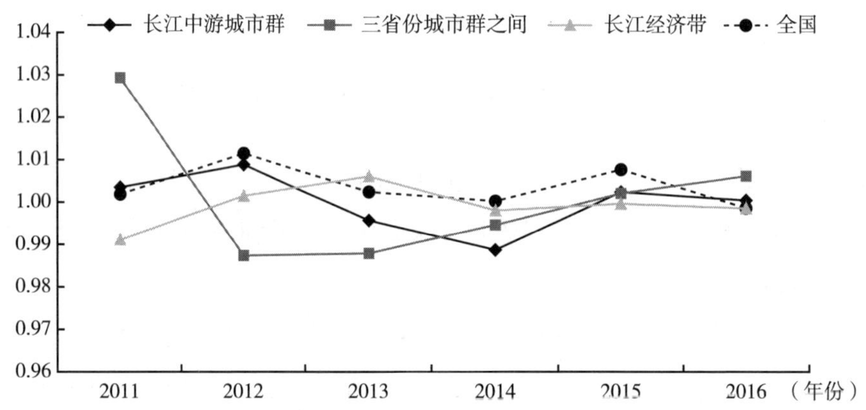

图 14　长江中游城市群与三省份城市群之间、长江经济带、全国产业协同发展指数变化值对比

三省份城市群之间的市场分割有不断加剧趋势。长江中游城市群、三省份城市群之间、长江经济带、全国资源协同发展指数见表17，其变化趋势见图 15。首先，就资源协同发展指数的均值而言，长江中游城市群、全国、长江经济带、三省份城市群之间资源协同发展指数的均值依次下降；其次，长江中游城市群、全国、长江经济带资源协同发展指数的均值都大于 1，而三省份城市群之间资源协同发展指数的均值要小于 1，说明三省份城市群之间的市场分割有不断加剧趋势；最后，从 2014 年开始，三省份城市群之间、长江经济带、全国的资源协同发展指数有收敛趋势，而 2015 年起长江中游城市群的资源协同发展程度开始高于三省份城市群之间、长江经济带以及全国的资源协同发展程度。

表 17 长江中游城市群与三省份城市群之间、长江经济带、全国资源协同发展指数对比

年份	长江中游城市群	三省份城市群之间	长江经济带	全国
2011	1.0053	1.0031	1.0001	1.0022
2012	1.0004	0.9943	0.9990	1.0017
2013	0.9976	0.9991	0.9996	1.0014
2014	0.9985	0.9963	1.0006	0.9991
2015	1.0021	0.9990	1.0009	1.0004
2016	1.0033	0.9998	1.0002	1.0001
几何均值	1.0012	0.9986	1.0001	1.0008

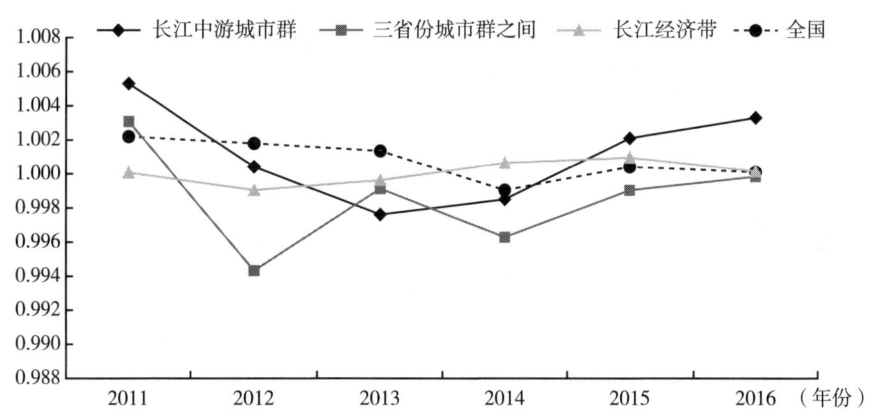

图 15 长江中游城市群与三省份城市群之间、长江经济带、全国资源协同发展指数对比

长江中游城市群产业集聚的技术外部效应逐步减弱。长江中游城市群、三省份城市群之间、长江经济带、全国技术协同发展指数见表 18，其变化趋势见图 16。首先，就技术协同发展指数的均值而言，全国、三省份城市群之间、长江经济带、长江中游城市群技术协同发展指数的均值依次下降；其次，长江中游城市群技术协同发展指数的均值最小，仅为0.9988，长江中游城市群产业集聚的技术外部效应有逐步变弱的趋势；最后，从2013年开始，长江中游城市群、长江经济带、全国的技术协同发展指数逐步趋近，而三省份城市群之间的技术协同发展程度不断上升。

表18　长江中游城市群与三省份城市群之间、长江经济带、全国技术协同发展指数对比

年份	长江中游城市群	三省份城市群之间	长江经济带	全国
2011	0.9982	1.0264	0.9910	0.9996
2012	1.0086	0.9929	1.0025	1.0100
2013	0.9982	0.9887	1.0065	1.0012
2014	0.9900	0.9983	0.9974	1.0011
2015	1.0003	1.0031	0.9987	1.0075
2016	0.9973	1.0064	0.9984	0.9987
几何均值	0.9988	1.0025	0.9991	1.0030

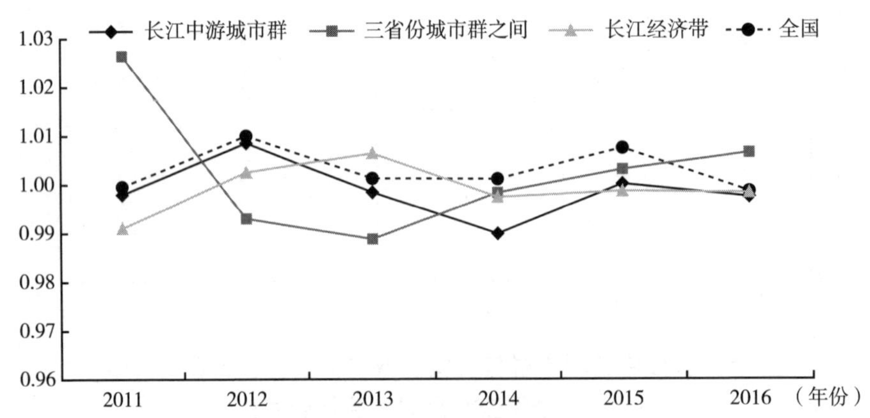

图16　长江中游城市群与三省份城市群之间、长江经济带、全国技术协同发展指数对比

（二）长江中游城市群产业协同发展的影响因素分析

本部分主要是计算长江中游城市群的商品市场、劳动力市场以及资本品市场一体化水平，进而探讨影响长江中游城市群产业协同发展的主要因素，并与长江经济带以及全国产业协同发展的决定因素相对比，找出长江中游城市群产业协同发展中可能存在的主要问题。

1. 市场一体化的度量

首先是估算商品市场一体化指标或市场分割指标。目前，对中国商品市场分割程度的测算方法主要分为产出结构法、贸易流量分析法、经济周期法、技术效率法和价格法等五类方法，考虑到数据的易得性和所得市场分割指标的完整性，本部分参考了桂琦寒等（2006）①、陆铭和陈钊（2009）② 以及赵奇伟和熊性美（2009）③ 用价格法测算每对相邻地区间的市场分割程度的研究，其中前两篇文献选取的是商品零售价格分类指数，最后一篇文献选取的是居民消费价格分类指数、固定资产投资品价格以及职工平均实际工资。本部分选取商品零售价格分类指数来测算市场分割程度，包括粮食、肉禽及其制品、水产品、饮料烟酒、服装鞋帽、纺织品、家用电器及音像器材、文化办公用品、日用品、燃料共计 10 类商品。采用相对价格指数的分析方法，需要三维（$t \times m \times k$）的面板数据，其中，t 为时间，m 为地区，k 为商品类别，本文包含了 2000 ~ 2012 年共计 13 年 30 个省份 10 类商品的价格指数，具备了时间、地点与商品种类 3 个维度。

首先，利用商品相对价格的绝对值 $|\Delta Q_{ijt}^{k}|$ 来计算方差，其中：

$$\Delta Q_{ijt}^{k} = ln(P_{it}^{k}/P_{JT}^{K}) - ln(P_{it-1}^{k}/P_{jt-1}^{k}) = ln(P_{it}^{k}/P_{it-1}^{k}) - ln(P_{kit}/P_{kit-1}) \tag{6}$$

---

① 桂琦寒、陈敏、陆铭、陈钊：《中国国内商品市场趋于分割还是整合？——基于相对价格法的分析》，《世界经济》2006 年第 2 期。

② 陆铭、陈钊：《分割市场的经济增长——为什么经济开放可能加剧地方保护》，《经济研究》2009 年第 3 期。

③ 赵奇伟、熊性美：《中国三大市场分割程度的比较分析：时间走势与区域差异》，《世界经济》2009 年第 6 期。

为了更准确地度量特定市场的分割程度，还需要剔除$|\Delta Q_{ijt}^k|$中由商品异质性导致的不可加效应，这是因为可以将两个地区间同类商品的价格波动分解为两个部分，一部分变动仅与这类商品自身的某些特征有关，另一部分变动与商品自身特征无关，只与两地特殊的市场环境或者其他随机因素相关。如果没有消除第一类因素对$|\Delta Q_{ijt}^k|$的影响，即与其他商品的相对价格加总求方差，计算值可能会高估由贸易壁垒形成的实际方差值。可以用去均值的方法消除与这种特定商品种类相联系的固定效应带来的系统偏误，即假设：

$$|\Delta Q_{ijt}^k| = \alpha^k + \varepsilon_{ij}^k \tag{7}$$

其中，α^k仅与商品种类k相关，ε_{ij}^k与两地特殊的市场环境相关，若要消去α^k项，应对给定年份t、给定商品种类k的$|\Delta Q_{ijt}^k|$求均值，再分别用$|\Delta Q_{ijt}^k|$减去该均值，令q_{ij}^k为其得到的差，此时q_{ij}^k仅与地区间市场分割因素和一些随机因素相关，所得q_{ij}^k的方差即可以反映相邻地区间的市场分割程度或市场一体化程度，最终计算得到市场分割指数。接着可以计算每个地区与其相邻地区市场分割程度的均值，如此可以得到这个地区的市场分割指数，市场分割指数越小，表明市场一体化程度越高，反之亦然①。为了更加直观地得到商品市场一体化指数，本部分通过计算上述市场分割指数倒数的平方根得到最终的商品市场一体化指数，此时市场一体化指数越大，表明市场一体化程度越高。

对于劳动力市场一体化指数，本部分采用与商品市场一体化程度测算相同的价格指数法，测算我国长江中游城市群、长江经济带以及全国的劳动力市场一体化指数。其中，劳动力价格指数采用的是来自

① 孙元元、张建清：《市场一体化与生产率差距：产业集聚与企业异质性互动视角》，《世界经济》2017年第4期。

《中国统计年鉴》的环比职工平均实际工资指数（上年等于100），包括国有单位职工平均工资指数、城镇集体单位职工平均工资指数和其他单位职工平均工资指数。

对于资本品市场一体化指数，考虑到数据的易得性和所得市场分割指标的完整性，本部分用价格法测算全国和长江经济带的市场一体化程度。参考赵奇伟和熊性美（2009）选取的固定资产投资品价格指数[①]，包括建筑安装工程、设备工程和器具、其他资本品三类，本部分利用固定资产投资品价格指数包括建筑安装工程、设备工器具购置、其他费用三类对全国和长江经济带资本品市场一体化进行测度。

2. 市场一体化对产业协同发展的影响

商品市场一体化、劳动力市场一体化以及资本品市场一体化与产业协同发展的拟合曲线分别见图17、图18、图19，这三个图将长江中游城市群、长江经济带以及全国的指标归于一起分析，主要目的在于判断市场一体化对产业协同发展的总体影响。可以发现，商品市场

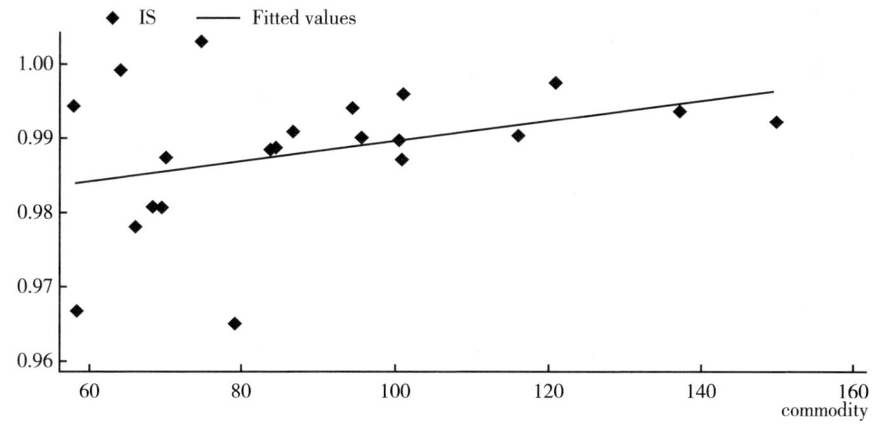

图17　商品市场一体化与产业协同发展的拟合曲线

① 赵奇伟、熊性美：《中国三大市场分割程度的比较分析：时间走势与区域差异》，《世界经济》2009年第6期。

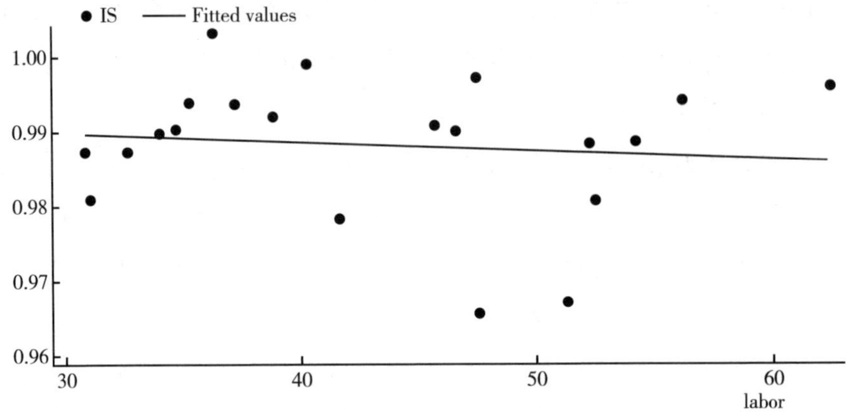

图 18　劳动力市场一体化与产业协同发展的拟合曲线

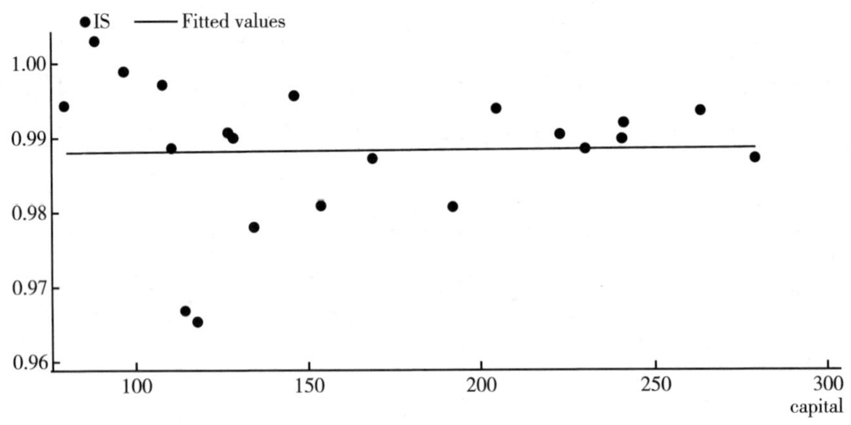

图 19　资本品市场一体化与产业协同发展的拟合曲线

和资本品市场的一体化可以促进产业的协同发展，而劳动力市场一体化不能促进产业协同发展，这也意味着劳动力流动存在一定阻碍，而资本相对而言可以自由流动，促进了资源的配置优化。

商品市场一体化并非促进长江中游城市群产业协同发展的主要影响因素。长江中游城市群、长江经济带以及全国商品市场一体化对产业协同发展的影响分别见图 20、图 21、图 22。其中长江经济带以及全国的商品市场一体化可以促进产业协同发展，而长江中游城市群的商品市场一体化不能促进产业协同发展。不过，对比长江中游城市群、长江经济带以及全国商品市场一体化指标的大小，发现长江中游城市群的商品市场一体化程度要大于全国平均水平，这说明对于长江中游城市群而言，商品市场一体化并非促进其产业协同发展的主要影响因素。

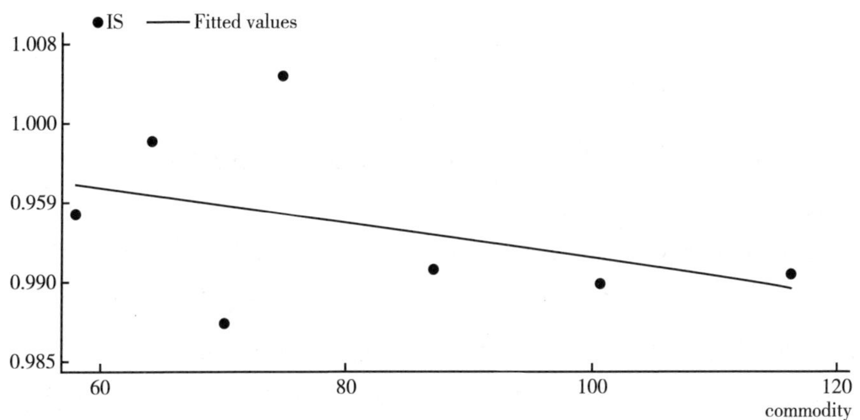

图 20　长江中游城市群商品市场一体化与产业协同发展的拟合曲线

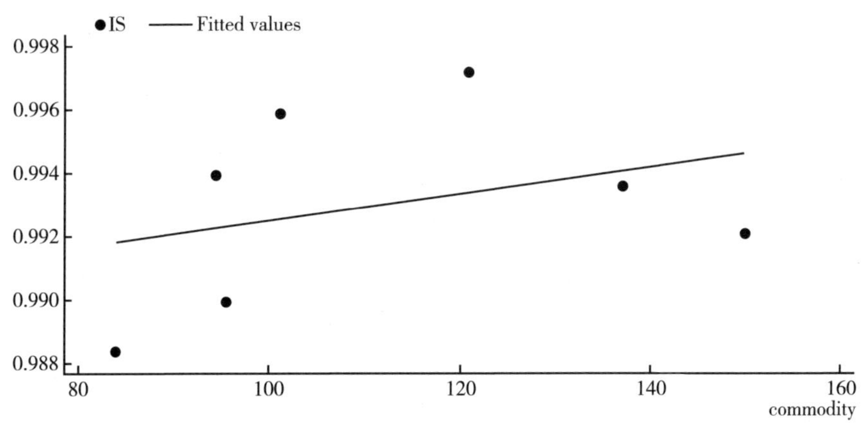

图 21　长江经济带商品市场一体化与产业协同发展的拟合曲线

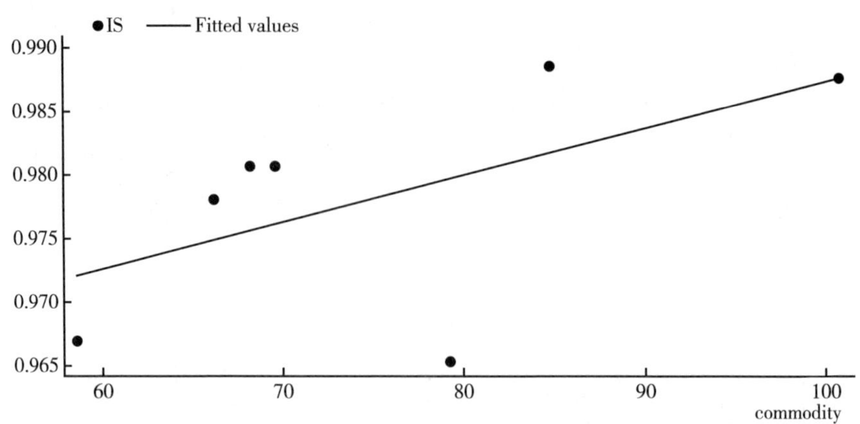

图 22　全国商品市场一体化与产业协同发展的拟合曲线

长江中游城市群的劳动力市场一体化可以促进其产业协同发展。长江中游城市群、长江经济带以及全国劳动力市场一体化对产业协同发展的影响分别见图 23、图 24、图 25。其中长江中游城市群和长江经济带的劳动力市场一体化可以促进产业协同发展，而全国范围的劳动力市场一体化不能促进产业协同发展。这也意味着，与全国平均水平对比，长江中游城市群和长江经济带的劳动力流动面临的阻碍可能相对较小。

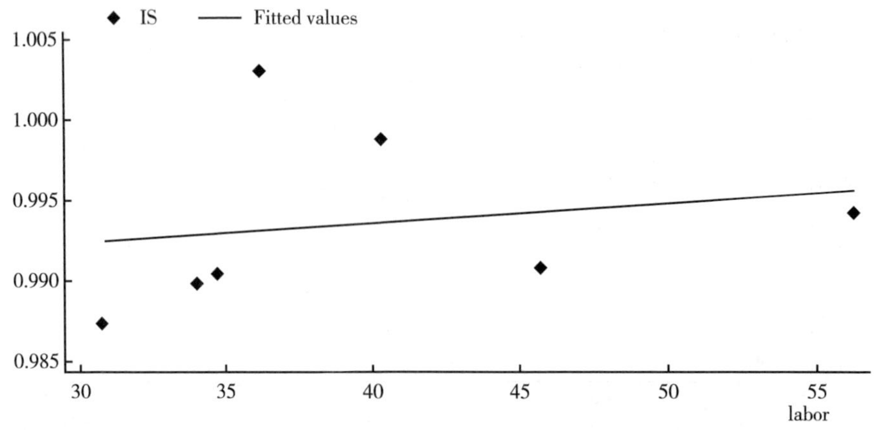

图 23　长江中游城市群劳动力市场一体化与产业协同发展的拟合曲线

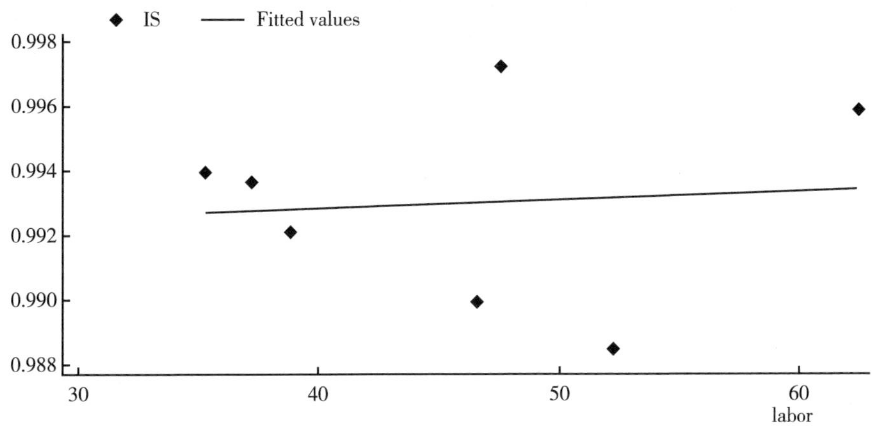

图 24　长江经济带劳动力市场一体化与产业协同发展的拟合曲线

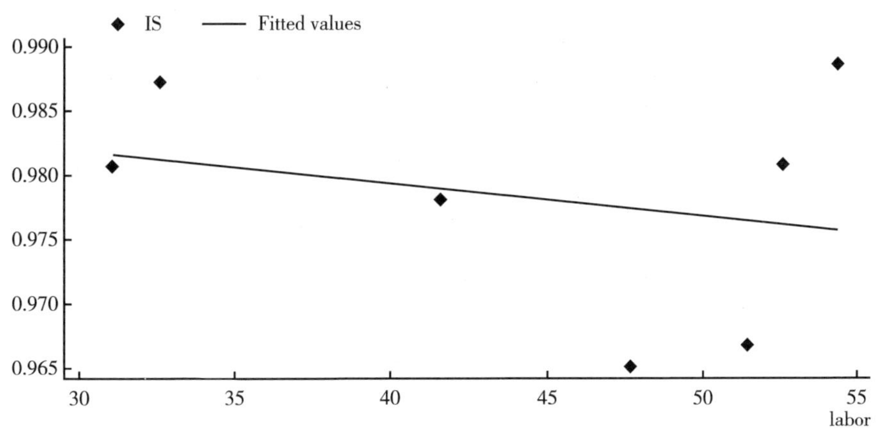

图 25　全国劳动力市场一体化与产业协同发展的拟合曲线

长江中游城市群资本品市场的分割严重阻碍了长江中游城市群的产业协同发展。长江中游城市群、长江经济带以及全国资本品市场一体化对产业协同发展的影响分别见图 26、图 27、图 28。首先，长江经济带和全国的资本品市场一体化可以促进产业协同发展，而长江中游城市群的资本品市场一体化不能促进产业协同发展；其次，长江中游城市群资本品市场一体化程度相对较低；最后，上述分析说明长江中游城市群资本品市场的分割严重阻碍了长江中游城市群的产业协同发展。

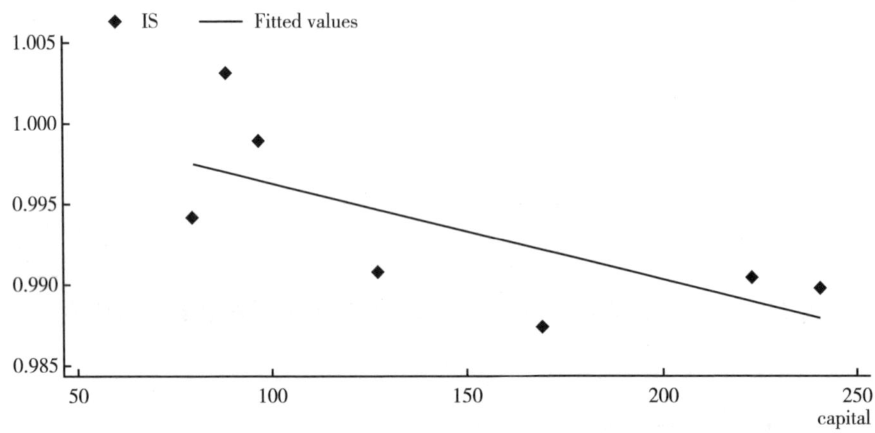

图 26　长江中游城市群资本品市场一体化与产业协同发展的拟合曲线

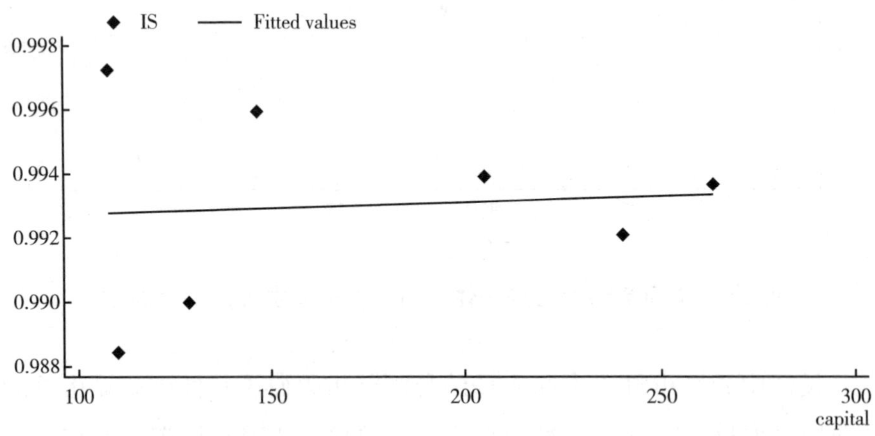

图 27　长江经济带资本品市场一体化与产业协同发展的拟合曲线

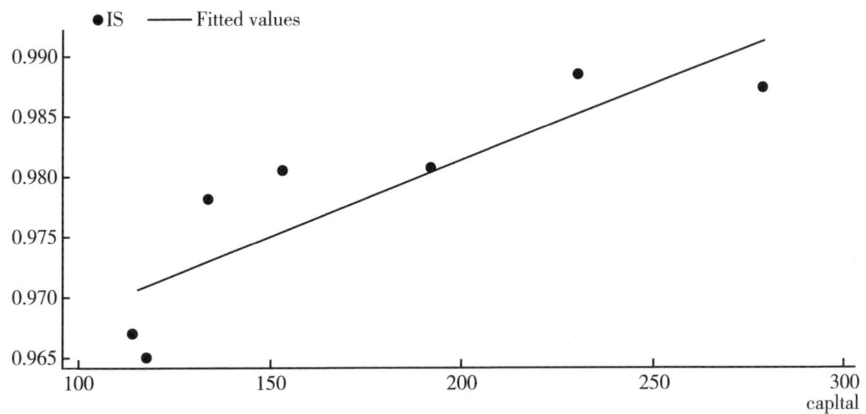

图 28　全国资本品市场一体化与产业协同发展的拟合曲线

四　推进长江中游城市群产业协同发展的对策建议

（一）联手打造现代产业集群

首先，共同打造先进制造业产业集群。加强国家级高新技术开发区合作交流，充分发挥长江中游城市群内国家自主创新示范区的战略平台作用，打造战略性新兴产业集群。围绕装备制造业技术自主化和智能化，联合研发生产高端机床设备，促进装备制造业结构优化。以武汉、南昌等为依托，发展通用航空制造和城市轨道交通设备制造。以武汉、长沙、南昌等为龙头，合力打造长江中游地区家电产业基地。其次，合作共建现代服务业集聚区。联合开展旅游推介活动，建立互为旅游目的地的客源联动机制，发挥长江水道和高铁优势，整合发展长江沿线长沙—武汉—南昌旅游线路，共同打造高铁旅游走廊等精品旅游路线。相互举办旅游专题推介会，合作开发国内外旅游市场，共同将长江中游城市群打造成为全国旅游标准化示范区。加强现代物流基础设施的建设和衔接，加快建立现代物流服务体系。积极推进会展业全面合作，分享展会资源，鼓励会展企业大胆走出去，积极到长江中游城市群内城市参展或办展，共同建设长江中游城市群会展集群。最后，共同建设优势农产品基地。依据资源禀赋和产业基础，在城市群内合作构建一批优势农产品产业带，大力发展食品加工业，打造绿色食品产业集群。

（二）协同搭建产业合作平台

以工业园区为平台，鼓励长江中游城市群企业积极参与异地工业园区的开发。鼓励企业在资源、项目、要素、市场等方面开展多种形式的合作，推动企业跨区域投资和联合发展。推动城市群合作争取重大产业专项布局，支持创建一批重要的战略性新兴产业基地和现代服务业集聚区。共同推动产业分工合作，争取国家支持长江中游城市群打造先进制造业基地，推动长江中游城市群内各城市产业差异化发展，避免同质恶性竞争。以武汉、长沙、南昌为重点区域，利用名优创新产品展销会等活动平台，加强重点产业、重点企业和重点园区招商。联合长江中游城市群内各城市力量，组织创新型招商活动，逐渐建立招商引资信息共享机制。

（三）携手共建产业技术创新体系

推进长江中游城市群科技基础设施建设，促进长江中游城市群科技创新资源成果和各类基础知识产权信息开放共享，鼓励科研院所、高等学校、企业共建研发机构，搭建公共技术平台。充分发挥企业主体作用，支持建立跨区域产业技术创新联盟，构建区域协同创新体系。策划一批重大科技合作项目，在智能装备、电子信息、生物、新能源、新材料、航空航天等科研领域联合攻关，实现重大关键技术产业化、自主化，建设一批具有全国影响力的创新合作示范区和产业集群。依托长江中游城市群内各类产业基地，加快科技创新成果落地转化，培育形成新的高新技术产业集群。共同建立科技信息网络和交易网络，完善运行管理模式，打造区域性创新服务平台。积极吸引国内外企业到长江中游城市群设立研发机构。大力引进海外高层次人才，探索科技人才合作培养模式，推动长江中游城市群专家资源共享。以武汉东湖新技术产业开发区、长沙高新技术产业开发区、南昌高新技术产业开发区为引领，充分发挥武汉、长沙、南昌科技创新中心优势，强化对周边区域的引领辐射作用，支持与有条件的地区共同建设科技成果转化基地。

（四）合力推进跨区域产业转移与承接

强化规划引导和制度创新，充分发挥市场机制作用，促进产业高效对接与紧密合作。综合运用产业、土地等政策手段，加强对产业转移的引导和调控，推动长江中游城市群产业结构转型升级，防止发达地区污染和落后产能转入长江中游城市群。引导武汉、长沙、南昌等对接长三角、珠三角新兴产业，积极拓展长江中游城市群与沿海地区产业合作的领域和空间。促进武汉、长沙、南昌等整合优势资源，在先进制造业集聚、高新技术研发平台建设、金融创新运营示范等方面加快发展，引导资源加工型、劳动密集型产业向周边地区转移，进一步发挥武汉、长沙、南昌等对周边地区的辐射带动作用。创新合作体制机制，支持通过委托管理、投资合作等方式推动长江中游城市群毗邻城市共建产业园区，探索创新产业跨区域转移的利益共享机制。

（五）共同构建产业协同发展机制

建立健全长江中游城市群利益协调机制，不断协调完善城市群内产业、土地、环保等政策。在城市群内积极搭建产业合作平台，推进武汉、长沙、南昌共建各类产业园区，推动跨区域产业合作。探索建立长江中游城市群企业信用信息互通共享机制，实现企业登记、信贷、纳税、合同履约、产品质量监管等信用信息共享。加强长江中游城市群知识产权协同保护，推动发展长江中游城市群产权交易市场。突出长江中游城市群各城市技术、人才、资源、资金等优势资源，因地制宜，构建合理的产业价值链条。以武汉、长沙、南昌等为重点，不断延伸产业链条，加强产业链的配套建设，打造全国产业链重要节点城市，实现长江中游城市群产业的协同发展，提升长江中游城市群整体实力。

参考文献

陈诗一：《中国工业分行业统计数据估算：1980～2008》，《经济学》（季刊）2011 年第 3 期。

桂琦寒、陈敏、陆铭、陈钊：《中国国内商品市场趋于分割还是整合？——基于相对价格法的分析》，《世界经济》2006 年第 2 期。

黄勇峰、任若恩、刘晓生：《中国制造业资本存量永续盘存法估计》，《经济学》（季刊）2002 年第 2 期。

李胜文、李大胜：《中国工业全要素生产率的波动：1986～2005——基于细分行业的三投入随机前沿生产函数分析》，《数量经济技术经济研究》2008 年第 5 期。

陆铭、陈钊：《分割市场的经济增长——为什么经济开放可能加剧地方保护》，《经济研究》2009 年第 3 期。

聂辉华、贾瑞雪：《中国制造业企业生产率与资源误置》，《世界经济》2011 年第 7 期。

孙元元、张建清：《市场一体化与生产率差距：产业集聚与企业异质性互动视角》，《世界经济》2017 年第 4 期。

赵奇伟、熊性美：《中国三大市场分割程度的比较分析：时间走势与区域差异》,《世界经济》2009 年第 6 期。

Hsieh, C. and P. Klenow, 2009, "Misallocation and Manufacturing TFP in China and India," *Quarterly Journal of Economics*, 124 (4): 1403 – 1448.

Olley, Steven, Ariel Pakes, 1996, "The Dynamics of Productivity in the Telecommunications Equipment Industry," *Econometrica*, 64 (6): 1263 – 1297.

B.4

长江中游城市群基础设施协同发展报告*

范斐 王嵩**

摘 要： 基础设施是城市主体设施正常运行的保证，是物质生产与劳动力再生产的重要条件，而基础设施协同发展是推进长江中游城市群一体化的先决条件。本部分内容首先从交通、水利、能源、信息等四个方面分析了长江中游城市群基础设施的发展现状。然后根据基础设施协同发展能力结构的内涵，从交通运输能力、水利基础设施能力、能源保障体系建设能力、信息基础设施能力四个方面构造了长江中游城市群基础设施协同发展的指标体系。利用能力结构关系模型，测度2010~2016年长江中游城市群各城市的各项基础设施发展能力结构，从时空维度揭示不同城市之间基础设施发展能力结构的均衡与匹配程度，在此基础上，辨析不同城市在基础设施协同发展中获益效果的相对变化趋势及时空关联。结果表明：①研究期内，基础设施协同发展指数排在前十的城市为武汉、长沙、南昌、衡阳、襄阳、岳

* 本研究报告为国家发展改革委课题"长江中游城市群协同发展评价与对策研究"的子课题研究成果，武汉大学自主科研项目（人文社会科学）研究成果，得到"中央高校基本业务经费专项资金"资助。

** 范斐，武汉大学中国中部发展研究院讲师，武汉大学长江经济带发展研究中心副主任，区域经济学博士后，主要研究方向为城市与区域创新政策研究；王嵩，武汉大学中国中部发展研究院博士研究生，主要研究方向为区域经济协调发展。

阳、株洲、上饶、湘潭与常德，各城市在长江中游城市群的位次变化不大。②长江中游城市群基础设施协同发展获益度在空间布局上基本上以武汉为核心，沿武汉到长沙、株洲、湘潭的轴线对称分布，武汉与湖南长沙、株洲、湘潭等长株潭城市群的基础设施协同发展获益度优于武汉城市圈内部。③长江中游城市群基础设施协同发展能力结构越强，其可持续发展能力越高，城市之间开展基础设施协同发展的概率越大，相应城市在基础设施协同发展中所获得的收益也越大。④长江中游城市间基础设施的协同发展并不受制于空间的摩擦效应，邻近的空间优势对于基础设施协同发展的促进作用不明显，基础设施发展处于同一量级以及都处于全国交通主干线的城市，其展开基础设施合作时双方的获益度都更大。

关键词： 长江中游城市群　基础设施协同发展　能力结构

城市基础设施是城市发展和人民生活的物质基础，是城市现代化建设的重要内容，其建设对城市社会经济发展具有重要引导和支撑作用，城市基础设施系统的技术状态、功能负荷直接影响着城市社会经济系统运行的效率，尤其是城市居民的生活质量[1]。而长江中游城市群基础设施互联互通是打造长江中游城市群的关键，长江中游城市群

① 金建清、范克危：《城市基础设施评价的一种方法》，《郑州大学学报》（自然科学版）2000 年第32（3）期。

各城市统筹推进重大基础设施建设，构筑综合交通运输网络，共建水利基础设施体系，加强能源保障体系建设，促进信息基础设施共享，将极大地有助于城市群内各城市发挥合力，构建分工合理、功能完善、保障有力的基础设施体系，提升互联互通和现代化水平，增强长江中游城市群一体化发展的支撑能力。

关于基础设施互联互通的相关研究，目前主要集中在基础设施互联互通相关理论基础的探求、理论体系的构建、区域间基础设施互联互通机制机理的分析以及区域基础设施互联互通的实现路径与对策等方面，这些研究以定性分析为主。在定量分析上，利用复合系统协调度等模型，虽可较好地反映区域基础设施建设能力差异与区域互动关系，但是不能突出不同城市在相关区域基础设施互联互通中的获益分配格局。有鉴于此，本部分内容尝试利用能力结构关系模型对长江中游城市群基础设施互联互通能力结构进行评价，从时空维度揭示长江中游城市群不同城市之间基础设施互联互通能力结构的均衡与匹配程度，并在此基础上，辨析不同城市在基础设施协同发展中获益效果的相对变化趋势及时空关联，以期为加强长江中游城市群基础设施互联互通建设，提高长江中游城市群城市社会经济系统运行效率，打造中国经济增长“第四极”提供理论借鉴。

一　长江中游城市群基础设施发展现状

2016 年长江中游城市群三省共完成固定资产投资（不含农户）76571.08 亿元，其中湖北完成固定资产投资（不含农户）29503.88 亿元，增长 13.1%，292 个在建重点建设项目全年完成投资 2702.86 亿元，占固定资产投资的比重为 9.2%；湖南完成全省固定资产投资（不含农户）27688.5 亿元，比上年增长 13.8%，基础设施投资 7349.9 亿元，增长 26.2%；江西完成固定资产投资（不含农户）

19378.7亿元，增长14.0%。具体来看，三省交通运输基础设施、水利基础设施、能源保障体系、信息基础设施基本情况如下。

（一）交通运输基础设施建设概况

2016年长江中游城市群三省全年完成货物周转量14114.3亿吨公里，其中湖北全年完成货物周转量6159.90亿吨公里，比上年增长4.3%；湖南全年完成货物周转量4056.8亿吨公里，增长4.0%；江西全年完成货物周转量3897.6亿吨公里，增长3.8%。三省公路营运里程达66万公里，其中湖北公路营运里程达260178.84公里，增长2.8%；湖南年末全省公路通车里程23.8万公里，比上年末增长0.6%；江西年末公路通车里程161909公里，增长3.4%。

1. 湖北交通基础设施概况

2016年，湖北全省共完成公路水路固定资产投资1009.95亿元，为年度目标的112.22%。全年新增公路里程7199公里，其中新增一级公路229公里、二级公路450公里、四级公路8309公里，减少三级公路105公里、等外公路1684公里。等级公路所占比重达到96.02%，比上年提高0.78个百分点，二级及以上公路所占比重达到13%，与上年持平。截至2016年底，全省公路总里程26.02万公里、公路密度139.96公里/百平方公里，实现100%的县市通国道、99%的县市通一级及以上公路、100%的乡镇通国省道、98%的乡镇通二级以上公路、100%的建制村通沥青（水泥）路。全省内河航道通航里程总计8637.95公里，与上年保持一致，其中33.5公里四级航道升为三级航道、78.2公里五级航道升为三级航道。等级航道所占比重为71%，三级及以上航道所占比重为21.8%。全省高速公路完成固定资产投资382.3亿元，为年度目标的100.6%，比上年下降12%。保康至神农架高速公路、枣阳至潜江高速公路荆门北段、鄂州至咸宁高速公路等8个项目开工建设，全省在建高速公路项目16个，项目总里程578公里，已建、在建高速公路项目总里程6782公里。白洋长江公路大桥、石首长江公路大桥等9座长江大桥在建，长江大桥在建数量创历史之最。

普通公路建设。全省普通公路完成固定资产投资428.6亿元，为年度目标的112.8%。完成一级公路549公里、二级公路1330公里，新改建农村公路13822公里。完成公路大中修526公里，危桥改造56座，安保工程1519公里。52个精准扶贫县完成公路固定资产投资243.5亿元，占全省的56.8%；完成旅游资源扶贫路、产业扶贫路、20户以上自然村、窄路面加宽等项目建设9614公里，占全省的69%。创建市州级畅安舒美示范路段30余条、县市区级畅安舒美示范路段100余条，建成农村生态文明示范路和管养示范路120余条。

港航建设。全省港航建设完成固定资产投资66.5亿元，为年度目标的132.9%。省政府出台《加快武汉长江中游航运中心建设的实施意见》。“645”工程（“武汉至安庆6米、武汉至宜昌4.5米”长江深水航道整治工程）被纳入国家规划。汉江雅口航电枢纽、荆州煤炭储配基地一期、宜昌港主城港区白洋作业区二期等18个项目开工建设。汉江沙洋港、仙桃港、丹江口港及黄梅小池滨江综合码头等先后开港，新增港口通过能力2235万吨，新增三级以上高等级航道110公里。汉江三大航道整治工程基本完工，汉江下游航道常年可通行千吨级船舶。116座装有卫星定位系统的新型太阳能航标投入使用，荆门碾盘山至武汉段实现昼夜通航。武汉阳逻港区、黄石棋盘洲港区集装箱铁水联运工程分别列入第一批“国家级”示范项目、培育项目。宜昌市船舶交易中心挂牌运行，成为长江沿线首家“零收费、一站式”交易平台。

站场物流建设。全省道路运输物流站场建设完成投资132.56亿元，为年度目标的147.3%。其中客运站场建设完成投资12.9亿元、货运物流设施建设完成投资 58 亿元，分别为上年的 110% 和 190.48%，城市公交、出租汽车、驾校、维修、道路客运等完成投资 61.66 亿元。全省建成公路客货运（物流）站场 18 个，其中客运站场 10 个、货运枢纽（物流园区）8 个。全省 52 个扶贫县共完成客运站场建设投资 6.35 亿元，为年度计划的 107.02%，建成客运站 4 个，改造 6 个农村综合运输服务站，建成城乡公交化运营班线港湾式候车亭 185 个。

运输服务。全年完成公路客运量 8.82 亿人次，比上年增长 0.30%，旅客周转量 487.33 亿人公里，比上年减少 0.40%；完成公路货运量 12.27 亿吨、货物周转量 2506.85 亿吨公里，分别比上年增长 5.92%、5.30%。完成水路客运量 0.57 亿人次、旅客周转量 3.34 亿人公里，分别比上年增长 0.30%、0.94%；完成水路货运量 3.57 亿吨、货物周转量 2666 亿吨公里，分别比上年增长 9.00%、7.23%。完成港口吞吐量 3.5 亿吨，比上年增长 6.4%，集装箱吞吐量 141.4 万标箱，比上年增长 6.57%。其中武汉港集装箱吞吐量 113.3 万标箱，比上年增长 6.57%。积极推行农村客运公交化改造，拥有公交化运营车辆 3600 余辆，占全省农村客运车辆的 15.7%，公交通达 2427 个行政村，占行政村数量的 9.3%。全省 66 家长途客运企业 891 条线路加入长途客运接驳运输联盟。全省货船平均吨位达到 1880 载重吨，万吨船舶运力规模以上企业 105 家[①]。新开通“中远海运号”沪汉蓉铁水联运集装箱班列、沪汉陕铁水联运班列、武汉经开港至上海港的江海联运集装箱航线和中三角省际集装箱班轮公共航线。汉江第一条干支相连的集装箱定班航线沙洋港——武汉港开通运营。

① 数据来源：湖北省交通运输厅。

2. 湖南交通基础设施概况

湖南省2016年末全省公路总里程238273公里，比上年末增加1387公里。公路密度112.50公里/百平方公里，增加0.66公里/百平方公里。公路养护里程238273公里，占公路总里程的100%（见图1）。全年完成投资991.3亿元（其中公路水路751.3亿元，铁路240亿元）[①]，公路水路投资完成年计划680亿元的110.5%，为湖南省稳增长做出积极贡献。长益扩容、怀芷、龙琅等3条157公里高速公路开工建设，安邵、龙永、大岳、常安、娄衡、南岳东延线、汝郴赤石特大桥、京港澳岳阳新开联络线等8条（段）高速公路建成通车，潭邵大修一期工程顺利完工，全省高速公路新增通车里程427公里，通车总里程突破6000公里，达到6080公里，居全国第6位。新改建国省干线公路1094公里，农村公路提质改造10956公里、完成安保设施建设10297公里，均超额完成年度目标任务。湘江土谷塘航电枢纽实现4台机组全部投产发电，湘江2000吨级航道建设二期工程进展顺利，全年新建码头泊位4个，新改建航道460公里。公路水运工程建设质量总体受控。湖南省公路水路客运量、货运量、旅客周转量、货物周转量分别完成11.02亿人次、20.24亿吨、580.25亿人公里、3306.4亿吨公里，城市公交、出租车客运量分别完成32.49亿人次、16.25亿人次。物流业“降本增效”成果显著，实行货运车辆通行费9折优惠、减免船舶通行费和货物港务费等，全年降低社会成本近30亿元。城乡运输服务协调发展，全年新增通客车建制村544个，建制村通客车率达97.27%；长株潭公交一体化全面提速，长株潭城际铁路、长沙磁浮快线、地铁1号线正式通车运营。打出湖南高速节假日疏堵保畅“组合拳”，首创“交通+广播+互联网+无人机”路况巡航直播疏导交通新模式。

---

① 数据来源：湖南省交通运输厅。

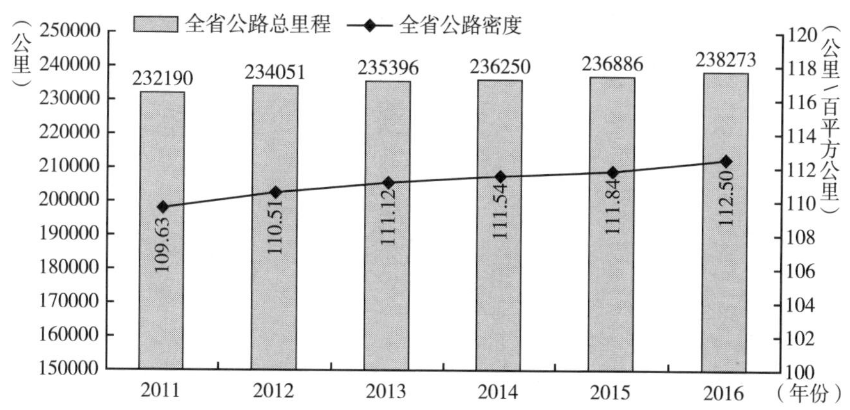

图1　2011～2016年湖南省公路总里程及公路密度

3. 江西交通基础设施概况

江西，地处长江中下游南岸，古称“吴头楚尾，粤户闽庭”，乃“形胜之区”，东邻浙江、福建，南连广东，西靠湖南，北毗湖北、安徽而共接长江，为长江三角洲、珠江三角洲和海峡西岸经济区的腹地，区位优势独特。承东启西、贯通南北、便捷通达、快速高效的交通运输网络，成就了江西今天的“七省通衢”地位。境内高速公路路网密集，纵横交错，通车里程基本达到6000公里。有大小河流2400余条，鄱阳湖为中国最大的淡水湖，赣江、信江、抚河、修河和饶河为江西五大河流，均汇于鄱阳湖，流入长江。全省公路、水路交通形成以省会城市南昌为中心，以各设区市中心城区为重要交通节点运输枢纽，以高速公路、普通干线和高等级航道为主干道的交通运输网络布局。

公路基础设施。截至2016年底，全省公路总里程为161909公里，公路密度每百平方公里97公里。高速公路5908公里，打通了28个出省大通道，是全国继河南、辽宁后第三个实现全省县县通高速的省份，全面实现了县县通高速、县城半小时上高速，构建了南昌到设区市省内3小时、到周边省会省际5小时的经济圈，“四纵六横八射十七联”高速公路规划网基本建成，形成了“纵贯南北、横跨东西、覆盖全省、连接周边”的高速公路网络。全省一级公路 2618 公里、二级公路 10643 公里、三级公路 12723 公里、四级公路 102147 公里。普通国道 7684 公里，二级及以上公路比例达 85.9%；普通省道 10880 公里，二级及以上公路比例达 46.4%。普通国省道覆盖了全省 86%以上的乡镇。农村公路里程 136899 公里，其中县道 21728 公里，乡道 41851 公里，村道 73321 公里，县道三级及以上比例达 33.8%，乡道四级及以上比例达 80.9%，100%的乡镇和 100%的行政村通了水泥（油）路。

公路运输。2016 年全省营业性汽车 329302 辆，其中载客汽车 16078 辆，载货汽车 313224 辆。全省公路运输完成客运量 5.3 亿人，旅客周转量 282.3 亿人公里，同比分别下降 0.6%、0.85%。完成货运量 12.3 亿吨，货物周转量 3147.5 亿吨公里，同比分别增长 6.45%、4.13%。截至 2016 年底，全省开通客运线路 6899 条，其中省际线路 1062 条，100%的乡镇和 95.8%的行政村通了客运班车，形成了城乡一体、干支相连的公路客运网络。公路快速客运、城乡客运、旅游包车、集装箱运输、特种及专用运输等发展迅速，为旅客和货主提供了安全、便捷、多样化的服务，适应了社会不同层次的运输需求，推动了结构调整和产业升级。公路运输在全省综合运输体系中继续处于主体地位。

水运基础设施。全省以赣江及鄱阳湖航道为主，联通抚、信、饶、修等 101 条主要通航河流，全省航道通航总里程 5717 公里，其中一级航道 156 公里（长江江西段），二级航道 175 公里，三级航道 284 公里，四级航道 87 公里，五级航道 167 公里，六级航道 399 公里，七级航道 1160 公里，等外航道 3289 公里。2000 吨级船舶可从长江直达南昌港，全省高等级航道里程达 614 公里。沿江环湖有南昌、九江两个全国内河主要港口和一批区域性重要港口。截至 2016

年底，全省有内河港口生产用码头泊位 1741 个，千吨以上深水泊位 158 个，集装箱码头泊位 5 个；年吞吐量万吨以上的港口有 54 个，全省港口吞吐能力达到 17023 万吨、集装箱 63.5 万标箱。基本形成了大中小结合、内外沟通的港口群体。2016 年，全省完成港口吞吐量 3.1 亿吨，集装箱吞吐量 38.8 万标箱。其中，九江港完成货物吞吐量 11328 万吨，同比增长 8.7%，正式迈入亿吨大港行列；完成集装箱吞吐量 27.4 万标箱，同比增长 7.5%。南昌港完成货物吞吐量 2727 万吨，同比下降 10.7%；完成集装箱吞吐量 11.4 万标箱，同比增长 6.5%。

水路运输。2016 年全省水路运输完成客运量 261.3 万人，旅客周转量 3410 万人公里，同比分别下降 4.4%、1.6%。完成货运量 10888.8 万吨，同比下降 0.05%；货物周转量 235.3 亿吨公里，同比增长 0.7%。截至 2016 年底，全省共有民用运输船舶 3293 艘、净载重量 223 万吨位、载客量 12430 客位，大量淘汰了老旧船舶，船舶运力向钢质化、大吨位、多功能、节能型方向发展，可经长江达我国东南沿海各个港口①。江西省水运将形成内河、江海和一批现代化航道枢纽、专业化码头泊位，以及与港、航相配套的集疏运系统、修造船工业、通信导航、船舶检验、救助打捞、水上交通安全设施等互为补充的水运体系。

（二）水利基础设施建设概况

1. 湖北水利基础设施建设概况

新中国成立以来，特别是改革开放以来，湖北水利发展取得了举世瞩目的成就。大江大河得到有效治理，民生水利建设成效显著，水生态文明建设步伐加快，水利行业不断发展。建成了丹江口、葛洲

① 数据来源：江西交通信息网。

坝、三峡、引江济汉等重大水利枢纽，漳河、徐家河、王英、富水等77座大型水库、282座中型水库和6100多座小型水库，总库容达到1262亿立方米；建成了漳河、泽口、天门引汉、引丹等44处大型灌区，解决了3475万多农村居民的饮水安全问题，农田有效灌溉面积达到4201.2万亩；建成各类堤防总长度2.628万公里、大中小型涵闸2.26万座、泵站5.23万座，极大地提高了全省防洪抗旱减灾能力；实施了一批江河湖库水系连通工程，治理水土流失面积5.03万平方公里，建成水电站1839座。初步建成了具有防洪、排涝、灌溉、供水、发电等多种功能的水利工程体系，有力支撑了湖北省经济社会的快速发展。

“十二五”时期是湖北发展极不平凡和取得巨大成就的五年，也是湖北省水利建设快速发展的五年。五年来，在党中央、国务院出台的水利重大决策部署的指引下，在省委、省政府对水利大力投入的带动下，全省治水兴水进入一个新的发展阶段，水利基础设施建设不断提速，水利改革全面推进，水利投资规模再创新高，圆满完成了规划确定的主要目标和任务。

“十二五”时期，湖北省重大水利工程加快推进。荆江大堤综合整治、碾盘山水利水电枢纽、引江补汉、大型灌区节水改造等被列入国家节水供水重大工程，前期工作进展迅速。鄂北地区水资源配置工程全面开工建设，该工程作为湖北省水利建设史上工程规模最大、覆盖面积最广、受益人口最多的“一号工程”，被列为2015年全国“有影响力十大水利工程”、湖北经济10件大事之一。湖北“三横两纵”水资源优化配置总体架构逐步形成，引江济汉工程建成运用，汉江中下游治理、四湖流域防洪排涝灌溉、东荆河河道治理等一批重点项目前期工作进展迅速。

民生水利建设成果显著，基本实现农村饮水安全全覆盖，“十二五”期间，累计解决了1528.9万农村居民和331.8万农村学校师生的饮水安全问题。完成了44座大中型、4634座小型病险水库除险加固任务，全面推进106处大中型病险水闸除险加固，基本完成李家嘴、大碑湾等25处大型灌排泵站的更新改造。实施了漳河、引丹、天门引汉等32个大型灌区节水改造与续建配套工程建设，东风闸、吴岭水库等34个中型灌区配套改造建设，完成了294个小型农田水利（简称“小农水”）重点县年度项目，实现了小农水重点县全覆盖，新增农田有效灌溉面积200万亩，发展节水灌溉面积900万亩，实施了随县、枣阳、新洲、兴山等4个规模化节水灌溉增效示范项目。农村水电发展成效显著，完成22个水电新农村电气化县，完成小水电代燃料装机10.5万千瓦，完成303处农村小水电增效扩容改造。水利血防工程建设稳步推进，控制影响钉螺面积27450万平方米[①]。

水利建设投资规模再创新高。在中央加大水利投入一系列政策措施支持下，水利投资规模稳定扩大、投资来源不断拓宽，投资结构不断优化。全省“十二五”期间完成水利投资总规模达1070.6亿元，比“十一五”实际完成总投资增长88%，年均投资达210亿元，是“十一五”年均投资的1.9倍。从投资来源看，中央水利建设投资、地方水利建设投资（含社会投资及贷款）分别达502.0亿元、568.8亿元，占比分别为46.7%、53.3%，中央、地方水利建设投资均大幅增加，分别是“十一五”中央、地方投资的2.55倍、1.54倍。从投资方向看，中小河流重点段、病险水库加固、农村饮水安全、大型灌区节水改造、水土保持生态环境建设和大型泵站更新改造等方面是投资重点，“十二五”民生水利及中小河流重点段治理总共完成投资721.8亿元，占“十二五”时期实际完成投资的67.4%。

① 数据来源：《湖北省水利发展“十三五”规划》（鄂政发〔2016〕84号）。

2. 湖南水利基础设施建设概况

"十二五"时期，湖南省重大水利工程建设全面提速，一批打基础、管长远、利发展、惠民生的江河治理骨干工程、大型水库、节水灌溉渠网加快建设，纳入国务院确定的172项节水供水重大水利工程的12项已开工建设8项。洞庭湖近期治理项目进展顺利，蓄洪垸堤防加固2016年已经全面完工，钱粮湖、共双茶、大通湖东三垸安全建设和分洪闸工程启动实施。涔天河、莽山等大型枢纽工程陆续开工，毛俊、宜冲桥、金塘冲、犬木塘等大型水库项目前期工作加快推进。洮水、高家坝、富岭等防洪水库以及沤菜、江源等11座骨干中型水源工程相继建设完成，湘、资、沅、澧四水23条主要支流治理工作全面启动实施。区域防洪体系、水资源配置格局不断完善，全省防灾减灾和应急保障能力稳步提升。

民生水利发展取得显著成效。坚持以人为本，以农村饮水安全、防洪薄弱环节治理、农田水利建设为重点，全面实施了惠及民生的中小型水利工程建设。至2015年底，全省解决2480万农村人口饮水安全问题，全面实施纳入规划的10109座小型病险水库和56座大中型水库（水闸）除险加固工程，圆满完成中央有明确要求的两大民生水利建设任务。稳步推进了330条中小河流治理、8个中小河流治理重点县综合整治及水系连通、山丘区35个城市防洪工程项目。初步建成110个县山洪灾害监测预警系统和群测群防体系，建立了省、市、县、乡四级防汛抗灾指挥体系，防洪薄弱环节明显加强。实施了规划内20处大型灌区、32处中型灌区续建配套、27处大型灌排泵站更新改造以及104个中央财政小农水重点县。整合资金大兴"五小水利"，着力解决农田灌溉"最后一公里"问题，新增、恢复灌溉面积252.8万亩，改善灌溉面积273.6万亩，新增高效节水灌溉面积127.7万亩。全省有效灌溉面积达4670万亩，占耕地总面积的75%，高效节水灌溉面积达522万亩，占有效灌溉面积的11.2%，为湖南省粮食连年增产和农民增收提供了有力支撑。实施了水电新农村电气化县、小水电代燃料和农村水电增效扩容试点项目，新增农村水电装机980.5兆瓦。加强了缺水地区24个县市区小型抗旱应急水源建设，武陵山区、罗霄山区等贫困地区水利扶贫工作全面推进。

水利投资再创新高。全省“十二五”水利规划总投资1471亿元，实际投入1290亿元，其中争取中央资金443亿元，连续5年位居全国前列，省级投入141亿元，市县地方投入706亿元，超过“十一五”总投资的2倍多。

3. 江西水利基础设施建设概况

“十二五”时期，江西省持续大规模推进水利建设，水利改革发展取得了重大进展，治水兴水进入一个新的阶段。5年来，全省水利投资规模再创新高，水利基础设施建设全力提速。重大水利工程加快实施，国务院确定的172项节水供水重大工程建设进展加快，基本完成鄱阳湖区二期防洪工程第六个单项，建成峡江水利枢纽，开工建设浯溪口水利枢纽。鄱阳湖和五河治理加快推进，完成鄱阳湖区二期防洪工程第五个单项、47座重点圩堤应急防渗加固、五河重点段防洪应急整治工程；五河治理防洪工程建设进展加快，累计治理河道总长度475公里，大江大河大湖控制洪水的能力进一步提高。基本建成伦潭水利枢纽和山口岩水利枢纽两座大型水库，开工建设寒山、太湖两座中型水库，流域和区域水资源配置格局不断完善，结合小型水库及其他水源工程建设，“十二五”期间全省新增供水能力约36亿立方米。

民生水利发展成效显著。以农村饮水安全、防洪突出薄弱环节治理、农田水利建设为重点，全面实施惠及民生的中小型水利工程建设，促进城乡水利基本公共服务均等化，使得水利为保障全省民生改善做出了重要贡献。农村饮水安全建设任务全面完成，解决了1180万农村居民和228万农村学校师生的不安全饮水问题，同时编制实施了《江西省农村自来水工程规划》，依托省水投集团公司等投资平台和社会资本，在全省38个县（市、区）开展城乡供水一体化试点示范工作，不断提高农村自来水标准。如期完成7297座小型病险水库除险加固任务，实施了396个中小河流治理项目，启动了34个大中型病险水闸除险加固和8个中小河流治理重点县综合整治试点建设，基本建成94个县山洪灾害监测预警系统和群测群防体系。实施了9座大型灌区、32座中型灌区节水配套改造和6座大型泵站更新改造，开展四批104县次小型农田水利重点县建设和一批20个小农水项目县建设，在全国率先实现小农水重点县全省覆盖，新增农田有效灌溉面积400多万亩。建成22个水电新农村电气化县，16个小水电代燃料项目（代燃料人口12万人），完成485座农村水电站增效扩容改造，新增农村水电装机62万千瓦。

水利投资规模再创新高。在2011年中央一号文件和省委10号文件等一系列政策措施的支持下，中央和省级大幅度增加水利投入，市县级配套水利投资不断加大，投资来源不断拓宽，投资结构不断优化，有效保障了“十二五”各项规划任务的顺利实施。“十二五”全省共落实水利投资888亿元，年均投资178亿元，是“十一五”年均投资的3.1倍。从投资来源看，中央财政资金394亿元、省市县地方财政资金351亿元、金融贷款和社会投入143亿元，分别占44%、40%和16%。从投资方向看，防洪、水资源、农村水利、水保生态、其他专项投入分别占43%、24%、27%、2%和4%。水利投资向民生等重点领域和贫困地区倾斜，用于民生的水利建设投资比重约为59%。

（三）能源保障体系建设概况

1. 湖北能源保障体系建设概况

“十二五”期间，湖北省以年均5.15%的能源消费增速支撑了地区生产总值年均 10.8% 的增长，全社会节能量达 4684 万吨标准煤，单位地区生产总值能耗累计下降 22.78%。节能降碳取得明显成效，产业结构趋向合理，服务业增加值占全省地区生产总值的比重由 2010 年的 37.9% 提高到 2015 年的 43.1%，高新技术产业增加值占全省地区生产总值的比重由 2010 年的 10.8% 提高到 2015 年的 17%，六大高耗能行业增加值占比明显下降。能源结构逐步优化，非化石能源占一次能源消费比重达到 18%，天然气消费由 2010 年的 18.4 亿立方米增长至 2015 年的 42.5 亿立方米，风电、生物质发电和光伏发电已并网装机 292.1 万千瓦，浅层地温能利用面积达到 1450 万平方米。“万家企业”节能低碳行动扎实开展，累计完成节能量 1373 万吨标准煤。造林绿化成效显著，2015 年全省森林覆盖率达到 41.2%，活立木总蓄积量 3.96 亿立方米，森林蓄积量 3.65 亿立方米。

2. 湖南能源保障体系建设概况

“十二五”以来，湖南单位地区生产总值能耗逐年降低，由 2010 年的 0.79 吨标准煤/万元下降到 2015 年的 0.59 吨标准煤/万元，累计下降 25.32%，超额完成了国家下达的单位地区生产总值能耗下降 16% 的目标任务。湖南以年均 4.15% 的能源消费增速支撑了经济年均 10.5% 的增长，累计节约能源约 5000 万吨标准煤。主要产品单位能耗持续下降，2015 年，钢、水泥、平板玻璃、粗铅单位综合能耗分别较 2010 年下降 5.05%、17.96%、14.00%、31.69%。

表 1　湖南“十二五”单位 GDP 能耗和主要耗能产品能效

指标名称	单位	2010 年	2015 年	降低率(%)
单位 GDP 能耗	吨标准煤/万元	0.79	0.59	25.32
吨钢综合能耗	千克标准煤/吨	610.34	579.50	5.05
吨水泥综合能耗	千克标准煤/吨	101.51	83.28	17.96

续表

指标名称	单位	2010 年	2015 年	降低率(%)
吨水泥熟料综合能耗	千克标准煤/吨	123.74	104.81	15.30
每重量箱平板玻璃综合能耗	千克标准煤/重量箱	13.21	11.36	14.00
单位粗铅综合能耗	千克标准煤/吨	429.8	293.59	31.69

结构节能成效明显。湖南三次产业结构由2010年的14.5∶45.8∶39.7调整为2015年的11.5∶44.6∶43.9，第三产业增加值占地区生产总值比重较2010年提高4.2个百分点。2015年高新技术产业增加值占地区生产总值比重比2010年提高8.9个百分点，六大高耗能行业增加值占规模工业增加值比重比2010年降低4.6个百分点。超额完成了国家下达的“十二五”淘汰落后和过剩产能的目标任务，累计压减或化解过剩行业产能：炼铁149.7万吨，炼钢154.2万吨，焦炭222.8万吨，铜冶炼58.3万吨，铅冶炼131.5万吨，锌冶炼35.7万吨，水泥3675.6万吨，平板玻璃720万重量箱。

重点领域节能全面推进。深入开展万家企业节能低碳行动，推广实施重点用能单位能源管理体系，全省537家重点用能单位五年累计节能873万吨标准煤，超额完成了国家下达的619万吨标准煤的目标任务。工业领域，强化能耗限额管理，推进技术节能，全省单位规模工业增加值能耗累计下降46.20%，降幅居全国前列，75%的重点耗能工业企业单位产品能耗持续下降。建筑领域，城镇新建（改扩建）建筑严格执行50%节能率强制性标准，共完成新建节能建筑面积5.85亿平方米，积极推进既有（居住）建筑节能改造，共完成改造面积200万平方米。交通运输领域，大力推进绿色交通运输网络建设，继续提升道路等级，发展城市公交和绿色运输装备，优化运输组织结构，全省退出营运市场黄标车约2.45万台；2015年，水路货运占综合运输体系比重升至16.09%，公路营运车辆单位运输周转量能耗较2010年下降5.5%。公共机构领域，围绕“节约型机关”建设，强化节能管理，积极推进公共机构节能技术改造，2015年全省公共机构人均综合能耗、单位建筑面积能耗分别比2010年下降17.06%、15.78%。商贸领域，在全省零售业、餐饮、物流仓储、工业园区开展了“两型”商务试点。

表2 湖南“十二五”时期重点领域规划目标完成情况

<table>
<tr><th>类别</th><th colspan="2">指标名称</th><th>“十二五”目标</th><th>完成情况</th></tr>
<tr><td rowspan="18">工业</td><td colspan="2">单位规模工业增加值能耗降低率(%)</td><td>18</td><td>46.2</td></tr>
<tr><td rowspan="17">淘汰落后产能</td><td>炼铁(万吨)</td><td>90</td><td>150</td></tr>
<tr><td>炼钢(万吨)</td><td>60</td><td>154</td></tr>
<tr><td>焦炭(万吨)</td><td>35</td><td>223</td></tr>
<tr><td>铁合金(万吨)</td><td>135</td><td>135</td></tr>
<tr><td>电石(万吨)</td><td>4</td><td>7.2</td></tr>
<tr><td>电解铝(万吨)</td><td>2</td><td>4</td></tr>
<tr><td>铜冶炼(万吨)</td><td>2.9</td><td>58</td></tr>
<tr><td>铅冶炼(万吨)</td><td>40</td><td>132</td></tr>
<tr><td>锌冶炼(万吨)</td><td>20</td><td>36</td></tr>
<tr><td>水泥(万吨)</td><td>1800</td><td>3676</td></tr>
<tr><td>平板玻璃(万重量箱)</td><td>120</td><td>720</td></tr>
<tr><td>造纸(万吨)</td><td>140</td><td>376</td></tr>
<tr><td>酒精(万吨)</td><td>1</td><td>1</td></tr>
<tr><td>制革(万标张)</td><td>90</td><td>186</td></tr>
<tr><td>印染(万米)</td><td>10000</td><td>45418</td></tr>
<tr><td>铅酸蓄电池(万千伏安)</td><td>37.8</td><td>297</td></tr>
<tr><td>建筑领域</td><td colspan="2">城镇新建绿色建筑标准实施率(%)</td><td>15</td><td>20</td></tr>
<tr><td>交通运输</td><td colspan="2">公路营运车辆单位运输周转量能耗降低率(%)</td><td>5</td><td>5.5</td></tr>
<tr><td rowspan="2">公共机构</td><td colspan="2">人均综合能耗降低率(%)</td><td>15</td><td>17.1</td></tr>
<tr><td colspan="2">单位建筑面积能耗降低率(%)</td><td>12</td><td>15.8</td></tr>
</table>

资料来源：湖南省发展和改革委：《湖南省“十三五”节能规划》（湘发改环资〔2017〕59号）。

3. 江西能源保障体系建设概况

“十二五”时期，江西省基础设施建设加快，供应能力有效增强，能源生产总量保持稳定，2015 年为 2356.9 万吨标煤，比 2010 年增长 1.9%，其中煤炭新增生产能力 141 万吨/年。截至 2015 年底，全省电力装机规模达到 2482 万千瓦，比 2010 年增长 46.7%；500 千伏变电容量 2400 万千伏安，线路 3884 公里，分别比 2010 年增长 65.5% 和 27.6%；天然气长输管道总里程达 2622 公里，供应覆盖 49 个县（市、区）；九江石化油品质量升级改造工程和原油管道复线工程建成投运，原油年加工能力达到 800 万吨，原油管道年输油能力达到 1000 万吨，分别比 2010 年增长 60% 和 100%。

清洁能源快速发展，消费结构不断优化。“十二五”时期，江西能源消费总量持续增长，2015 年达到 8440.3 万吨标煤，比 2010 年增长 34.4%，年均增长 6.1%。其中，煤炭消费量 7852 万吨（含从省外购入煤电电量），占能源消费总量的 68.1%，比 2010 年降低 2.9 个百分点；天然气消费量 16.7 亿立方米，占能源消费总量的 2.7%，比 2010 年提高 1.7 个百分点；非化石能源装机规模达 717.3 万千瓦，比 2010 年增长 78.6%，其中风电、光伏装机规模均超过 100 万千瓦。

节能环保成效明显，利用效率大幅提高。“十二五”时期，江西单位地区生产总值（GDP）能耗累计下降 18.3%，2015 年降至 0.544 吨标煤/万元（GDP 取 2010 年可比价，下同），超额完成了《江西省国民经济和社会发展第十二个五年规划纲要》制定的目标；单位煤电供电标准煤耗累计下降 20 克，2015 年降至 310.8 克；脱硫脱硝设备应用力度加大，二氧化硫和氮氧化物排放量分别下降 11.2% 和 15.4%；单位煤电度电二氧化硫和氮氧化物排放量分别为 1.44 克和 1.15 克，比 2010 年分别下降了 60% 和 70%。

表 3　江西“十二五”时期能源发展主要指标

指标	单位	2010 年	2015 年	年均增长(%)
一次能源生产总量	万吨标煤	2312.8	2356.9	0.4
其中:煤炭	万吨	2912.2	2270.7	-4.9
天然气	亿立方米	0.34	0.35	0.4
非化石能源	万吨标煤	393.2	775.4	14.5
电力装机规模	万千瓦	1691.4	2482	8.0
其中:水电	万千瓦	388.5	489.6	4.7
煤电	万千瓦	1289.1	1754.8	6.4
气电	万千瓦	0.8	9.9	67.5
风电	万千瓦	8.4	102	64.8
太阳能	万千瓦	0.2	102	247.9
生物质能	万千瓦	4.5	23.7	39.4
能源消费总量	万吨标煤	6280.6	8440.3	6.1
能源消费结构其中:煤炭	%	71.0	68.1	〔-2.9〕
石油	%	16.3	17.3	〔1.0〕
天然气 *	%	1.0	2.7	〔1.7〕
非化石能源	%	11.7	11.9	〔0.2〕

注：(1)〔〕内为五年累计数；(2)“ * ”绝对值根据热值折算。
资料来源：《江西省“十三五”能源发展规划》(赣府厅发〔2017〕13 号)。

表 4　江西“十二五”时期建成投运重点能源项目

煤矿	丰龙井、宜萍井、鸣西井
电源	国家电投景德镇 1×66 万千瓦机组、国家电投贵溪 2×64 万千瓦机组、国电九江 1×66 万千瓦机组、华能安源 2×66 万千瓦二次再热机组、大唐抚州 1×100 万千瓦机组、华电九江 7.8 万千瓦天然气分布式发电机组
电网	赣州南 500 千伏输变电工程、九江马廻岭 500 千伏变电站工程、新余 500 千伏输变电工程、红都 500 千伏输变电工程、锦江 500 千伏输变电工程、梦山—安源 500 千伏输电线路、石钟山—洪源 500 千伏输电线路

续表

天然气	建成中石油西气东输二线江西段,省天然气管网一期工程环鄱阳湖管道及抚州—南城—黎川等4条支线,省天然气管网二期工程赣州、吉安、宜春、萍乡、鹰潭、上饶、新余、九江等10余段管道,南昌、九江、景德镇、新余、抚州、樟树、萍乡、吉安、赣州、上饶共10座压缩天然气(CNG)加气母站
可再生能源	水电:石虎塘水电站、峡江水电站;风电:老爷庙风电、笔架山风电、吉山松门山风电、蒋公岭风电、屏山风电、玉华山风电、钓鱼台风电、九龙山风电、天湖山风电、茶园风电、泉山风电;太阳能:国家电投乐平光伏电站、晶科横峰县杨家光伏电站、中节能乐平光伏大棚光伏电站;生物质能:国能赣县生物质电厂、永新生物质电厂、南昌泉岭生物质电厂、新余市生活垃圾焚烧发电项目

(四)信息基础设施建设概况

1. 湖北信息基础设施建设情况

2016年，湖北邮电业务总量1400.01亿元，增长44.5%。固定宽带用户超过1100万户，其中光纤到户（FTTH）用户687万户。8Mbps（兆比特每秒）及以上接入速率的宽带用户占比达到65%以上。城区用户具备50Mbps（部分达到100Mbps）接入能力，农村用户具备8Mbps接入能力，100%行政村通宽带。宽带省际出口达到9000Gbps以上。新建铁塔6363个，新增4G基站31714个，3G、4G用户总数达到2400万户，其中4G用户数达到2000万户[①]。县城以上城区主要公共区域实现WiFi全覆盖。

2. 湖南信息基础设施建设情况

2016年，湖南邮电业务总量1347.9亿元，比上年增长50.8%。全省电信业务总量突破950亿元，实现电信业务收入420亿元，固定

① 数据来源：湖北省经济与信息化委员会。

资产投资超过135亿元；电话用户总数将达到5600万户以上，其中，移动电话用户达到4800万户，4G用户力争突破2000万户，占移动电话用户数比重超过40%，固定宽带用户数达到1000万户，固定宽带家庭普及率突破50%；在通信服务能力上，新建移动4G基站2万个，基站总数达到18.5万个，移动4G基站总数达到9.25万个，新增光缆里程10万公里，光缆总长度达到120万皮长公里，宽带端口总数超过2000万个[①]，其中，FTTH/O端口达到1050万个以上，占宽带端口比重超过50%。

3. 江西信息基础设施建设情况

（1）基础设施全面发展。“十二五”期间，3G/4G网络覆盖到了所有乡镇及以上地区，3G网络基本覆盖行政村。全省宽带用户普及率得到提高，固定互联网宽带用户数达到714万户，固定宽带家庭普及率达到53.5%。城市地区用户基本实现20Mbps宽带接入能力；农村地区行政村基本实现通宽带，用户实现4Mbps宽带接入能力。全省电话用户总数3599.4万户，其中移动电话用户3031万户。移动互联网用户达到2167万户，移动宽带用户普及率达到38.2%。实现了南昌、九江通信同城化。南昌、上饶、赣州、新余等成为全国“宽带中国”示范城市。

（2）广播电视网络转型升级。“十二五”期间，构建新一代广播电视网络基础设施，采用直播卫星接收方式在全省完成12333个村（场）的村村通工程建设。全省广播综合人口覆盖率为97.61%，电视综合人口覆盖率超过98.64%，全省有线广播电视用户数达到近690万户，有线广播电视网络实现双向化覆盖户数超过227万户，全省有线电视数字化整体转化率达81.3%[②]。网内传输数字电视节目频

① 数据来源：湖南省经济与信息化委员会网站。

② 数据来源：《江西省“十三五”信息化发展规划》（赣工信信推字〔2016〕497号）。

道达到194套。

（3）三网融合积极推进。“十二五”期间，积极推广南昌市国家三网融合试点城市取得的经验，加快了电信和广电双向业务进入，江西电信网络电视用户达80万户，江西广电网络宽带用户已超过7万户。

二 长江中游城市群基础设施协同发展水平评价

（一）研究方法与数据选取

1. 指标体系的构建

《国家发展改革委关于印发长江中游城市群发展规划的通知》（发改地区〔2015〕738号）明确提出要统筹推进重大基础设施建设，从构筑综合交通运输网络、共建水利基础设施体系、加强能源保障体系建设、促进信息基础设施共享等四个方面合力构建分工合理、功能完善、保障有力的基础设施体系，提升互联互通和现代化水平，加快武汉、长沙、南昌全国性综合交通枢纽建设，增强一体化发展的支撑能力。有鉴于此，本研究结合相关研究成果①，在遵循科学性、独立性、动态性与可操作性等原则的基础上，从交通运输能力、水利基础设施能力、能源保障体系能力、信息基础设施能力四个方面构建长江中游城市群基础设施协同发展能力结构关系指标体系，对相关系数在0.90以上的指标视为高度相关指标并加以合并，最终形成的指标体系如表5所示。

① 黄金川、黄武强、张煜：《中国地级以上城市基础设施评价研究》，《经济地理》2011年第31（1）期。
丁志伟、张改素、王发曾等：《河南省城乡统筹发展的状态评价与整合推进》，《地域研究与开发》2016年第35（2）期。

表5　长江中游城市群基础设施协同发展能力结构关系指标体系

领域层	要素层	单位	领域层	要素层	单位
交通运输能力	交通客货运输换算周转量	亿吨公里	能源保障体系能力	万元地区生产总值能耗	吨标准煤
	全社会货运量	万吨		全社会用电量	万千瓦时
	汽车保有量	万辆		供气总量(人工、天然气)	万立方米
	每万人拥有公共汽车辆	标台		液化石油气供气总量	万吨
水利基础设施能力	全民供水总量	万吨	信息基础设施能力	邮政业务总量	亿元
	居民用水量	万吨		电信业务总量	亿元
	工业废水排放量	万吨		移动电话年末用户数	万户
	城市污水处理率	%		互联网宽带接入用户数	万户

其中，交通客货运输换算周转量是将客、货周转量折合成同一计算单位的周转量，反映一定时期内区域旅客和货物运输总工作量；全社会货运量指在一定时期内，各种运输工具实际运送的货运数量；汽车保有量是指一个地区拥有车辆的数量，一般是指在当地登记的车辆；公共交通车辆标台数是指不同类型的运营车辆按统一的标准当量折合成的运营车数，四个指标分别从客货运量、私人交通、公共交通领域反映一个区域的交通运输能力。全年供水总量指公用自来水厂和自备水源的社会单位全年的供水总量，包括有效供水量及损失水量；工业废水排放量指报告期内经过企业厂区所有排放口排到企业外部的工业废水量，包括生产废水、外排的直接冷却水、超标排放的矿井地下水和与工业废水混排的厂区生活污水，不包括外排的间接冷却水（清污不分流的间接冷却水应计算在废水排放量内）；城市污水处理率指经管网进入污水处理厂处理的城市污水量占污水排放总量的百分比，再加上居民用水总量，四个指标分别从供水、污染排放、污染处理、用水等方面表征区域水利基础设施能力。万元地区生产总值能耗是指企业每万元工业产值所消耗的能源量（吨标准煤）；全社会用电量指第一、二、三产业等所有用电领域的电能消耗总量，包括工业用电、农业用电、商业用电、居民用电、公共设施用电以及其他用电等；供气总量与液化石油气供气总量反映了

区域清洁能源的使用能力，四个指标分别从能源消耗、电能、清洁能源等方面反映区域能源保障体系能力。而邮政业务总量、电信业务总量、移动电话年末用户数与互联网宽带接入用户数分别可以从邮电基础设施、信息化建设等方面较好地反映区域的信息基础设施能力。

2. 数据处理

长江中游城市群是以武汉城市圈、环长株潭城市群、环鄱阳湖城市群为主体形成的特大型城市群，规划范围包括：湖北省武汉市、黄石市、鄂州市、黄冈市、孝感市、咸宁市、仙桃市、潜江市、天门市、襄阳市、宜昌市、荆州市、荆门市，湖南省长沙市、株洲市、湘潭市、岳阳市、益阳市、常德市、衡阳市、娄底市，江西省南昌市、九江市、景德镇市、鹰潭市、新余市、宜春市、萍乡市、上饶市及抚州市、吉安市的部分县（区），为了在同一空间尺度上上进行数据分析与对比，将抚州市、吉安市的全域纳入研究范围，由于仙桃市、潜江市、天门市三市为副地级市，《中国城市统计年鉴》未将其计算在地级城市统计范围之内，因此本研究的研究对象共为 28 个城市，其中湖北 10 个城市，湖南 8 个城市，江西 10 个城市。

根据《中国城市统计年鉴》（2011～2016）、长江中游城市群相关城市统计局网站以及各市 2010～2016 年国民经济和社会发展统计公报，分别统计湖北、湖南、江西三省涉及的长江中游城市群 28 个地级城市的相关数据，构建指标系数矩阵 U_{ij}（i 为序参量，j 代表各个指标）。设 u_{ij}为第 i 个序参量的第 j 个指标，其值为 X_{ij}（$j=1, 2, \cdots, n$）。α_{ij}、β_{ij}是系统稳定临界点上序参量的上、下限值，则 u_{ij}可表示为：

$$u_{ij}=\begin{cases}(X_{ij}-\beta_{ij})/(\alpha_{ij}-\beta_{ij}) & u_{ij}\text{为效益型指标}\\(\alpha_{ij}-X_{ij})/(\alpha_{ij}-\beta_{ij}) & u_{ij}\text{为成本型指标}\end{cases} \tag{1}$$

式中，u_{ij}为变量 X_{ij}对系统的贡献大小。按照式（1）构造的贡献系数具有如下特点：u_{ij}反映了各指标达到目标的满意程度，u_{ij}趋近 0

为最不满意，u_{ij}趋近 1 为最满意，所以 $0 \leqslant u_{ij} \leqslant 1$。

3. 突变级数评价方法

在过往的城市或区域评价研究中，多引入主成分分析、因子聚类、模糊评价等定量方法，但由于运算过程中权重确定的主观性较大，导致其评价结果的精确性与科学性仍有待考量。因此，为避免在评价过程中主观性较大的“权重”问题，本研究选用不需要对指标赋权的突变级数法作为主要评价方法。

突变级数法①是在突变理论的基础上发展起来的一种综合评价方法，其主要思想是利用突变理论分歧方程所推导出的归一化公式，建立递归运算法则。这种评价方法的优点在于只需按指标间的内在逻辑关系对其重要程度进行排序，并给出底层指标的突变模糊隶属度值。而中间层和顶层的突变模糊隶属度值是由突变模型从底层逐级递归计算得出的，进而避免了直接使用难以确定且主观性较大的“权重”概念。最常见的突变系统类型有尖点突变系统、燕尾突变系统、蝴蝶突变系统。其数学模型及相应归一化公式见表 6。

表 6 常见突变系统类型及归一公式

系统类型	模型	控制变量	归一化公式
尖点突变系统	$f(x)=x^4+ux^2+vx$	u/v	$u=-6x^2;v=8x^3$
燕尾突变系统	$f(x)=\frac{1}{5}x^5+\frac{1}{3}ux^3+\frac{1}{2}vx^2+wx$	$u/v/w$	$u=-6x^2;v=8x^3;$ $w=-3x^4$
蝴蝶突变系统	$f(x)=\frac{1}{6}x^6+\frac{1}{4}ux^4+\frac{1}{3}vx^3+\frac{1}{2}wx^2+tx$	$u/v/w/t$	$u=-10x^2;v=20x^3;$ $w=-15x^4;t=5x^5$

① 李继清、张玉山、纪昌明等：《突变理论在长江流域洪灾综合风险社会评价中的应用》，《武汉大学学报》2007 年第 4 期。范斐、杜德斌等：《长江三角洲科技资源配置能力与城市化进程的协调耦合关系研究》，《统计与信息论坛》2013 年第 28（7）期。

以上各突变模型中，x 表示突变系统的一个状态变量；$f(x)$ 表示状态变量 x 的势函数；u，v，w，t 表示状态变量的控制变量。若一个指标分解为 2 个子指标，该系统可视为尖点突变系统；若一个指标分解为 3 个子指标，该系统可视为燕尾突变系统；若一个指标分解为 4 个子指标，则该系统可视为蝴蝶突变系统。运用归一公式把不同类型系统内控制变量的不同质态化为同一质态，即把控制变量统一化为状态变量表示的质态。控制变量在利用归一公式计算每个状态变量值时，对该变量所对应的各个控制变量计算出的 x 值采用"小中取大"的原则或取平均值，最后对评价对象按照其总评价得分进行优劣排序[①]。

4. 能力结构关系模型

借鉴杨先明的能力结构思路，以及黄宁的能力结构与区域经济合作利益分配图[②]建立反映长江中游城市群基础设施协同发展能力结构指数 ICSI（Innovation Competence Structures Index），其值由组成基础设施协同发展能力的各要素加权求和得到。A 和 B 区域的各项基础设施协同发展能力指数用公式（2）、（3）表示，两个城市之间基础设施协同发展能力结构的耦合度 C_{AB} 用公式（4）表示：

$$I_{A_i} = W_i A_i \quad (i = 1, \cdots, 4) \tag{2}$$

$$I_{B_i} = W_i B_i \quad (i = 1, \cdots, 4) \tag{3}$$

$$C_{AB} = \sum \left| \frac{I_{Ai}}{I_{Bi} - 1} \right| \Big/ \sqrt[i]{\Pi \left| \frac{I_{Ai}}{I_{Bi}} - 1 \right|} \tag{4}$$

① 唐明、邵东国等：《改进的突变评价法在旱灾风险评价中的应用》，《水利学报》2009 年第 7 期。周强、张勇：《基于突变级数法的绿色供应链绩效评价研究》，《中国人口·资源与环境》2008 年第 5 期。

② 杨先明：《能力结构与东西部区域经济合作》，中国社会科学出版社，2007。黄宁：《能力结构与经济合作的关系模型研究——以东亚经济合作为例》，《当代经济》2008 年第 19 期。

式中，I_{A_i}、I_{B_i}分别为长江中游城市群 A 地区和 B 地区的各项基础设施协同发展能力结构指数；W_i 为构成各项基础设施协同发展能力指标对应的权重；A_i、B_i 分别为长江中游城市群 A 地区和 B 地区基础设施协同发展能力的指标值，i 为变量个数，由于本研究将长江中游城市群基础设施协同发展能力结构关系指标划分为交通运输、水利基础设施、能源保障体系、信息基础设施 4 个方面，因此，$i=4$。C_{AB}越大，说明 A 与 B 两个城市的基础设施协同发展能力结构耦合性越高，两个地区基础设施协同发展的可能性越大；反之，则说明基础设施协同发展能力结构较差的一方影响了两个地区的基础设施协同发展。只有基础设施协同发展能力结构差的一方提高自身的协同发展结构才能保证两个地区之间基础设施协同发展的稳定性与长久性。

长江中游城市群基础设施协同发展能力结构与协同发展利益分配关系图（见图 2）可以解释长江中游城市群两个城市在基础设施协同发展中的获益情况。

射线 OA 和 OB 的斜率 K_{OA}与 K_{OB}可用 A、B 两城市的基础设施能力结构指数函数来表示：$K_{OA}=1-I_A$、$K_{OB}=1/(1-I_B)$，其中，OA 线与 OB 线的长度 L_{OA}、L_{OB}用基础设施能力结构指数表示的函数式为公式（5）；图中 S_{AOB}代表了 A、B 两城市基础设施协同发展的总收益，S_{AOC}与 S_{BOC}则分别代表了 A 城市的基础设施协同发展获益与 B 城市的基础设施协同发展获益大小。故：

$$L_{OA} = L_{OB} = I_A \times I_B \times C_{AB} \tag{5}$$

$$S_{AOB} = \frac{1}{2} \times I_A \times I_B \times C_{AB} \times \left[\arctan\left(\frac{1}{1-I_B}\right) - \arctan(1-I_A)\right] \tag{6}$$

$$S_{AOC} = \frac{1}{2} \times I_A \times I_B \times C_{AB} \times \left[\frac{\pi}{4} - \arctan(1-I_A)\right] \tag{7}$$

$$S_{BOC} = \frac{1}{2} \times I_A \times I_B \times C_{AB} \times \left[\arctan\left(\frac{1}{1-I_B}\right) - \frac{\pi}{4}\right] \tag{8}$$

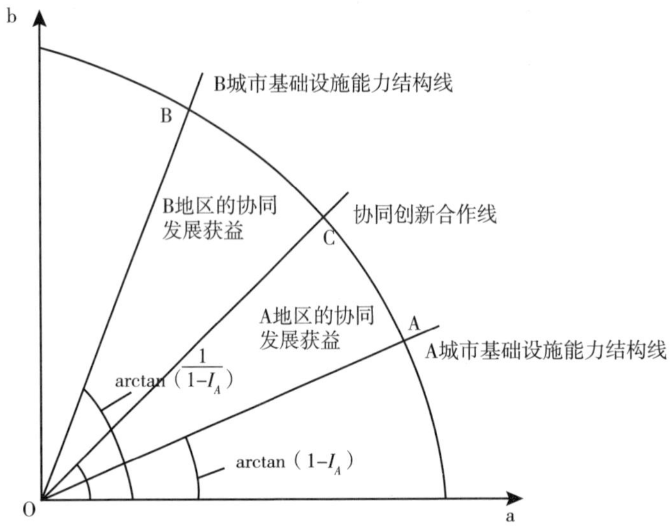

图 2　长江中游城市群基础设施能力结构与基础设施协同发展利益分配关系

注：a 为 A 城市基础设施能力，b 为 B 城市基础设施能力，OA 为 A 城市基础设施能力结构线，OB 为 B 城市基础设施能力结构线，OC 为 A、B 城市的基础设施协同发展合作线，I_A、I_B分别为 A 城市和 B 城市的基础设施发展能力结构指数。

显然，公式（6）、（7）、（8）中的 S_{AOB}、S_{AOC}、S_{BOC}都是关于I_A与I_B的单调增函数，即城市在基础设施协同发展中的获益随着各基础设施能力结构的提高而增多。两城市本身的基础设施能力结构大小决定着其在协同发展中获益的多少，协同发展双方的基础设施能力结构越强，在基础设施协同发展中所获得的总收益也越大。[①] 基础设施协同发展的持续稳定取决于协同发展双方的获益和分配比例，获益不变时，分配比例较大的一方协同发展意愿更强；分配比

① 范斐、杜德斌等：《基于能力结构模型的区域协同创新研究》，《地理科学》2015 年第 35（1）期。范斐、杜德斌等：《区域科技资源配置效率及比较优势分析》，《科学学研究》2012 年第 30（8）期。

例不变时，协同发展双方获益越大，开展稳定协同发展的可能性越大。

（二）长江中游城市群基础设施协同发展能力的测度与分析

为了测度长江中游城市群 28 个城市的基础设施发展水平，根据表 2 得到 2010～2016 年长江中游城市群各城市的交通运输、水利基础设施、能源保障体系、信息基础设施发展能力，并进行算术加权平均得到各城市总的基础设施发展能力指数（见表 7），以及长江中游城市群 2010～2014 年、2015～2016 年平均的交通运输、水利基础设施、能源保障体系、信息基础设施发展能力指数（见表 8）。

从长江中游城市群基础设施发展能力指数可以看出，研究期内，长江中游城市群基础设施发展能力指数由 2010 年的 0.1652 增加到 2016 年的 0.2201，增长 0.0549，基础设施发展能力有待于进一步的提升。湖南的基础设施发展能力在三省中相对最好，基础设施发展能力指数 2016 年为 0.2747，湖北次之，为 0.2336，江西为 0.1630，但从基础设施发展能力增长速度来看，研究期内湖北增长最快，其次为湖南、江西①，三省长江中游城市群所属城市依次增长 0.0698、0.0537、0.0412。

具体到各个城市来看，湖北内部 10 个城市的基础设施发展能力最不均衡，武汉的基础设施发展能力在城市群内部一枝独秀，指数由 2010 年的 0.6990 发展到 2016 年的 0.9610，增加 0.2620，其余城市与武汉的差距十分明显，且有扩大的趋势，基础设施发展能力指数最大的武汉与最小的鄂州的比值由研究基期的 13.52 扩大到研究末期的 15.94。湖南省内 8 个城市的基础设施发展能力最为均衡，长沙在三

① 注：本部分湖北、湖南、江西分别指长江中游城市群湖北（不包括天门、潜江与仙桃）、湖南、江西所属城市（包括抚州、吉安）。

省省会中处于第二位，指数由研究基期的 0.4903 增加到研究末期的 0.6072，增加 0.1169，其余七个城市的基础设施发展能力相对差别不大。江西省的基础设施发展能力在三省中相对较为落后，南昌虽然在长江中游城市群 28 个城市中位于第三位，但与武汉、长沙相比，存在一定的差距，指数由研究基期的 0.2749 发展到研究末期的 0.3288，在研究期内仅增加 0.0539。城市群基础设施发展能力指数排在前十位的还有襄阳（0.3199）、衡阳（0.3071）、株洲（0.2999）、岳阳（0.2805）、上饶（0.2383）、常德（0.2067）、湘潭（0.2033），另外的 18 个城市基础设施发展能力指数在研究期内都不到 0.2，具有较大的发展空间与潜力。

表 7　长江中游城市群基础设施发展能力指数（2010～2016 年）

城市	2010 年	2011 年	2012 年	2013 年	2014 年	2015 年	2016 年
武　汉	0.6990	0.7765	0.8168	0.8553	0.9044	0.9395	0.9610
黄　石	0.1129	0.1275	0.1270	0.1405	0.1302	0.1360	0.1438
宜　昌	0.1540	0.1826	0.2072	0.2307	0.1756	0.1826	0.1882
襄　阳	0.1762	0.2028	0.2314	0.2577	0.2960	0.3097	0.3199
鄂　州	0.0517	0.0478	0.0558	0.0570	0.0586	0.0558	0.0603
荆　门	0.1088	0.1271	0.1461	0.1564	0.1090	0.1168	0.1224
孝　感	0.0696	0.1060	0.0958	0.1063	0.0963	0.1006	0.1010
荆　州	0.1124	0.1237	0.1378	0.1503	0.1582	0.1606	0.1679
黄　冈	0.0887	0.0989	0.1151	0.1246	0.1344	0.1444	0.1522
咸　宁	0.0651	0.0657	0.0752	0.0848	0.0918	0.1148	0.1192
长　沙	0.4903	0.5478	0.5545	0.6172	0.5461	0.5856	0.6072
株　洲	0.2066	0.2343	0.2558	0.2779	0.2640	0.2568	0.2999
湘　潭	0.1790	0.1792	0.1850	0.1978	0.1834	0.1873	0.2033
衡　阳	0.2828	0.3308	0.3304	0.3500	0.3049	0.2990	0.3071
岳　阳	0.2216	0.2486	0.2254	0.2351	0.2362	0.2677	0.2805
常　德	0.1479	0.1605	0.1793	0.1930	0.1853	0.1980	0.2067
益　阳	0.1119	0.1258	0.1399	0.1551	0.1499	0.1531	0.1558
娄　底	0.1282	0.1379	0.1631	0.1819	0.1549	0.1474	0.1374
南　昌	0.2749	0.2796	0.2921	0.3280	0.3151	0.3285	0.3288

续表

城市	2010 年	2011 年	2012 年	2013 年	2014 年	2015 年	2016 年
景德镇	0.0618	0.0668	0.0691	0.0640	0.0669	0.0688	0.0732
萍乡	0.1076	0.1144	0.1296	0.1095	0.1070	0.0940	0.0991
九江	0.1423	0.1515	0.1686	0.1804	0.1773	0.1902	0.1828
新余	0.0867	0.1051	0.1088	0.1192	0.1435	0.1436	0.1538
鹰潭	0.0634	0.0640	0.0745	0.0813	0.0903	0.0490	0.0510
吉安	0.0858	0.0935	0.1024	0.1080	0.1354	0.1269	0.1371
宜春	0.1132	0.1355	0.1543	0.1636	0.1820	0.1846	0.1935
抚州	0.0978	0.1093	0.1325	0.1435	0.1568	0.1651	0.1727
上饶	0.1848	0.2002	0.2212	0.2368	0.2144	0.2289	0.2383
湖北	0.1638	0.1859	0.2008	0.2164	0.2155	0.2261	0.2336
湖南	0.2210	0.2456	0.2542	0.2760	0.2531	0.2619	0.2747
江西	0.1218	0.1320	0.1453	0.1534	0.1589	0.1580	0.1630
长江中游	0.1652	0.1837	0.1962	0.2109	0.2060	0.2120	0.2201

从长江中游城市群基础设施发展能力指数构成：交通运输能力、水利基础设施能力、能源保障体系能力、信息基础设施能力指数来看，长江中游城市群的交通运输能力发展水平优于水利基础设施能力、能源保障体系能力、信息基础设施能力发展水平。湖南的交通运输能力发展水平明显高于湖北与江西，湖北、湖南的水利基础设施能力、能源保障体系能力、信息基础设施能力发展水平大致较为一致，都高于江西的发展水平。2015～2016 年，长江中游城市群交通运输能力排在前十的城市为武汉、长沙、襄阳、衡阳、上饶、株洲、岳阳、宜春、抚州、常德；水利基础设施能力排在前十的城市为武汉、长沙、南昌、衡阳、岳阳、株洲、襄阳、荆州、上饶与常德；能源保障体系能力排在前十的城市为武汉、长沙、南昌、衡阳、岳阳、襄阳、株洲、黄石、湘潭与宜昌；信息基础设施能力排在前十的城市为武汉、长沙、湘潭、南昌、黄石、株洲、襄阳、常德、衡阳、宜昌。可以发现，长江中游城市群四种基础设施发展能力都排在前十的城市

仅为武汉、长沙、襄阳、衡阳、株洲，说明这四个城市的基础设施发展能力水平较高且各项发展能力水平较为均衡。

表 8　长江中游城市群基础设施发展能力指数构成（2010～2016 年）

城市	2010～2014 年平均				2015～2016 年平均			
	交通运输	信息基础设施	水力基础设施	能源保障体系	交通运输	信息基础设施	水力基础设施	能源保障体系
武　汉	0. 8413	0. 6857	0. 8671	0. 8476	0. 8783	0. 9639	0. 9981	0. 9607
黄　石	0. 2104	0. 0858	0. 0845	0. 1299	0. 1947	0. 1126	0. 0898	0. 1624
宜　昌	0. 4454	0. 1362	0. 0773	0. 1012	0. 3857	0. 1685	0. 0839	0. 1035
襄　阳	0. 5513	0. 1411	0. 1264	0. 1124	0. 7921	0. 2080	0. 1448	0. 1144
鄂　州	0. 0743	0. 0384	0. 0375	0. 0664	0. 0741	0. 0515	0. 0335	0. 0731
荆　门	0. 3220	0. 0760	0. 0553	0. 0646	0. 2450	0. 1059	0. 0564	0. 0711
孝　感	0. 1962	0. 1269	0. 0256	0. 0306	0. 1994	0. 1291	0. 0316	0. 0433
荆　州	0. 2756	0. 1526	0. 0567	0. 0610	0. 3019	0. 2064	0. 0619	0. 0869
黄　冈	0. 2770	0. 1262	0. 0276	0. 0186	0. 3558	0. 1793	0. 0309	0. 0273
咸　宁	0. 1755	0. 0786	0. 0218	0. 0303	0. 3008	0. 1002	0. 0241	0. 0429
长　沙	0. 9125	0. 4264	0. 3591	0. 3724	0. 8616	0. 5740	0. 4208	0. 5292
株　洲	0. 6243	0. 1322	0. 1247	0. 1097	0. 6376	0. 2215	0. 1370	0. 1174
湘　潭	0. 2274	0. 1121	0. 0791	0. 3210	0. 1833	0. 1368	0. 0853	0. 3758
衡　阳	0. 7863	0. 1939	0. 1550	0. 1440	0. 7080	0. 2430	0. 1563	0. 1049
岳　阳	0. 5481	0. 1429	0. 1399	0. 1026	0. 6206	0. 2288	0. 1485	0. 0984
常　德	0. 4375	0. 1383	0. 0544	0. 0626	0. 4429	0. 1903	0. 0647	0. 1113
益　阳	0. 3723	0. 0947	0. 0331	0. 0460	0. 4055	0. 1259	0. 0418	0. 0447
娄　底	0. 4356	0. 0915	0. 0343	0. 0514	0. 3452	0. 1197	0. 0381	0. 0667
南　昌	0. 3482	0. 2681	0. 3015	0. 2740	0. 3403	0. 3839	0. 3470	0. 2435
景德镇	0. 0774	0. 0514	0. 0360	0. 0981	0. 0854	0. 0586	0. 0386	0. 1014
萍　乡	0. 2826	0. 0547	0. 0316	0. 0857	0. 1853	0. 0674	0. 0307	0. 1028
九　江	0. 4124	0. 1230	0. 0584	0. 0624	0. 4350	0. 1681	0. 0633	0. 0795
新　余	0. 3019	0. 0405	0. 0395	0. 0688	0. 4058	0. 0686	0. 0446	0. 0759
鹰　潭	0. 2319	0. 0329	0. 0145	0. 0195	0. 1212	0. 0425	0. 0164	0. 0199
吉　安	0. 2646	0. 1089	0. 0224	0. 0242	0. 3195	0. 1396	0. 0251	0. 0438

续表

城市	2010～2014年平均				2015～2016年平均			
	交通运输	信息基础设施	水力基础设施	能源保障体系	交通运输	信息基础设施	水力基础设施	能源保障体系
宜　春	0.4216	0.1020	0.0287	0.0466	0.5014	0.1544	0.0340	0.0665
抚　州	0.3529	0.0778	0.0338	0.0475	0.4666	0.1062	0.0404	0.0625
上　饶	0.6528	0.1319	0.0272	0.0341	0.6398	0.2045	0.0321	0.0579
湖　北	0.3369	0.1648	0.1380	0.1463	0.3728	0.2225	0.1555	0.1686
湖　南	0.5598	0.1665	0.1225	0.1512	0.5256	0.2300	0.1366	0.1811
江　西	0.3346	0.0991	0.0594	0.0761	0.3500	0.1394	0.0672	0.0854
长江中游	0.3998	0.1418	0.1055	0.1226	0.4083	0.1950	0.1186	0.1424

（三）长江中游城市群基础设施发展能力结构的耦合度分析

长江中游城市群基础设施协同发展能力结构的耦合度是由不同城市基础设施发展能力之间的差异决定的，反映了不同城市间综合基础设施发展能力结构的均衡与匹配程度。利用长江中游城市群基础设施协同发展能力结构值，计算出不同时期长江中游城市群不同城市基础设施协同发展能力结构的耦合度，见表9（1）、表9（2）、表9（3）。

表9（1）　2016年长江中游城市群基础设施协同发展耦合度（湖北）

城市	武汉	黄石	宜昌	襄阳	鄂州	荆门	孝感	荆州	黄冈	咸宁
武　汉	—	0.7270	0.8316	1.1877	0.5202	0.6769	0.6258	0.7834	0.7467	0.6694
黄　石	0.7270	—	0.2542	0.2455	0.1411	0.2535	0.1983	0.2807	0.3495	0.2423
宜　昌	0.8316	0.2542	—	0.3455	0.1660	0.2505	0.2172	0.3837	0.3184	0.2450
襄　阳	1.1877	0.2455	0.3455	—	0.2363	0.3235	0.2933	0.3942	0.3684	0.3189
鄂　州	0.5202	0.1411	0.1660	0.2363	—	0.0814	0.0842	0.0810	0.0807	0.0817
荆　门	0.6769	0.2535	0.2505	0.3235	0.0814	—	0.2007	0.2039	0.2170	0.3441
孝　感	0.6258	0.1983	0.2172	0.2933	0.0842	0.2007	—	0.1528	0.1564	0.1834
荆　州	0.7834	0.2807	0.3837	0.3942	0.0810	0.2039	0.1528	—	0.3497	0.2385
黄　冈	0.7467	0.3495	0.3184	0.3684	0.0807	0.2170	0.1564	0.3497	—	0.2383

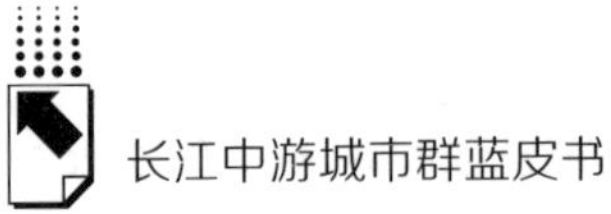

续表

城市	武汉	黄石	宜昌	襄阳	鄂州	荆门	孝感	荆州	黄冈	咸宁
咸　宁	0.6694	0.2423	0.2450	0.3189	0.0817	0.3441	0.1834	0.2385	0.2383	—
长　沙	2.8001	0.3917	0.5257	0.9819	0.1576	0.3296	0.2691	0.4635	0.4164	0.3205
株　洲	1.1265	0.2418	0.3441	0.8991	0.0911	0.1993	0.1599	0.2944	0.2595	0.1932
湘　潭	0.8682	0.2454	0.4523	0.4615	0.0826	0.1934	0.1505	0.3262	0.2698	0.1866
衡　阳	1.1482	0.2430	0.3443	1.0223	0.0919	0.2006	0.1611	0.2953	0.2606	0.1945
岳　阳	1.0701	0.2392	0.3454	0.7260	0.0890	0.1963	0.1569	0.2932	0.2572	0.1902
常　德	0.8764	0.2441	0.4338	0.4687	0.0829	0.1931	0.1506	0.3216	0.2678	0.1863
益　阳	0.7550	0.3233	0.3301	0.3741	0.0807	0.2131	0.1554	0.3767	0.4624	0.2028
娄　底	0.7120	0.3591	0.2798	0.3455	0.0808	0.2468	0.1632	0.2836	0.3081	0.2290
南　昌	1.2159	0.2474	0.3467	1.1747	0.0945	0.2049	0.1649	0.2991	0.2649	0.1988
景德镇	0.5557	0.1566	0.1814	0.2548	0.1004	0.1459	0.1389	0.1699	0.1612	0.1445
萍　乡	0.6211	0.1947	0.2145	0.2906	0.0846	0.1950	0.2997	0.2041	0.1974	0.1970
九　江	0.8187	0.2589	0.5553	0.4206	0.0816	0.1976	0.1511	0.3846	0.2912	0.1899
新　余	0.7504	0.3362	0.3236	0.3709	0.0807	0.2151	0.1559	0.3609	0.5591	0.2045
鹰　潭	0.4928	0.1305	0.1549	0.2225	0.0973	0.1186	0.1070	0.1438	0.1352	0.1168
吉　安	0.7114	0.3549	0.2792	0.3450	0.0808	0.2478	0.1634	0.2827	0.3064	0.2297
宜　春	0.8443	0.2505	0.5741	0.4412	0.0821	0.1949	0.1506	0.3452	0.2777	0.1878
抚　州	0.7948	0.2717	0.4160	0.4025	0.0812	0.2014	0.1521	0.4959	0.3133	0.1931
上　饶	0.9560	0.2379	0.3649	0.5489	0.0852	0.1924	0.1522	0.2990	0.2577	0.1861
平　均	0.8847	0.2748	0.3510	0.4987	0.1147	0.2310	0.1894	0.3151	0.2997	0.2264

表 9（2）　2016 年长江中游城市群基础设施协同发展耦合度（湖南）

城市	长沙	株洲	湘潭	衡阳	岳阳	常德	益阳	娄底
武　汉	2.8001	1.1265	0.8682	1.1482	1.0701	0.8764	0.7550	0.7120
黄　石	0.3917	0.2418	0.2454	0.2430	0.2392	0.2441	0.3233	0.3591
宜　昌	0.5257	0.3441	0.4523	0.3443	0.3454	0.4338	0.3301	0.2798
襄　阳	0.9819	0.8991	0.4615	1.0223	0.7260	0.4687	0.3741	0.3455
鄂　州	0.1576	0.0911	0.0826	0.0919	0.0890	0.0829	0.0807	0.0808
荆　门	0.3296	0.1993	0.1934	0.2006	0.1963	0.1931	0.2131	0.2468
孝　感	0.2691	0.1599	0.1505	0.1611	0.1569	0.1506	0.1554	0.1632

续表

城市	长沙	株洲	湘潭	衡阳	岳阳	常德	益阳	娄底
荆　州	0.4635	0.2944	0.3262	0.2953	0.2932	0.3216	0.3767	0.2836
黄　冈	0.4164	0.2595	0.2698	0.2606	0.2572	0.2678	0.4624	0.3081
咸　宁	0.3205	0.1932	0.1866	0.1945	0.1902	0.1863	0.2028	0.2290
长　沙	—	0.8620	0.6420	0.8814	0.8123	0.6487	0.5513	0.5177
株　洲	0.8620	—	0.4534	1.1053	0.8123	0.4613	0.3622	0.3334
湘　潭	0.6420	0.4534	—	0.3848	0.3901	0.7168	0.3241	0.2832
衡　阳	0.8814	1.1053	0.3848	—	0.7688	0.4637	0.3665	0.3377
岳　阳	0.8123	0.8123	0.3901	0.7688	—	0.4574	0.3513	0.3219
常　德	0.6487	0.4613	0.7168	0.4637	0.4574	—	0.3239	0.2844
益　阳	0.5513	0.3622	0.3241	0.3665	0.3513	0.3239	—	0.2987
娄　底	0.5177	0.3334	0.2832	0.3377	0.3219	0.2844	0.2987	—
南　昌	0.9431	0.8205	0.3854	0.9026	0.6750	0.3945	0.2725	0.2344
景德镇	0.3987	0.2440	0.1900	0.2479	0.2333	0.1920	0.1631	0.1532
萍　乡	0.4478	0.2790	0.2228	0.2832	0.2676	0.2247	0.1988	0.1934
九　江	0.6019	0.4102	0.4299	0.4138	0.4014	0.4206	0.3075	0.2382
新　余	0.5477	0.3591	0.3191	0.3633	0.3480	0.3191	0.5486	0.2840
鹰　潭	0.3522	0.2127	0.1630	0.2162	0.2030	0.1648	0.1372	0.1269
吉　安	0.5172	0.3330	0.2827	0.3373	0.3215	0.2838	0.2973	0.7579
宜　春	0.6226	0.4318	0.5311	0.4350	0.4247	0.5013	0.2908	0.2322
抚　州	0.5829	0.3914	0.3790	0.3953	0.3815	0.3753	0.3365	0.2470
上　饶	0.7146	0.5521	0.4312	0.5499	0.5675	0.4498	0.2667	0.2236
平　均	0.6407	0.4531	0.3617	0.4598	0.4186	0.3669	0.3211	0.2991

表9（3）　2016年长江中游城市群基础设施协同发展耦合度（江西）

城市	南昌	景德镇	萍乡	九江	新余	鹰潭	吉安	宜春	抚州	上饶
武　汉	1.2159	0.5557	0.6211	0.8187	0.7504	0.4928	0.7114	0.8443	0.7948	0.9560
黄　石	0.2474	0.1566	0.1947	0.2589	0.3362	0.1305	0.3549	0.2505	0.2717	0.2379

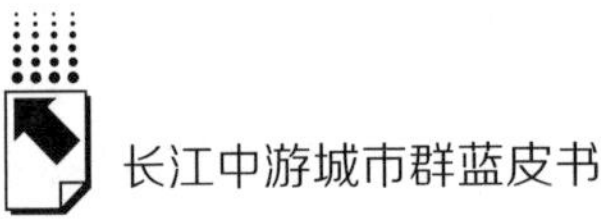

续表

城市	南昌	景德镇	萍乡	九江	新余	鹰潭	吉安	宜春	抚州	上饶
宜　昌	0. 3467	0. 1814	0. 2145	0. 5553	0. 3236	0. 1549	0. 2792	0. 5741	0. 4160	0. 3649
襄　阳	1. 1747	0. 2548	0. 2906	0. 4206	0. 3709	0. 2225	0. 3450	0. 4412	0. 4025	0. 5489
鄂　州	0. 0945	0. 1004	0. 0846	0. 0816	0. 0807	0. 0973	0. 0808	0. 0821	0. 0812	0. 0852
荆　门	0. 2049	0. 1459	0. 1950	0. 1976	0. 2151	0. 1186	0. 2478	0. 1949	0. 2014	0. 1924
孝　感	0. 1649	0. 1389	0. 2997	0. 1511	0. 1559	0. 1070	0. 1634	0. 1506	0. 1521	0. 1522
荆　州	0. 2991	0. 1699	0. 2041	0. 3846	0. 3609	0. 1438	0. 2827	0. 3452	0. 4959	0. 2990
黄　冈	0. 2649	0. 1612	0. 1974	0. 2912	0. 5591	0. 1352	0. 3064	0. 2777	0. 3133	0. 2577
咸　宁	0. 1988	0. 1445	0. 1970	0. 1899	0. 2045	0. 1168	0. 2297	0. 1878	0. 1931	0. 1861
长　沙	0. 9431	0. 3987	0. 4478	0. 6019	0. 5477	0. 3522	0. 5172	0. 6226	0. 5829	0. 7146
株　洲	0. 8205	0. 2440	0. 2790	0. 4102	0. 3591	0. 2127	0. 3330	0. 4318	0. 3914	0. 5521
湘　潭	0. 3854	0. 1900	0. 2228	0. 4299	0. 3191	0. 1630	0. 2827	0. 5311	0. 3790	0. 4312
衡　阳	0. 9026	0. 2479	0. 2832	0. 4138	0. 3633	0. 2162	0. 3373	0. 4350	0. 3953	0. 5499
岳　阳	0. 6750	0. 2333	0. 2676	0. 4014	0. 3480	0. 2030	0. 3215	0. 4247	0. 3815	0. 5675
常　德	0. 3945	0. 1920	0. 2247	0. 4206	0. 3191	0. 1648	0. 2838	0. 5013	0. 3753	0. 4498
益　阳	0. 2725	0. 1631	0. 1988	0. 3075	0. 5486	0. 1372	0. 2973	0. 2908	0. 3365	0. 2667
娄　底	0. 2344	0. 1532	0. 1934	0. 2382	0. 2840	0. 1269	0. 7579	0. 2322	0. 2470	0. 2236
南　昌	—	0. 2596	0. 2957	0. 4256	0. 3763	0. 2268	0. 3505	0. 4458	0. 4077	0. 5498
景德镇	0. 2596	—	0. 1137	0. 1018	0. 1017	0. 0950	0. 1027	0. 1022	0. 1016	0. 1053
萍　乡	0. 2957	0. 1137	—	0. 1474	0. 1516	0. 1060	0. 1583	0. 1470	0. 1483	0. 1488
九　江	0. 4256	0. 1018	0. 1474	—	0. 3280	0. 1520	0. 2789	0. 4676	0. 4499	0. 3455
新　余	0. 3763	0. 1017	0. 1516	0. 3280	—	0. 1361	0. 3019	0. 2834	0. 3231	0. 2617
鹰　潭	0. 2268	0. 0950	0. 1060	0. 1520	0. 1361	—	0. 0664	0. 0683	0. 0673	0. 0711
吉　安	0. 3505	0. 1027	0. 1583	0. 2789	0. 3019	0. 0664	—	0. 2314	0. 2459	0. 2230
宜　春	0. 4458	0. 1022	0. 1470	0. 4676	0. 2834	0. 0683	0. 2314	—	0. 3973	0. 3858
抚　州	0. 4077	0. 1016	0. 1483	0. 4499	0. 3231	0. 0673	0. 2459	0. 3973	—	0. 3130
上　饶	0. 5498	0. 1053	0. 1488	0. 3455	0. 2617	0. 0711	0. 2230	0. 3858	0. 3130	—
平　均	0. 4510	0. 1820	0. 2234	0. 3433	0. 3226	0. 1587	0. 2997	0. 3462	0. 3283	0. 3496

由表9（1）、表9（2）、表9（3）可知：2010～2016年长江中游城市群基础设施协同发展能力结构耦合度的空间演化过程具有以下显著特征：总的来说，长江中游城市群各城市基础设施协同发展能力结构耦合度均得到了较快的提升，各个城市结合自身经济社会发展条件与地理位置特征，在长江中游城市群一体化发展的大背景下充分发挥自身在基础设施建设中的比较优势，积极发展交通运输能力、水利基础设施能力、能源保障体系能力与信息基础设施能力，基础设施协同发展能力稳步提高。目前，长江中游城市群已经形成湖北、湖南与江西分工协作、互联互通、多层次合作的基础设施协同发展能力网络。基础设施协同发展能力网络发展的重要节点不断增多，各城市之间基础设施协同发展的紧密性不断增强，湖北与湖南、湖北与江西、湖南与江西之间的基础设施协同发展能力耦合度也得到了较大提升，长江中游城市群基础设施协同发展能力耦合度由2010年的0.2176增长到2016年的0.3188，增长46.51%。

长江中游城市群基础设施协同发展能力结构耦合度网络发展具有十分明显的空间不平衡性，核心－边缘空间分异格局较为显著，逐步形成了以武汉、长沙、南昌为核心的大三角格局。2016年，湖南的基础设施协同发展能力结构耦合度最高，为0.4151，湖北与江西次之，分别为0.3385与0.3005，但湖北的基础设施协同发展能力结构耦合度最不均衡，同时存在最大值武汉0.8847与最小值鄂州0.1147。长江中游城市群基础设施协同发展能力结构平均耦合度排在前十位的城市依次为：武汉、长沙、襄阳、衡阳、株洲、南昌、岳阳、常德、湘潭与宜昌，在28×28的长江中游城市群基础设施协同发展能力结构耦合度矩阵中，耦合度排在前十位的城市组为：武汉－长沙（2.8001）、武汉－南昌（1.2159）、武汉－襄阳（1.1877）、南昌－襄阳（1.1747）、武汉－衡阳（1.1482）、武汉－岳阳（1.0701）、长沙－襄阳（0.9819）、武汉－上饶（0.9560）、长沙－

南昌（0.9431）、南昌－衡阳（0.9026），主要涉及武汉、长沙、南昌、襄阳、衡阳、岳阳、上饶等7个城市，且主要集中在不同省域之间的城市连接，其中仅有1组城市组位于湖北省内，湖北与湖南之间的城市组为4组，湖北与江西之间的城市组为3组，湖南与江西之前的城市组为2组。

（四）区域间基础设施协同发展获益分配格局的演化

长江中游城市群基础设施协同发展获益度在空间布局上基本上以武汉为核心，沿武汉到长沙、株洲、湘潭的轴线对称分布，武汉－长沙是长江中游城市群基础设施协同发展获益度网络的核心，武汉与湖南长沙、株洲、湘潭等长株潭城市群的基础设施协同发展获益度优于武汉城市圈内部。在对称轴的两边，分别形成了襄阳、南昌两个次级核心。武汉城市圈、长株潭城市群、环鄱阳湖城市群三大城市群之间，武汉城市圈与长株潭城市群的联系最为紧密，武汉城市圈与环鄱阳湖城市群、长株潭城市群与环鄱阳湖城市群的基础设施协同发展程度不高。

在形成的28×28长江中游城市群基础设施协同发展获益度矩阵中，2016年获益度排在前1.5%的城市组有武汉－长沙（945.61）、武汉－南昌（180.71）、武汉－襄阳（170.65）、武汉－衡阳（156.88）、武汉－株洲（149.51）、武汉－岳阳（130.95）、武汉－上饶（96.41）、武汉－常德（74.95）、武汉－湘潭（72.87）、武汉－宜春（66.96）、武汉－宜昌（63.93）、武汉－九江（60.88）、武汉－抚州（55.46）、武汉－新余（46.02），如表10（1）、表10（2）、表10（3）所示，都是武汉与相关省份城市的获益度排在前列。武汉除了与湖北省域副中心城市襄阳、宜昌的基础设施协同发展获益度排在前1.5%外，与湖南、江西的基础设施协同发展获益度排在前1.5%的城市都有6个。

表 10（1） 2016 年长江中游城市群基础设施协同发展获益度（湖北）

城市	武汉	黄石	宜昌	襄阳	鄂州	荆门	孝感	荆州	黄冈	咸宁
武　汉	—	41. 38	63. 93	170. 65	11. 72	32. 31	24. 28	52. 96	45. 26	31. 05
黄　石	41. 38	—	0. 62	1. 50	0. 07	0. 32	0. 19	0. 57	0. 61	0. 29
宜　昌	63. 93	0. 62	—	2. 57	0. 12	0. 44	0. 30	1. 05	0. 76	0. 42
襄　阳	170. 65	1. 50	2. 57	—	0. 47	1. 43	1. 04	2. 56	2. 12	1. 37
鄂　州	11. 72	0. 07	0. 12	0. 47	—	0. 11	0. 08	0. 21	0. 17	0. 11
荆　门	32. 31	0. 32	0. 44	1. 43	0. 11	—	0. 15	0. 33	0. 30	0. 33
孝　感	24. 28	0. 19	0. 30	1. 04	0. 08	0. 15	—	0. 19	0. 16	0. 13
荆　州	52. 96	0. 57	1. 05	2. 56	0. 21	0. 33	0. 19	—	0. 78	0. 37
黄　冈	45. 26	0. 61	0. 76	2. 12	0. 17	0. 30	0. 16	0. 78	—	0. 31
咸　宁	31. 05	0. 29	0. 42	1. 37	0. 11	0. 33	0. 13	0. 37	0. 31	—
长　沙	945. 61	8. 35	12. 54	41. 01	6. 38	5. 85	3. 83	11. 87	9. 49	5. 50
株　洲	149. 51	1. 31	2. 30	12. 55	0. 79	0. 88	0. 55	1. 97	1. 52	0. 82
湘　潭	72. 87	0. 68	1. 64	3. 82	0. 32	0. 43	0. 26	1. 14	0. 81	0. 40
衡　阳	156. 88	1. 38	2. 39	14. 75	0. 84	0. 93	0. 58	2. 06	1. 59	0. 86
岳　阳	130. 95	1. 15	2. 07	9. 23	0. 67	0. 77	0. 48	1. 75	1. 34	0. 72
常　德	74. 95	0. 70	1. 61	3. 96	0. 33	0. 44	0. 26	1. 15	0. 83	0. 41
益　阳	46. 95	0. 59	0. 81	2. 22	0. 18	0. 31	0. 17	0. 87	0. 91	0. 28
娄　底	38. 56	0. 54	0. 58	1. 76	0. 14	0. 29	0. 14	0. 54	0. 50	0. 26
南　昌	180. 71	1. 59	2. 70	18. 69	0. 99	1. 07	0. 68	2. 36	1. 83	1. 00
景德镇	15. 34	0. 10	0. 17	0. 63	0. 05	0. 07	0. 05	0. 14	0. 11	0. 06
萍　乡	23. 60	0. 18	0. 29	1. 01	0. 08	0. 14	0. 16	0. 24	0. 20	0. 13
九　江	60. 88	0. 60	1. 72	3. 04	0. 25	0. 37	0. 21	1. 13	0. 74	0. 34
新　余	46. 02	0. 60	0. 78	2. 16	0. 18	0. 30	0. 17	0. 81	1. 08	0. 27
鹰　潭	9. 34	0. 05	0. 09	0. 37	0. 03	0. 03	0. 02	0. 07	0. 06	0. 03
吉　安	38. 43	0. 53	0. 58	1. 75	0. 14	0. 29	0. 14	0. 54	0. 50	0. 26
宜　春	66. 96	0. 64	1. 93	3. 43	0. 29	0. 40	0. 24	1. 11	0. 77	0. 37
抚　州	55. 46	0. 58	1. 19	2. 71	0. 22	0. 34	0. 20	1. 34	0. 73	0. 31
上　饶	96. 41	0. 86	1. 69	5. 59	0. 46	0. 56	0. 34	1. 35	1. 01	0. 52

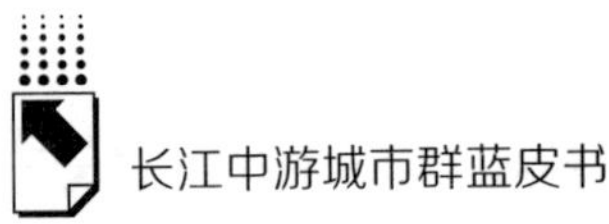

表 10（2） 2016 年长江中游城市群基础设施协同发展获益度（湖南）

城市	长沙	株洲	湘潭	衡阳	岳阳	常德	益阳	娄底
武　汉	945.61	149.51	72.87	156.88	130.95	74.95	46.95	38.56
黄　石	8.35	1.31	0.68	1.38	1.15	0.70	0.59	0.54
宜　昌	12.54	2.30	1.64	2.39	2.07	1.61	0.81	0.58
襄　阳	41.01	12.55	3.82	14.75	9.23	3.96	2.22	1.76
鄂　州	6.38	0.79	0.32	0.84	0.67	0.33	0.18	0.14
荆　门	5.85	0.88	0.43	0.93	0.77	0.44	0.31	0.29
孝　感	3.83	0.55	0.26	0.58	0.48	0.26	0.17	0.14
荆　州	11.87	1.97	1.14	2.06	1.75	1.15	0.87	0.54
黄　冈	9.49	1.52	0.81	1.59	1.34	0.83	0.91	0.50
咸　宁	5.50	0.82	0.40	0.86	0.72	0.41	0.28	0.26
长　沙	—	34.96	17.17	36.68	30.63	17.65	11.15	9.19
株　洲	34.96	—	3.97	18.02	11.49	4.14	2.19	1.71
湘　潭	17.17	3.97	—	3.51	3.05	3.42	1.01	0.74
衡　阳	36.68	18.02	3.51	—	11.29	4.33	2.31	1.80
岳　阳	30.63	11.49	3.05	11.29	—	3.66	1.89	1.46
常　德	17.65	4.14	3.42	4.33	3.66	—	1.05	0.77
益　阳	11.15	2.19	1.01	2.31	1.89	1.05	—	0.50
娄　底	9.19	1.71	0.74	1.80	1.46	0.77	0.50	—
南　昌	42.30	14.92	3.95	17.03	11.08	4.17	1.94	1.42
景德镇	3.71	0.57	0.21	0.61	0.48	0.23	0.11	0.09
萍　乡	5.67	0.94	0.37	1.00	0.79	0.39	0.21	0.17
九　江	14.39	3.09	1.70	3.25	2.70	1.73	0.81	0.52
新　余	10.93	2.14	0.98	2.25	1.84	1.02	1.10	0.47
鹰　潭	2.27	0.33	0.12	0.35	0.27	0.12	0.06	0.04
吉　安	9.16	1.70	0.73	1.80	1.45	0.77	0.50	1.05
宜　春	15.80	3.52	2.29	3.70	3.09	2.24	0.84	0.56
抚　州	13.13	2.73	1.38	2.87	2.37	1.42	0.81	0.49
上　饶	22.62	6.10	2.58	6.32	5.62	2.79	1.08	0.76

表 10（3） 2016 年长江中游城市群基础设施协同发展获益度（江西）

城市	南昌	景德镇	萍乡	九江	新余	鹰潭	吉安	宜春	抚州	上饶
武　汉	180.71	15.34	23.60	60.88	46.02	9.34	38.43	66.96	55.46	96.41
黄　石	1.59	0.10	0.18	0.60	0.60	0.05	0.53	0.64	0.58	0.86
宜　昌	2.70	0.17	0.29	1.72	0.78	0.09	0.58	1.93	1.19	1.69

续表

城市	南昌	景德镇	萍乡	九江	新余	鹰潭	吉安	宜春	抚州	上饶
襄　阳	18.69	0.63	1.01	3.04	2.16	0.37	1.75	3.43	2.71	5.59
鄂　州	0.99	0.05	0.08	0.25	0.18	0.03	0.14	0.29	0.22	0.46
荆　门	1.07	0.07	0.14	0.37	0.30	0.03	0.29	0.40	0.34	0.56
孝　感	0.68	0.05	0.16	0.21	0.17	0.02	0.14	0.24	0.20	0.34
荆　州	2.36	0.14	0.24	1.13	0.81	0.07	0.54	1.11	1.34	1.35
黄　冈	1.83	0.11	0.20	0.74	1.08	0.06	0.50	0.77	0.73	1.01
咸　宁	1.00	0.06	0.13	0.34	0.27	0.03	0.26	0.37	0.31	0.52
长　沙	42.30	3.71	5.67	14.39	10.93	2.27	9.16	15.80	13.13	22.62
株　洲	14.92	0.57	0.94	3.09	2.14	0.33	1.70	3.52	2.73	6.10
湘　潭	3.95	0.21	0.37	1.70	0.98	0.12	0.73	2.29	1.38	2.58
衡　阳	17.03	0.61	1.00	3.25	2.25	0.35	1.80	3.70	2.87	6.32
岳　阳	11.08	0.48	0.79	2.70	1.84	0.27	1.45	3.09	2.37	5.62
常　德	4.17	0.23	0.39	1.73	1.02	0.12	0.77	2.24	1.42	2.79
益　阳	1.94	0.11	0.21	0.81	1.10	0.06	0.50	0.84	0.81	1.08
娄　底	1.42	0.09	0.17	0.52	0.47	0.04	1.05	0.56	0.49	0.76
南　昌	—	0.73	1.19	3.77	2.64	0.42	2.12	4.27	3.34	7.08
景德镇	0.73	—	0.03	0.08	0.07	0.02	0.05	0.10	0.09	0.15
萍　乡	1.19	0.03	—	0.20	0.16	0.02	0.14	0.22	0.19	0.33
九　江	3.77	0.08	0.20	—	0.85	0.09	0.61	1.71	1.38	1.77
新　余	2.64	0.07	0.16	0.85	—	0.06	0.50	0.80	0.76	1.04
鹰　潭	0.42	0.02	0.02	0.09	0.06	—	0.02	0.04	0.04	0.07
吉　安	2.12	0.05	0.14	0.61	0.50	0.02	—	0.55	0.49	0.76
宜　春	4.27	0.10	0.22	1.71	0.80	0.04	0.55	—	1.33	2.14
抚　州	3.34	0.09	0.19	1.38	0.76	0.04	0.49	1.33	—	1.47
上　饶	7.08	0.15	0.33	1.77	1.04	0.07	0.76	2.14	1.47	—

注：城市间基础设施协同发展获益值数值较小，为便于对比，将所有的数值都放大1000倍。

根据28×28长江中游城市群基础设施协同发展获益度矩阵，将各城市的基础设施协同发展获益度进行平均，得到长江中游城市群各城市的基础设施协同发展指数（见表11）。2010年，基础设施协同发展指数排在前三位的为武汉、长沙和衡阳，而到了2016年则成为武汉、长沙与南昌，可见，武汉与长沙作为省会城市，基础设施协同发展能力一直稳定处于长江中游城市群的第一层级。近年来，南昌市在长江中游城市群中的整体基础设施协同发展能力稳步提升，虽然与武汉、长沙还存在一定的差距，但其由研究基期的第4位上升到了研究末期的第3位，其在长江中游城市群应有的核心地位得到了进一步强化。此外，襄阳、岳阳、株洲、上饶、湘潭与常德在研究基期的基础设施协同发展指数也排在前十，湖北与江西仅各有两个城市排在前十，多数为湖南城市，这些城市的基础设施协同能力与武汉、长沙、南昌等核心城市的差别与其他城市相比相对较小。在研究末期，排在前十的城市依然为以上10个城市，不同的是个别城市的位次有所变化。

黄石、宜昌、荆州、黄冈、益阳、九江、新余、吉安、宜春与抚州10个城市2016年基础设施协同发展指数整体排在长江中游城市群的中部，说明这些城市的基础设施协同发展能力虽然与武汉、长沙、南昌等城市存在一定差距，但其与长江中游城市群其他城市基础设施协同发展存在较好的基础，具有较大提升空间。鄂州、荆门、孝感、咸宁、娄底、景德镇、萍乡、鹰潭等8个城市的基础设施协同发展能力较弱，在未来长江中游城市群基础设施协同发展中的潜力较大，其是影响整个长江中游城市群基础设施协同发展的薄弱环节，未来三个省份应当着重在这些城市进行重点基础设施建设项目的布局，在整体上优化长江中游城市群基础设施协同发展能力。

表11　2010年与2016年长江中游城市群基础设施协同发展指数（各城市获益度平均）

城市	2010年		2016年	
	数值	排序	数值	排序
武　汉	22.37	1	99.37	1
黄　石	0.67	18	2.44	19
宜　昌	1.19	11	3.90	13
襄　阳	3.12	5	11.57	4

续表

城市	2010 年		2016 年	
	数值	排序	数值	排序
鄂　州	0. 17	28	0. 94	26
荆　门	0. 63	19	1. 82	22
孝　感	0. 27	26	1. 30	25
荆　州	0. 68	17	3. 31	15
黄　冈	0. 42	23	2. 76	18
咸　宁	0. 25	27	1. 74	23
长　沙	14. 18	2	49. 92	2
株　洲	2. 30	7	10. 54	6
湘　潭	1. 82	9	4. 80	10
衡　阳	4. 44	3	11. 09	5
岳　阳	2. 62	6	8. 97	7
常　德	1. 22	10	4. 98	9
益　阳	0. 77	15	2. 99	16
娄　底	1. 00	13	2. 41	21
南　昌	4. 08	4	12. 37	3
景德镇	0. 29	25	0. 89	27
萍　乡	0. 72	16	1. 41	24
九　江	1. 14	12	4. 00	12
新　余	0. 49	21	2. 96	17
鹰　潭	0. 30	24	0. 53	28
吉　安	0. 48	22	2. 43	20
宜　春	0. 79	14	4. 42	11
抚　州	0. 60	20	3. 61	14
上　饶	1. 87	8	6. 35	8

由表 12 可以看出，研究期内，各省基础设施协同发展获益值及省际总获益值都有了明显提升，湖北与湖南之间的基础设施协同发展总获益值上升最多，由 2010 年的 5. 93 稳定上升到 2016 年的 22. 92。

由获益值上升的倍数来看，湖北省内的基础设施协同发展总获益值发展最快，由 2010 年的 1.92 增加到 2016 年的 11.02，整体增长 4.74 倍，说明湖北省内的基础设施协同发展水平在研究期内发展最快。但总体来看，长江中游城市群不同城市间的平均基础设施协同发展获益值依然不高，且城市间基础设施协同发展获益值及获益比空间差异显著。从 2016 年省域内部及省际基础设施协同发展总获益值的大小顺序排列来看，湖北与湖南省际（22.72）>湖北省域之内（11.02）>湖南省域之内（7.70）>湖北与江西省际（6.77）>湖南与江西省际（3.40）>江西省域之内（0.80），这说明长江中游城市群基础设施协同发展能力结构越强，其可持续发展能力越高，城市间开展基础设施协同发展的概率越大，相应城市在基础设施协同发展中所获得的收益也越大。

表 12　长江中游城市群分省域基础设施协同发展获益值及获益比（2010～2016 年）

区域划分		2010 年				2016 年			
		S_{AOC}	S_{BOC}	S_{AOB}	获益比	S_{AOC}	S_{BOC}	S_{AOB}	获益比
湖北省内	武汉－襄阳	17.74	3.83	21.57	4.63	136.29	34.36	170.65	3.97
	武汉－宜昌	14.45	2.70	17.15	5.35	56.14	7.79	63.93	7.21
	武汉－荆州	9.13	1.22	10.35	7.48	47.18	5.78	52.96	8.16
	武汉－黄冈	6.54	0.68	7.22	9.62	40.77	4.49	45.26	9.08
	武汉－黄石	9.18	1.23	10.41	7.46	37.50	3.88	41.38	9.66
	平均	1.62	0.30	1.92	5.40	9.42	1.60	11.02	5.89
湖南省内	长沙－衡阳	16.08	8.36	24.44	1.92	33.79	30.41	64.2	1.11
	长沙－株洲	9.08	3.32	12.40	2.73	32.27	28.34	60.61	1.14
	长沙－岳阳	10.24	4.04	14.28	2.53	28.43	23.32	51.75	1.22
	长沙－常德	5.31	1.35	6.66	3.93	16.73	9.99	26.72	1.67
	长沙－湘潭	7.17	2.24	9.41	3.20	16.29	9.56	25.85	1.70
	平均	2.18	1.74	3.92	1.25	6.00	1.70	7.70	3.53

续表

区域划分		2010 年				2016 年			
		S_{AOC}	S_{BOC}	S_{AOB}	获益比	S_{AOC}	S_{BOC}	S_{AOB}	获益比
江西省内	南昌 - 上饶	1.62	0.23	1.85	7.04	4.18	2.90	7.08	1.44
	南昌 - 宜春	0.70	0.06	0.76	11.67	2.75	1.51	4.26	1.82
	南昌 - 九江	1.01	0.11	1.12	9.18	2.48	1.28	3.76	1.94
	南昌 - 抚州	0.56	0.04	0.60	14.00	2.25	1.09	3.34	2.06
	南昌 - 新余	0.47	0.03	0.50	15.67	1.85	0.79	2.64	2.34
	平均	0.16	0.04	0.20	4.00	0.38	0.42	0.80	0.90
湖北 - 湖南之间	武汉 - 长沙	129.68	91.35	221.03	1.42	609.77	335.84	945.61	1.82
	武汉 - 株洲	22.83	5.88	28.71	3.88	121.17	28.34	149.51	4.28
	武汉 - 湘潭	18.19	4.00	22.19	4.55	126.48	9.56	136.04	13.23
	武汉 - 岳阳	25.59	7.12	32.71	3.59	107.64	23.32	130.96	4.62
	武汉 - 常德	13.61	2.43	16.04	5.60	64.96	9.99	74.95	6.50
	平均	3.53	2.40	5.93	1.47	15.62	7.10	22.72	2.20
湖北 - 江西之间	武汉 - 南昌	37.04	13.13	50.17	2.82	143.39	37.32	180.71	3.84
	武汉 - 上饶	19.12	4.35	23.47	4.40	81.69	14.71	96.4	5.55
	武汉 - 宜春	9.21	1.24	10.45	7.43	58.59	8.37	66.96	7.00
	武汉 - 九江	12.85	2.20	15.05	5.84	53.67	7.21	60.88	7.44
	武汉 - 新余	6.34	0.64	6.98	9.91	41.41	4.61	46.02	8.98
	平均	1.23	0.44	1.67	2.80	5.55	1.22	6.77	4.55
湖南 - 江西之间	长沙 - 南昌	15.21	7.65	22.86	1.99	38.71	37.32	76.03	1.04
	长沙 - 上饶	7.55	2.44	9.99	3.09	21.25	14.71	35.96	1.44
	长沙 - 宜春	3.56	0.68	4.24	5.24	15.03	8.37	23.4	1.80
	长沙 - 九江	5.01	1.22	6.23	4.11	13.73	7.21	20.94	1.90
	长沙 - 抚州	2.89	0.47	3.36	6.15	12.57	6.22	18.79	2.02
	平均	0.93	0.49	1.42	1.90	2.45	0.95	3.40	2.58

注：①用 S_{AOB} 代表 A、B 两个城市基础设施协同发展的总获益，S_{AOC} 与 S_{BOC} 分别代表 A 城市的基础设施协同发展获益与 B 城市的基础设施协同发展获益大小，S_{AOC} 与 S_{BOC} 的比值代表基础设施协同发展的获益比。②A 城市与 B 城市的基础设施协同发展获益比值越接近于 1，说明两个城市在基础设施协同发展中的分配越均匀，则两地开展基础设施协同发展的可能越大，反之则越小。③限于篇幅，仅列出每个省份及省份间基础设施协同发展总获益值排在前五的区域。

从2016年省域内部及省际基础设施协同发展获益比的大小顺序排列来看：湖北省域之内（5.89）＞湖北与江西省际（4.55）＞湖南省域之内（3.53）＞湖南与江西省际（2.58）＞湖北与湖南省际（2.20）＞江西省域之内（0.90），研究期内省域内部及省际基础设施协同发展获益比值变化较大，长江中游城市群城市间基础设施协同发展的空间格局处于变化发展之中。对比省域内部及省际基础设施协同发展获益值排在前列的区域可以发现，综合基础设施发展能力较高的城市与综合基础设施发展能力较弱的城市合作，拥有较高基础设施协同发展能力的城市明显在城市间的基础设施协同发展中占优势，例如武汉与湖北省域之内城市以及武汉与湖南、江西的城市展开基础设施合作，明显武汉的获益值要优于与其开展合作的城市。具体到省域内部以及省际基础设施协同发展获益值及获益比排序来看，在湖北、湖南、江西三省内部，武汉、长沙、南昌与省域内部其他城市的基础设施协同发展总获益值远远大于其余省域内部城市间基础设施协同发展总获益值，明显武汉、长沙、南昌在省域内部城市间基础设施协同发展中获益更多，其在省域内部城市间开展基础设施协同发展的意愿也更强烈些。此外，还可以发现，长江中游城市间基础设施的协同发展并不受制于空间的摩擦效应，邻近的空间优势对于基础设施协同发展的促进作用不明显，基础设施发展处于同一量级以及都处于全国交通主干线的城市，其展开基础设施合作，双方的获益度都更大。

三　长江中游城市群基础设施协同发展中的主要问题

总体来看，长江中游城市群不同城市间的平均基础设施协同发展获益值依然不高，且城市间基础设施协同发展获益值及获益比空间差异显著，基础设施协同发展目前主要集中在武汉与长沙、南昌等长江中游城市群主要城市之间的合作，其余城市的基础设施协同发展尚有较大提升空间。湖北内部的基础设施发展能力最不均衡，武汉一家独大现象较为显著，且这种现象在研究期内并未得到有效的遏制，有逐步扩大的趋势。长江中游城市群水利基础设施能力、能源保障体系能力、信息基础设施能力发展水平明显滞后于交通运输能力发展，这四种能力各自的发展问题如下。

（一）综合交通体系构建方面存在的问题分析

长江中游城市群基础设施协同发展网络明显受交通基础设施网络的影响，基础设施协同发展程度与城市之间的可达性具有较强的相关性。长期以来，长江中游城市群的铁、公、水、空综合交通运输网络“各自为战”，缺乏系统性的规划和建设的问题。一方面，三省各自为战，交通建设重点还是以省内为主，对三省之间的交通连接不够重视，目前武汉－长沙高铁、动车班次最多，达 92 班次，耗时 1.5 ~ 2 小时，已经形成“全天候”深度对接；长沙－南昌有 60 班次的高铁、动车，联系也较为紧密；武汉－南昌仅有 25 班次的高铁、动车[①]，三市之间高铁互联互通不到“火候”，想随时在三市之间来趟“说走就走的旅行”仍有难度。水路方面，由于水路运输时间长、费用高，现在武汉、长沙、南昌三市之间均未开通水运航线客运船次，仅有部分旅游专线游船开航，客运船次都已停运。航空方面，武汉－长沙、南昌－武汉、南昌－长沙均尚未开通直飞航班。长江中游城市群作为一个国家级城市群，无论是省会城市之间的城际铁路网络，还是航空线路都不够完善。与其他城市群相比，交通网络建设的步伐也不够快。

另一方面，各部门重点加强自身建设，各种交通方式的客货运站场和服务组织基本独立设置，相互之间缺少衔接配套和统一的信息沟

---

① 数据来源：12306 中国铁路客户服务中心。

通平台，不能真正实现铁、公、水、空货运的“无缝衔接”和客运“零换乘”。例如，湖北公路、铁路、民航、长江航运分属省交通运输厅、武汉铁路局、民航局、长江航务管理局四个部门管辖，在综合规划、资源整合、行业管理、营运服务等方面的协调存在一定难度①。不同运输方式之间的协作不能完全按照市场规则进行，造成专业化分工与协作程度较低，限制了运输要素的自由流动，江海联运、公铁联运、公水联运、铁水公空联运等各种运输方式的比较优势和组合效率无法充分发挥，造成社会客货运输效率、经济效益较低。各种运输方式自成体系、相对独立的发展模式已成为制约交通又好又快发展的“瓶颈”，阻碍了长江中游城市群内部交通运输市场的一体化进程。

（二）共建水利基础设施体系存在的问题分析

水资源供需矛盾与水管理体制滞后等水问题日益凸显，已成为制约长江中游城市群经济社会可持续发展的重要瓶颈。一方面，城镇供水保障率不高，城市供水应急备用水源严重不足，绝大多数城市供水水源单一，县城及以下的城镇基本没有抗旱应急备用水源工程。农村饮水工程建设规模小、标准低，水源保障率不高，专业化管理水平有待提高，农田灌溉用水保障率较低，鄂北、鄂西、衡邵干旱走廊、湘西、湘南和洞庭湖北部、东乡、德兴等地区缺水问题凸显。另一方面，水资源管理亟待加强，最严格的水资源管理制度需进一步完善和落实。水资源监测能力薄弱，长江中游城市群三省实际监测能力不足全部供水量的30%。河湖水域管理亟待推进，水域空间用途管制划界确权工作尚未开展，涉河建设项目和活动审批与监管机制有待完善。水利管理体制机制还不完善，水利建设和管理事权划分仍不够清晰，重建轻

① 李良华、孙再明、朱焰等：《湖北“建成支点、走在前列”大背景下交通运输发展问题研究》，http：//www. stats－hb. gov. cn/tjbs/qstjbsyxx/111939. htm。

管的现象尚未根本改变，工程效益衰减的现象仍未得到遏制，水利建设与运行管理需进一步规范和加强。稳定的水利投入机制尚未形成，水利建设投资需求仍有较大缺口。水价、水权和水市场改革仍待推进，市场机制在资源配置、节约用水、资金筹措和水利建设等方面的作用未充分发挥。水利创新能力不强，水利信息化水平还不高。

（三）同铸能源安全保障体系存在的问题分析

目前，长江中游城市群正处于工业化、城镇化加速推进期，重化工业特征依然明显，以传统化石能源为主的能源结构在短期内难以改变，能源消耗和温室气体排放总量增长仍然较快，节能降碳任务较重。一方面，长江中游城市群气候条件复杂，低温雨雪过程、伏旱、局地强对流天气、区域性强降水过程出现较为频繁，大范围、持续性雾霾频发，适应气候变化任务繁重。另一方面，能源基础设施薄弱，配电网仍未形成完善的网架结构，站点间的转供互带能力不足，农村配网建设标准偏低，供电安全存在隐患。石油、天然气管网规模较小，天然气应急调峰储备设施不足，成品油输送管道、加油站和成品油库的布局仍需进一步优化，油气管道保护执法机构尚未成立，管道保护工作难以推进。城市间节能工作仍不均衡，严重制约了长江中游城市群同铸能源安全保障体系。受资源禀赋、产业结构、经济基础等影响，部分地区单位 GDP 能耗绝对值仍然较高，能源消费增速增长较快，单位规模工业增加值能耗与全国平均水平相比仍存在差距，建筑节能改造进度和绿色建筑推广较为滞后，城市绿色交通设施网络建设与老旧交通工具退出工作差距明显。

（四）共享信息体系构建存在的问题分析

一是信息资源的不断丰富，进一步激发了应用协同的需求，但也使跨领域、跨部门的协调难度更大，长江中游城市群在强调共享信息体系构建顶层设计的同时，亟须在全局上做好数据共享和业务协同的机制安排，避免产生新的“信息孤岛”。二是长江中游城市群政府监管模式与信息化融合创新不相适应，依托互联网平台开展的创新服务大多处于法规和政策的“灰色地带”，不监管或过度监管都会造成矛盾，亟须形成多元共治、各方参与的市场机制。三是智慧城市的应用感受度有待提高，政府各部门主导推进的信息化应用已无法满足快速增长的公众信息化服务需求，沉淀在政府层面的数据资源价值尚未充分挖掘，亟须形成有效的政企合作机制，并注重消除“数字差距”[①]。四是全社会对网络安全的认识亟待进一步提高，网络空间的信息保护、技术保障、制度安排都面临新的挑战，复杂性较高。

四 推进长江中游城市群基础设施互联互通的对策建议

长江中游城市群三省应深入推进省级层面的跨省合作，真抓实干，以武汉、长沙、南昌为核心，按照适度超前、合理布局、互利共赢的原则，加快长江中游城市群城市间交通、能源、信息和水利基础设施一体化建设，构建城市群内部共建共享、协调有序、互联互通的基础设施综合网络，显著增强对长江中游城市群经济社会一体化发展的支撑和保障能力。

（一）构建陆水空互联互通的综合交通体系

建设互联便捷的陆路交通。进一步修订和完善相关的管理制度及标准规范，健全长江中游城市群三省发展的协调、磋商机制。加强综合交通枢纽的规划和建设，突出“点”的衔接。重点构筑“三核多

① 上海市人民政府：《上海市推进智慧城市建设“十三五”规划》（沪府发〔2016〕80号）。

极、协调发展”的综合运输节点网络。

共同争取国家尽快实施建设沿江高速铁路、沪昆和京九客运专线等项目，重点规划建设武汉－南昌、武汉－九江、长沙－南昌等高速铁路，构建以武汉、长沙、南昌三省省会为核心，以襄阳、宜昌、株洲、湘潭、九江等城市为关键节点的“2 小时经济圈”，协助推进建设城市群辐射的城际铁路网络[①]。协调推进长江中游城市群内部高速公路、国道建设，打通省际交通连接的“断头路”，加快融入全国骨干路网。助推长株潭城市群、环鄱阳湖城市群、武汉城市圈三大城市组团内的交通一体化建设，以长江中游城市群武汉、长沙、南昌为试点，统筹推进长江中游城市群内部公交一卡通工程建设。

构建联江通海的水运格局。共同争取国家加大长江航道“畅中游”工程的投入力度，尽快实施长江中游干支流航道改造升级工程，实现内河水运通江达海：包括长江武汉至安庆（含九江段）6 米航道，实施湘江、汉江、赣江等航道升级改造工程，推进洞庭湖、鄱阳湖支线航道建设，构建水上“高速航道”。推动建立武汉港、长沙港、南昌港等长江中游城市群主要港口间的合作交流机制，整体推进长江中游城市群港口与长江上、下游港口的接驳运输与合作，提升港口、航运、物流合作层次，把武汉建设成为长江中游枢纽港，把长沙、南昌建设成为内河航运中心，构建互联互通、合理分工、优势互补的长江中游港口群。

打造高效快捷的空中走廊。以武汉、长沙、南昌为试点，共同争取将长江中游城市群区域列入低空试点范围。开展长江中游省会城市异地值机前期研究，统筹推进武汉天河机场、长沙黄花机场、南昌昌北机场等长江中游城市群内部主要机场之间协调发展国际航线，优化

① 《长江中游城市群省会城市合作行动计划（2017～2020 年）》，长江中游城市群城市合作网，http：//www.zsj.gov.cn/zong/content.jsp？id＝3106。

城市群内部航空运输网络主线，构建分工协作、合理布局的长江中游城市群航线网络，共同探索航空旅游、航空物流等通用航空综合利用模式，共同打造长江中游国际航空枢纽港。

建立智能一体的运输合作机制。建立交通运输专项合作组，协同推进长江中游城市群城市交通运输合作发展。推动交通大数据中心建设，整合共享交通通道和枢纽，促进各种运输方式紧密衔接，共同推进“两港（空港、河港）四网（铁路网、快速路网、高速公路网、轨道交通网）”一体化综合交通运输体系建设，推进铁水联运、水水中转和空铁联运，推行客运“一票式”和货运“一单式”联程服务，提升多式联运水平，推进综合交通枢纽和物流中心的“无缝对接”，全面提升区域运输效率。进一步深化武汉、长沙、南昌等长江中游城市群主要城市中欧班列、近海近洋运输合作，制定统一扶持政策，联合组织货源，携手在中亚、欧洲、东南亚等区域建立转运中心，共同探索水铁、海铁、水水联运，打造长江中游城市群联通亚欧的国际物流运输大通道。

（二）共建江河湖库一体的水利基础设施体系

共同构建以堤防加固、蓄滞洪区建设、河道整治为重点的防洪减灾体系。共同构建以河道整治、灌溉工程、水源工程、引调水工程、再生水利用为重点的水资源保障体系。加强水生态保护，完善长江、洞庭湖、鄱阳湖等水系的防洪和水量调度，建立长江中游城市群水资源联合调度系统和监管合作机制。共建长江中游城市群雨情、汛情、旱情监测预报和发布系统，建立统一的山洪地质灾害信息管理和预警系统。加强水源地保护、河湖管理，共同推进水环境综合治理，通过治污改善水环境，建立健全水环境监测预警网，确保主要江河湖泊水功能区水质达标率稳步提高。推动编制汉江、湘江、赣江防洪和水量调度方案，建立相应的联合调度系统，提高防洪减灾应急能力。推动长江中游城市群城市积极申请建设海绵城市和地下管廊建设试点城市。加快河湖水系连通建设，增强河湖连通性，保护河湖湿地涵养空间，增强水资源调配能力。

（三）构建功能互补的能源安全保障体系

多渠道开拓能源资源，促进资源共同开发与共享，提升管理水平，共同推进长江中游城市油、气、电输送网络一体化建设，构建清洁、安全、经济、高效的一体化能源保障体系。充分发挥三省各自的新能源产业比较优势，共同培育壮大新能源汽车、风光电装备、智能电网产业集群，抢占全国乃至世界新能源技术制高点。共同加强能源输入通道建设，加大西部天然气引入力度，重点推进西气东输三线、蒙西－华中煤运通道、新疆煤制气外输管道等主干管道向长江中游城市群供气支线等项目。加快能源结构调整，推进煤炭资源清洁化利用，建设汉江流域、湘江流域与赣江流域原油储备基地，逐步降低单位 GDP 能耗，大幅提高天然气在一次能源消费中的比重。积极推动太阳能、风能、地热能和生物质能等新能源和可再生能源的开发与利用，稳步推进页岩气开发利用，着力培育能源新技术、新产业、新业态，加快培育能源产业，发展新动能。大力发展智能电网，推进新能源加快并网，共同探索电力安全体系及应急处置体系，提高区域电网抗灾害能力和电力减灾应急能力。逐步统一长江中游城市群能源保障监测体系和能源调度管理，构建统一的能源安全体系及应急处置体系，建立和完善能源战略储备和能源危机联合防控机制，确保能源安全。

（四）构建资源与服务共享的信息体系

以信息资源整合共享为突破口，建设开放融合的信息网络体系和“随时、随地、随需”的社会信息服务网络。加强长江中游各城市间政务网络资源共享，推进企业法人、人口、基本公共服务、空间地理、宏观经济信息五大基础数据库建设，推动政府间数据共建共享，建立与公众网络资源相协调的联动机制。制定区域统一的电子商务规范标准，完善电子商务基础平台及服务系统，加快建立长江中游各城市之间的网上支付、数字认证、物流配送、社会诚信体系等电子商务支撑体系和公共信息平台，协同建设长江中游城市群信息港。建立信息安全应急体系合作机制，提高通信网络突发应急事件的处置能力，共同推进网络基础设施与安全保密设施同步规划、建设和使用，加强重要数据在各环节的安全保护。推动长江中游城市城市群城市基础地理测绘信息成果交流与信息平台的共建共享，共同推进以武汉、长沙、南昌为主导力量，省市联合的长江中游城市群基础地理信息平台建设。建立长江中游城市群多源、多尺度、多时态的城市空间数据管理平台，建设三维数字地图系统。加快推进信息网络设施建设，制定长江中游城市群统一的智慧城市建设规划，加快推进宽带网络升级改造，提升城市网络承载能力和速度，切实做好规划衔接。将宽带网络建设作为城乡公共基础设施纳入各城市城乡规划与土地利用总体规划。

参考文献

金建清、范克危：《城市基础设施评价的一种方法》，《郑州大学学报》（自然科学版）2000 年第 32（3）期。

黄金川、黄武强、张煜：《中国地级以上城市基础设施评价研究》，《经济地理》2011 年第 31（1）期。

丁志伟、张改素、王发曾等：《河南省城乡统筹发展的状态评价与整合推进》，《地域研究与开发》2016 年第 35（2）期。

李继清、张玉山、纪昌明等：《突变理论在长江流域洪灾综合风险社会评价中的应用》，《武汉大学学报》2007 年第 4 期。

范斐、杜德斌等：《长江三角洲科技资源配置能力与城市化进程的协调耦合关系研究》，《统计与信息论坛》（CSSCI）2013 年第 28（7）期。

唐明、邵东国等：《改进的突变评价法在旱灾风险评价中的应用》，《水利学报》2009 年第 7 期。

周强、张勇：《基于突变级数法的绿色供应链绩效评价研究》，《中国人口·资源与环境》2008 年第 5 期。

杨先明：《能力结构与东西部区域经济合作》，中国社会科学出版社，2007。

黄宁：《能力结构与经济合作的关系模型研究——以东亚经济合作为例》，《当代经济》2008 年第 19 期。

范斐、杜德斌等：《基于能力结构模型的区域协同创新研究》，《地理科学》2015 年第 35（1）期。

范斐、杜德斌等：《区域科技资源配置效率及比较优势分析》，《科学学研究》2012 年第 30（8）期。

李良华、孙再明、朱焰等：《湖北“建成支点、走在前列”大背景下交通运输发展问题研究》，http：//www. stats – hb. gov. cn/tjbs/qstjbsyxx/111939. htm。

B.5

长江中游城市群生态文明建设协同发展报告*

贺清云　许　骏　欧阳晓　邓杉文奇**

摘　要：　中共十九大将生态文明建设重视程度提升到全新的高度，加强湘、赣、鄂三省的生态文明建设协同发展是实现长江中游城市群可持续发展的关键。本文构建了生态文明综合评价指标体系，对2010~2015年长江中游城市群生态文明建设协同发展状况从生态响应、生态社会、生态经济三个维度进行了评价，研究表明：①长江中游地区生态文明建设整体有向好的趋势，但28个地级市之间的生态文明建设水平存在区域差异，呈现"U"形变化特征；三大城市群内部生态文明建设水平差异明显。②28个地级城市之间生态文明建设大部分处于中度失调及以下的水平，整体表现出协同发展水平不高的特征；空间分布上，呈现"三足鼎立"的态势，协同发展最好的有武汉市、长沙市、南

* 本研究报告为国家发展改革委课题"长江中游城市群协同发展评价与对策研究"的子课题研究成果。

** 贺清云，湖南师范大学资源与环境科学学院教授、博士生导师，湖南省人民政府参事，主要研究方向为人文地理、区域经济学，近年来承担国家自然科学基金项目等30余项，发表论文40多篇，出版专著、教材多部；许骏，湖南师范大学资源与环境科学学院博士研究生，主要研究方向为区域经济与区域发展；欧阳晓，湖南师范大学资源与环境科学学院博士研究生，主要研究方向为城市化与区域可持续发展；邓杉文奇，湖南师范大学资源与环境科学学院硕士研究生，主要研究方向为区域经济与区域发展。

昌市；三大城市群内部生态文明建设协同发展方面，武汉城市圈的生态文明建设的协调程度较低，环长株潭城市群生态文明建设协调程度略优于武汉城市圈，环鄱阳湖城市群生态文明建设协调性相对较好，但协调程度依旧不高。最后，详细分析了长江中游城市群在生态屏障、绿色发展、共建机制等方面存在的问题，提出了生态文明建设协同发展四大任务，并制定了建设与山脉水系相融合的宜居宜业宜游城镇群、打造具有重要影响力的生态型城市群、加快建设“两型”社会引领区、建立科学完善的国土空间开发和保护制度、强化生态环境综合治理的联防联控能力等五大建议。

关键词： 生态文明 协同发展 共建模式 长江中游城市群

在中国经济进入新常态的背景下，基于长三角、珠三角和环渤海三大城市群面临着人口密集度高、城市污染严重、城市扩张难等多种因素的制约，国务院谋划了“长江中游城市群”区域发展战略[①]。2015 年 4 月，国务院正式批复实施《长江中游城市群发展规划》，规划中明确了长江中游城市群是由武汉城市圈、长株潭城市群以及环鄱阳湖生态经济区等 3 个经济区域内众多大、中、小型城市组成的以武汉为核心，长沙与南昌为副中心城市的城市群[②]，承

---

① 何胜、唐承丽、周国华：《长江中游城市群空间相互作用研究》，《经济地理》2014 年第 34（04）期。

② 李雪松、孙博文：《长江中游城市群区域一体化的测度与比较》，《长江流域资源与环境》2013 年第 22（8）期。

载着推动长江中游地区经济发展的重担，并助推中部地区崛起。2017 年 10 月，习近平主席在党的十九大报告中指出：我们要建设的现代化是人与自然和谐共生的现代化，既要创造更多物质财富和精神财富，以满足人民日益增长的美好生活需要，也要提供更多优质生态产品，以满足人民日益增长的优美生态环境需要。因此，长江中游城市群的发展必须坚持节约优先、保护优先、自然恢复为主的方针，共同形成节约资源和保护环境的空间格局、产业结构、生产方式、生活方式①。

一　长江中游城市群生态文明共建现状及研究基础

（一）长江中游城市群生态文明建设的战略背景

1. 推进生态文明建设

党的十八大报告中将“经济、政治、文化、社会建设”的“四位一体”扩展为纳入“生态文明”的“五位一体”，对生态文明建设做出顶层设计。美丽中国建设提速升级，生态文明制度建设步伐加快，制度体系逐步完善。2015 年，《关于加快推进生态文明建设的意见》出台，提出了生态文明建设的总体要求和目标，明确了主体功能定位、创新技术、调整产业结构、发展循环经济等任务，强调建立完善的生态文明制度体系和监督机制。同年 9 月，新出台《生态文明体制改革总体方案》，明确体制改革的总体要求，并提出了自然资源资产产权、空间规划体系、国土空间开发保护和全面节约等方面制度建设的方案。近年来，国家陆续出台了水、大气和土壤防治三大行

① 中国青年网：《实录：习近平总书记在党的十九大的报告》，http：//news. youth. cn/sz/201710/t20171018_ 10888424_ 4. htm，2017 - 10 - 18/2017 - 10 - 25。

动计划，将生态文明建设落到实处。2015 年 1 月 1 日起，新修订的《中华人民共和国环境保护法》实施，这部被称为“史上最严”的环保法为我国生态文明建设提供了有效的法律保障。2017 年党的十九大报告指出，过去五年来，我国生态文明建设成效显著，但是生态环境保护依然任重道远。报告提出建设生态文明是中华民族永续发展的千年大计，到 21 世纪中叶，要把我国建成“富强民主文明和谐美丽的社会主义现代化强国”，把“美丽”纳入强国目标，生态文明建设将迈上新台阶。

2. 长江中游城市群建设

长江中游城市群由于其地理区位和经济基础，在我国具有重要的战略地位。早在 2006 年，国务院出台的《关于促进中部地区崛起的若干意见》中就指出要依托武汉城市圈、长株潭城市群等城市群，带动周边地区经济发展，推动中部地区城镇化。2012 年 8 月发布的《关于大力实施促进中部地区崛起战略的若干意见》提出武汉城市圈、长株潭城市群和环鄱阳湖城市群要加强经济、文化、科技等多方面的交流与合作，以城市群辐射鄂、湘、赣三省，提高中部地区经济实力，促进社会发展，推进长江中游城市群的一体化。2015 年，国家发改委批复《长江中游城市群发展规划》，规划中强调促进长江中游各城市在生态文明与城乡、产业、基础设施、公共服务五大方面协同发展，探索经济发展的新路径，城市群合作的新模式，促进经济社会发展与资源环境相协调，将长江中游城市群打造成长江经济带和国家发展的增长极，并在国际上取得一定影响。2017 年 9 月武九客运专线开通，串联起湖北的武石城际铁路与江西的昌九城际铁路，与沪昆高铁等线路构筑起武汉城市圈、环长株潭城市群和环鄱阳湖城市群间的“铁三角”格局，长江中游城市群迈入“两小时经济圈”，同时与珠三角、长三角之间的交通时间缩短，区位优势及重要性日益凸显。

3. “两型”社会建设

“两型”社会是指资源节约型和环境友好型社会，要求在不牺牲环境的前提下发展经济。由于我国东中西部地区发展存在差异，中西部地区逐渐承接海外及东部地区制造业转移，促使传统工业发展模式向可持续发展的新型工业化转变，是中西部地区本阶段的主要发展任务之一。武汉、株洲等城市作为传统重工业基地，节能减排任务重，产业结构亟须调整；武汉城市圈和长株潭城市群作为中部地区重要的城市集群，东临长江三角洲，南接珠江三角洲，最先承接东南沿海的制造业转移，同时区域内有众多湖泊和山脉，具有重要的生态意义。2007 年 12 月，武汉城市圈和长株潭城市群获批为全国“两型”社会改革试验区，被赋予先行先试的政策创新特权。根据“两型”社会建设综合配套改革试验的要求，试验区要加快转变经济发展方式，探索经济又好又快发展的路径，建立健全有利于节约自然资源和保护生态环境的体制机制，促进社会经济发展与资源、环境相协调，为全国的“两型”社会建设、可持续发展发挥示范作用。

4. 生态经济区建设

鄱阳湖生态经济区。国务院于 2009 年 12 月正式批复《鄱阳湖生态经济区规划》，提出以促进生态和经济社会协调发展为主线，推进规划落地，推进鄱阳湖地区生态环境与经济社会协调发展、人与自然和谐相处，整体提升地区经济实力，在全国乃至世界范围内发挥示范性作用。2014 年 11 月，《江西省生态文明先行示范区建设实施方案》获批，江西省将以鄱阳湖生态经济区建设为龙头，在全省开展生态文明建设，为全域生态文明建设先试先行。

洞庭湖生态经济区。2014 年 4 月，国务院批复《洞庭湖生态经济区规划》，将推进生态文明建设作为主题，把更加秀美富饶的大湖经济区作为建设目标，以创新体制机制为动力，实施洞庭湖经济区规划，切实保障生态、水和国家粮食安全，加快解决血吸虫病等民生问题，促进经济转型升级。2015 年起，环洞庭湖四市一区，即岳阳市、常德市、益阳市、荆州市和长沙市望城区，每年召开洞庭湖生态经济区绿色发展论坛，深入探讨和协商洞庭湖生态经济区发展问题。

（二）长江中游城市群生态文明建设的内涵和意义

1. 生态文明建设的内涵

十八大报告明确指出："建设生态文明，实质上就是要建设以资源环境承载力为基础、以自然规律为准则、以可持续发展为目标的资源节约型、环境友好型社会。"生态文明建设的基本内涵可以从三个方面去理解：一是生态文明体现人与自然和谐共处的关系。人类社会要科学地认识自然，在尊重自然发展规律的前提下科学合理地利用自然。二是生态文明与人类文明息息相关。生态文明是物质、政治、精神和社会文明的重要基础和前提，没有良好和安全的生态环境，其他文明就会失去载体。三是生态文明是时代的主题。绿色发展是当今时代的潮流，要求我们在经济社会和资源环境等领域坚持科学发展观，使所有的发展都体现生态文明的要求。①

2. 践行国家绿色发展理念

当今世界各国和地区都提倡绿色环保，致力于减少资源消耗，绿色发展已经成为世界发展的潮流，十九大报告指出我国已成为全球生态文明建设的重要参与者、贡献者、引领者。目前，我国高度重视资源节约、环境保护，全面推进生态文明建设，"十三五"规划提出"五大发展理念"，将绿色发展作为引领经济社会发展的突出理念，促进人与自然和谐发展、加快建设主体功能区、推进循环

---

① 谷树忠、胡咏君、周洪：《生态文明建设的科学内涵与基本路径》，《资源科学》2013 年第 35（01）期。

低碳发展、全面节约和高效利用资源、加大环境治理力度、筑牢安全屏障①。2015 年 12 月，联合国气候变化大会在巴黎召开，《联合国气候变化框架公约》缔约方通过《巴黎协定》，旨在应对 2020 年后的气候变化问题。中国具有重要的推动作用，同时也是协议坚定的履约国。长江中游城市群是我国国土空间开发的重点区域，也是大江大湖及群山的集聚区，在全国的生态布局中具有重要的意义。生态文明建设是长江中游城市群协同发展的重要环节之一，因此，在城市群建设过程中必须以生态文明建设为理念，不断提升可持续发展能力，共同构筑生态屏障，促进城市群绿色发展，形成人与自然和谐发展的良好格局②。

3. 为区域生态文明建设做示范

山脉、河流、湖泊等自然地理事物体量较大，往往横跨几个行政区，而大气、河流等具有流动性，在自然环境的整体性与流动性并存的情况下，一旦局部的生态环境问题得不到及时治理，就会产生“脱域”的生态危机，跨过行政区域，波及周边地区。因此，要防止“脱域”生态危机发生，及时应对突发环境事故，就必须使得区域内不同的行政单位进行集体行动。③ 目前我国跨区域的生态保护与环境治理行为大多来源于区域性的突发环境污染事件的处理或是上级规划和行政命令，且大多倾向于对污染事件进行末端治理，而非具有前瞻性的跨区域联合预防。长江中游城市群进行生态文明建设，推广“两型”社会建设经验，建立跨行政区的联防联动机制，在源头预防和末端治理方面探索稳定的、有效的合作方式与机制，探索跨行政区

① 《中共中央关于制定国民经济和社会发展第十三个五年规划的建议》，《人民日报》2015 年 11 月 4 日第 001 版。

② 李志萌、张宜红：《共建长江中游城市群生态文明》，《江西日报》2015 年 6 月 15 日第 B03 版，http：/epaper. jxnews. com. cn/jxrb/html/2015 –06 /15 / content_ 309429. Htm。

③ 金太军、唐玉青：《区域生态府际合作治理困境及其消解》，《南京师大学报》（社会科学版）2011 年第 5 期。

的区域性生态文明建设的可行道路，为其他城市群提供示范性、可推广的经验。

4. 促进国家发展战略实施

十九大报告提出“经过长期努力，中国特色社会主义进入了新时代，这是我国发展新的历史方位”。在十九大报告中，习近平总书记对新时代中国社会主要矛盾变化给出了新的定义：我国社会主要矛盾已经转化为人民日益增长的美好生活需要和不平衡不充分的发展之间的矛盾。长江中游城市群是我国中部地区人口聚居、经济活动最密集的地区，作为承接东西、连通南北的中心地区，进行生态文明建设，转变经济发展方式有利于缩小我国各区域之间的发展差异，促进区域平衡。随着“一带一路”建设的推进，国家战略布局正由东南沿海向内陆转移，中部地区面临转变经济发展方式的任务，长江中游城市群作为国家中部崛起战略的重点实施区域，进行生态文明建设，探索经济绿色发展道路，有利于引领中部地区崛起。长江中游城市群是长江经济带的重要部分，进行生态文明建设有益于联通上游与下游生态环境，保护长江水环境，促进长江经济带可持续发展。

（三）长江中游城市群生态文明建设的现实基础

1. 生态文明制度体系构建

为改变以往唯 GDP 论成败的局面，鄂、湘、赣三省生态文明考核办法逐步出台，对各地区经济、社会与环境综合发展水平进行评价，更加注重地区的协调、可持续发展。2013 年，江西省发布了《市县科学发展综合考核评价实施意见》，该意见将生态环境纳入考核体系，与党的建设和经济发展及成效、社会建设和民生工程一起作为市县科学发展水平的考核内容；湖北省发布了《湖北生态文明建设考核办法（试行）》，考核内容包括组织领导、保障机制、综合水平、重点任务、日常工作和附加考核六大部分，其中综合水平权重最高，是评价生态环境质量和反映该地区生态文明综合水平的重要指标；湖南省以韶山市作为绿色 GDP 评价试点，形成绿色 GDP 考核评价体系，发布绿色发展指数，编制自然资源资产负债表，改革传统 GDP 考核方式。

长江中游城市群初步建立起生态环境合作机制。2012 年初，鄂、湘、赣三省签订长江中游城市群战略合作框架协议，此协议开启了长江中游城市群生态环境合作时代。自 2013 年开始，长江中游城市群省会城市定期召开会商会即长江中游城市群 C4 峰会，先后签署了《武汉共识》、《长沙宣言》、《合肥纲要》和《南昌行动》等协议，在推进生态文明建设、争取国家重大环保项目布局、开展环保科学技术交流等方面达成共识；2017 年，在武汉召开的第五届会商会上，各与会代表审议并共同签署《长江中游城市群省会城市合作行动计划（2017 ~2020 年）》，长江中游城市群的合作进一步深化，提出到 2020 年，初步建立以省会城市为中心的三省环保联动机制，打造沿江防护林体系，完善长江中游城市群天然生态屏障，构建城市群生态文明建设合作与交流的长效机制。

2. 重要山脉水系等生态系统的保护与修复

长江治理与保护。湖北省通过“治水、治企、治岸、治人”的“四治”方案对长江流域展开专项治理，实施“截污、清污、减污、控污、治污”工程，对沿江 488 家重化工及造纸行业企业开展清理整顿，全省设立了 63 个跨界考核断面，对湖北境内长江干流和一级支流河口断面全覆盖监测考核，并推进梁子湖、洪湖、丹江口水库、漳河水库等国家良好湖泊生态环境保护试点建设，切实改善水环境质量。江西省在长江江西段建设防护林，在打造水源涵养林、护岸林、水土保持林的同时，实施全流域天然林保护工程，修复退化林、改造低产低效林及培育幼苗。湖南省积极对洞庭湖污染进行治理，从 2017 年起率先在长江流域水生生物保护区实施全面禁捕，同时开展增殖放流和渔业产业转型的工作，保护长江水生态。

罗霄山生态保护。罗霄山跨湖南、江西两省，涵盖了武功山、万羊山等山地，是我国南方地区重要生态安全屏障。2013 年，《罗霄山片区区域发展与扶贫攻坚规划（2011 ~ 2020 年）》获国务院批准，规划中提出将经济发展与生态保护相结合，要以增强水土保持和水源涵养能力，维护生物多样性，提升生态环境质量为发展目标，协调罗霄山片区经济社会发展与生态环境保护，建立健全生态补偿机制，继续开展重点生态工程建设，大力推进生态文明建设。2016 年，罗霄山片区精准提升造林绿化和森林质量。全年造林 28 万亩，改造低产低效林 19 万亩，抚育森林 158.6 万亩，造林绿化水平增强，林分结构优化，森林质量提高，生态环境得到保护。

洞庭湖水环境综合治理五大专项行动。2016 年 3 月，湖南省启动洞庭湖水环境综合治理五大专项行动，截至 2016 年底，累计完成大中型沟渠疏浚 5844 公里、小微沟渠疏浚 14538 公里，整治农村重点塘堰 1.5 万余口；关停或搬迁禁养区畜禽养殖场 4633 户，清理水产养殖网箱 1.6 万口，清理河湖岸线 3100 公里，排查排污口 482 个。洞庭湖水质得到明显改善，水环境呈现水体变清、水质变好、水流变畅的良好趋势。

其他河流。①湘江。湖南省政府将湘江的保护和治理作为“一号重点工程”，从 2013 年开始，以“堵源头调结构并举”和“巩固提升”为阶段目标，连续实施三个“三年行动计划”，从源头控制污染以确保湘江水质，实现流域内水质量提高，沿岸环境良好。至 2017 年，第一个“三年行动计划”已经完成，湘江的水环境质量得到改善，污染减排效果明显。②赣江。江西省自 1995 年起开展“环保赣江行”活动，实地检查赣江流域环境情况，责成有关单位研究处理调研中发现的不同问题。2017 年“环保赣江行”活动的主要任

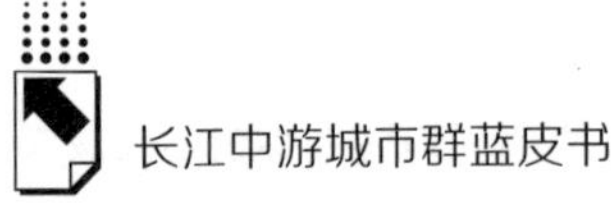

务是推动流域内各地落实“河长制”，将保护河流的任务分配到人，加强全流域的水污染综合防治。

3. “两型”社会建设

2007 年 12 月 14 日，武汉城市圈和长株潭城市群获批全国资源节约型和环境友好型社会（以下简称“两型”社会）建设综合配套改革试验区。湖北省大力治理污染，责令停产、关闭重污染企业，淘汰黄标车，通过立法，出台了《湖北省水污染防治条例》、《湖北省湖泊保护条例》，依法护水。通过《关于农作物秸秆露天禁烧和综合利用的决定》，改变传统秸秆的处理方式，综合利用，变废为宝。截至 2016 年，湖北碳市场总成交量和成交总额占全国碳市场八成左右份额，成为全国首个“亿吨俱乐部”成员。湖南省先行先试，在全国率先建立起两型综合评价体系，在两型采购、农村环境治理、绿色发展评价指标体系、两型示范创建、城市环境综合治理、两型标准体系建设、绿心规划编制与实施等方面累积了丰富的经验。长株潭城市群进行“两型”社会建设综合配套改革十年以来成效显著，作为核心的长沙、株洲、湘潭三市，在占全省 12.8% 的土地面积上，为全省贡献了 43.8% 的 GDP。与此同时，长株潭三市的 GDP 能耗较改革之前降低了 50% 以上，打造了长沙光明村、株洲泰西社区、湘潭清溪镇等一批两型示范创建范本。2014 年 11 月，《江西省生态文明先行示范区建设实施方案》批复，江西省全境被纳入生态文明先行示范区。此后，江西省确立了重点开发区、限制开发区、禁止开发区三大主体功能区；确定了生态红线和空间规划制度；全省、全流域的生态补偿机制和流域管理制度建设取得阶段性成果；基本形成了生态文明考核评价体系。

4. 循环经济发展所取得的重要成果

湖北省将节能环保产业作为重要的战略性新兴产业，鼓励发展循环经济，督促企业进行清洁生产，建立环保产业体系，培育循环经济龙头企业，如格林美在废旧电池、旧电视机、旧冰箱中实现回收利用。此外，以清洁生产、降低能耗为核心，加快发展循环经济、低碳技术，完善城镇污水处理厂及配套管网，大力开发新能源，可再生资源，推广使用节能环保产品。再生资源回收利用等多项指标跻身全国第一方阵。

湖南省政府通过两型产品标准体系建设、两型产品认定、两型采购等程序化、法治化的绿色制度建设，推动形成资源节约、环境友好的产业体系，促进产业转型升级。如以远大为代表的两型建筑被纳入两型产品目录之后，绿色住宅不断发展，成为新的经济增长点。湖南省目前建成了汨罗和耒阳两个循环经济产业园，汨罗循环经济产业园作为国家首批循环经济试点、国家循环经济标准化试点、国家首批“城市矿产”示范基地，形成了以再生资源回收拆解加工、电子信息技术为主导的产业集群。耒阳循环经济产业园以有色金属冶炼为起点，有色金属精深加工为主导发展综合型循环经济。

江西省初步构建了较为完善的循环型产业体系、资源节约利用体系、资源再生利用体系、科技创新支撑体系和示范推广体系，从企业、园区、区域和社会等多个维度促进循环经济发展。其中，铜冶炼生产全流程自动化、硅衬底高光效 GaN 基蓝色发光二极管、车辆轮轨诱发的环境振动与噪声控制等关键技术获得突破性进展，填补了国内技术空白，并且投入生产实现产业化，而大极板铜电解自动化生产线成套技术及装备获得国家技术发明奖。

（四）国内外流域城市群生态文明共建的典型模式

1. 体制改革、科学管理、先进技术促进流域生态发展——泰晤士河模式

泰晤士河被称为“英国的母亲河”，流经伦敦等 10 多个城市，流域面积广阔。泰晤士河是伦敦最主要的饮水和工业用水水源，其水

质与当地居民生活生产息息相关。在 1800 ~ 1850 年和 1900 ~ 1950 年这两个时期，泰晤士河遭到严重污染，水质不断恶化。此后，泰晤士河经历了两次生态治理。首先，英国为了对泰晤士河进行统一的规划和管理，成立治理专门委员会和泰晤士河水务局；其次，制定一系列水污染防治的政策和法规，对水资源的保护利用和水污染检测提供法律保障；最后，英国政府投入大量的资金，将先进的科技应用于泰晤士河治理。科学的管理方法、大胆的体制改革以及最先进的科学技术，使得泰晤士河流域的生态治理取得了良好的效果，被称为“水工业管理的一次大革命”。

2. 重点开发与保护水资源，科技创新带动流域整体发展——莱茵河模式[①]

莱茵河全长 1320 公里，流域面积 185000 平方公里，自阿尔卑斯山发源，流经瑞士、德国、奥地利、法国、卢森堡、比利时和荷兰等国家。莱茵河沿岸的人口和工业密度极大，人类生活生产带来了大量生活污水和工业废水，部分污水未经处理排入河道，使得莱茵河水质下降。1950 年，瑞士、法国、德国、卢森堡和荷兰五国联合成立保护莱茵河国际委员会（International Commission for the Protection of the Rhine，ICPR），其性质为开展莱茵河环保工作的跨国管理和协调组织。此外，德国先后出台了《环境信息法》、《洗涤剂和清洁剂法规》、《污水收费法》等法律法规，严格控制水污染源，科学利用莱茵河水资源。莱茵河沿岸各国利用各自区位优势，大力发展科学技术，利用科技创新引领城市产业升级，转变传统高污染高能耗的发展模式，建立起莱茵河沿岸产业经济带。

3. 地方政府协作主导，由上而下共建生态文明——长三角城市群模式

2002 年 4 月，第二次沪苏浙经济与合作发展座谈会在扬州召

① 马静、邓宏兵：《国外典型流域开发模式与经验对长江经济带的启示》，《区域经济评论》2016 年第 2 期。

开，提出要建设“绿色长江三角洲”，长三角城市群将生态环境友好纳入发展目标。2004 年，《长江三角洲区域环境合作宣言》发布，这是国内第一份区域环境合作宣言，长三角城市群在生态环境合作方面迈出一大步；2008 年 12 月，长三角城市群达成《长江三角洲地区环境保护工作合作协议（2008～2010 年）》，共同建立完善区域环境与应急联动、区域环境信息共享与发布的机制。次年 4 月，在上海召开了长三角地区环境保护合作第一次联席会议，此次会议中，长三角地区启动环境保护实质性工作，基本确定了长三角城市群生态环境保护合作的具体工作方案。2010 年，《长江三角洲地区区域规划》获批，加强环境保护，推进生态文明建设，建设资源节约型和环境友好型社会、提高区域可持续发展能力等内容被写入该规划，长三角城市群生态文明共建迈上新台阶。

4. 国内外城市群生态文明共建借鉴意义

英国泰晤士河的跨区域治理、德国莱茵河的跨国治理以及长三角地区的跨区域生态环境建设在合作机制、合作方式上都取得了一定的成效。这些地区的主要经验是：①突破行政边界的限制，积极对话，建立起长效的合作机制，开展区域生态环境合作。②设置有效的管理机构，调整组织方式，保证跨区域生态环境建设的长期稳定。③注重规划和战略，对流域内生态环境建设进行科学规划，有序发展。④制定严格的法律法规，规范生活生产行为，为跨区域的生态环境建设提供法律保障。⑤改变以资源消耗、环境破坏为代价的经济增长方式，利用科技创新推动产业升级，引领城市群经济发展。目前长江中游城市群已经开展了多方面的合作，生态文明共建的机制也已初步建立，但是一方面缺乏专门的管理机构进行统一协调管理，区域内各行政区环境法规与标准不一，跨区域的环境执法难度较大；另一方面，科学技术创新对经济发展的引领能力不足，产业亟须转型升级。

二　长江中游城市群生态文明建设协同发展评价

（一）研究区域概况

2015 年，长江中游城市群拥有人口 12058.29 万人，面积 330435 平方公里；地区生产总值达到 65306 亿元，在全国城市群中排名第 5，经济增量超过 5586 亿元；2010～2015 年，城市化率从 49.2% 提高到 55.1%，增幅高于同等级别的城市群。长江中游城市群正处于发展的初始阶段，在推动城市化和经济的快速发展方面拥有前所未有的动能，如何促使城市化和生态环境协同发展是未来长江中游城市群面临的难题。本文以长江中游城市群地区为研究对象（因为武汉城市圈中的仙桃市、潜江市、天门市三个城市属于副地级市，为了对比的合理性，去掉了这三个城市，针对其他的 28 个地级市进行研究）。

（二）城市群生态文明建设评价指标体系构建

我国大多数的生态文明建设研究采用综合的指标评价，主要按照"目标—系统—变量（指标）"的思路，根据各自对生态文明概念的理解，构建不同的生态文明建设体系，并提出了大量相似或相异的指标，如高珊①、蒋小平②、王贯中③等。综合前人研究成果，本文根据生态文明建设的三个层次：生态社会、生态响应以及生态经济，构建了生态文明水平评价指标体系（见表 1）。

① 高珊、黄贤金：《基于绩效评价的区域生态文明指标体系构建——以江苏省为例》，《经济地理》2010 年第 30（05）期。

② 蒋小平：《河南省生态文明评价指标体系的构建研究》，《河南农业大学学报》2008 年第 1 期。

③ 王贯中、王惠中、吴云波、黄娟：《生态文明城市建设指标体系构建的研究》，《污染防治技术》2010 年第 23（01）期。

表1 长江中游城市群生态文明水平评价指标体系

一级指标	权重	基础指标层	权重
生态社会	0.38	人口密度(人/平方公里)	0.16
		公园绿地面积(公顷)	0.32
		建成区绿化覆盖率(%)	0.28
		全社会固定资产投资总额(万元)	0.24
生态响应	0.33	工业废水排放量(吨)	0.23
		工业二氧化硫排放量(吨)	0.22
		生活垃圾无害化处理率(%)	0.16
		工业固体废物综合利用率(%)	0.19
		工业烟尘去除率(%)	0.20
生态经济	0.29	第三产业增加值占 GDP 比重(%)	0.29
		科学技术支出(万元)	0.26
		社会消费品零售总额(万元)	0.22
		地方财政一般预算内收入(万元)	0.23

(三)长江中游城市群生态文明建设综合评价

1. 数据来源

数据主要来源于湘赣鄂三省的统计年鉴以及水资源公报和《中国城市统计年鉴》，时间期限为2011~2016年。长江中游城市群各个地级市的行政界线的数据来源于全国1:400万的基础数据。

2. 评价模型

TOPSIS 法是基于对研究方案的最优和最劣的解答结果进行顺序的安排。熵值法是根据指标的信息量的大小确定其重要程度，能够准确评价生态文明的水平。评价方法主要的步骤如下：

(1) 根据 m 个研究对象以及综合评价指标体系 n 个指标，建立

矩阵 Z：

$$Z = (z_{ij})_{m \times n}(i = 1,2,\cdots\cdots,m,\ j = 1,2,3\cdots\cdots,n) \tag{1}$$

（2）对判断矩阵进行标准化处理：

$$\begin{aligned} &\text{正向指标}: Z'_{ij} = z_{ij} - z_{\min}/z_{\max} - z_{\min} \\ &\quad (z_{\max}、z_{\min}\ \text{分别为同一指标下的最大值、最小值}) \\ &\text{逆向指标}: Z'_{ij} = z_{\max} - z_{ij}/z_{\max} - z_{\min} \\ &\quad (z_{\max}、z_{\min}\ \text{分别为同一指标下的最大值、最小值}) \end{aligned} \tag{2}$$

（3）熵值计算：

$$e_j = -k\sum f_{ij}\ln f_{ij}, \text{其中}, f_{ij} = z'_{ij}/\sum z'_{ij}, k = 1/\ln m \tag{3}$$

（4）定义指标 j 的权重：

$$w_j = g_j/\sum g_j, \text{其中}, g_j = 1 - e_j \tag{4}$$

（5）计算加权矩阵：

$$R = (r_{ij})_{m \times n}, r_{ij} = w_j Z'_{ij}(i = 1,2,3\cdots m,\ j = 1,2,3\cdots n) \tag{5}$$

（6）确定最优解 S_j^{+} 和最劣解 S_j^{-}：

$$S_j^{+} = \max(r_{1j}, r_{2j}, \cdots, r_{nj}),\ S_j^{-} = \min(r_{1j}, r_{2j}, \cdots, r_{nj}) \tag{6}$$

（7）计算各方案与最优解和最劣解的欧式距离：

$$sep_i^{+} = \sqrt{\sum_{j=1}^{n}(s_j^{+} - r_{ij})^2}, sep_i^{-} = \sqrt{\sum_{j=1}^{n}(s_j^{-} - r_{ij})^2} \tag{7}$$

（8）计算综合评价指数：

$$C_i = \frac{sep_i^{-}}{sep_i^{+} + sep_i^{-}}, C_i \in [0,1] \tag{8}$$

式中：C_i 值越大表征评价对象越优。

3. 结果与分析

（1）权重分析

生态社会方面（0.38）。人口密度（0.16）对生态文明的影响主要表现为，随着城市化的快速发展，人口加速集聚，人口密度不断增大，人们的消费能力提高，导致资源消耗加速增长，同时，人均资源占有量剧减，使得生态环境的压力增大。公园绿地面积（0.32）、建成区绿化覆盖率（0.28）对生态文明的影响主要表现为，城市建成区面积的扩大，导致土地资源日益紧张，而对城市的公园绿地以及建成区的绿化两个方面的建设，是缓解城市光污染、噪声污染以及改善空气质量的有效手段，能改善整个城市的生态环境。全社会固定资产投资总额（0.24）对生态文明的影响主要表现为，投资总额直接影响一个城市的发展，城市越发达投资总额越大，能改善整个城市的公共设施，改变人们的思想和观念，从而影响资源消耗和环境保护的效果。

生态响应方面（0.33）。工业废水排放量（0.23）、工业二氧化硫排放量（0.22）对生态文明的影响主要表现为，城市的产业在不断集聚，能源消耗加剧了资源方面的压力，废水和二氧化硫的排放，直接破坏了生态环境，造成了城市一系列的环境问题。生活垃圾无害化处理率（0.16）、工业固体废物综合利用率（0.19）以及工业烟尘去除率（0.20）对生态文明的影响主要表现为，城市随着经济发展水平的不断提升，为污染物集中控制以及治理提供了技术和便利，大大缓解了污染物对生态环境的破坏。

生态经济方面（0.29）。第三产业增加值占GDP比重（0.29）、科学技术支出（0.26）、社会消费品零售总额（0.22）以及地方财政一般预算内收入（0.23）对生态文明的影响主要表现为，生态经济发展改变了城市生活方式、价值观念以及城市文明，是城市发展的较高层次，是生态文明建设的基础。

总体上来看，公园绿地面积、建成区绿化覆盖率、工业废水排放量和工业二氧化硫排放量对长江中游城市群的生态环境综合效益具有较大的贡献比例。然而，生态社会和生态响应是影响生态环境综合效益的最重要的两个因素，分别占据了38%和33%的比重。

(2) 生态文明综合水平分析

通过上述方法进行计算，可以得到长江中游城市群生态文明建设综合评价结果，见表2。

表2　2010～2015年长江中游城市群生态文明建设综合评价结果

地区	城市	2010年	2011年	2012年	2013年	2014年	2015年	平均	排名
湖北省内城市	武汉市	0.70	0.74	0.61	0.75	0.75	0.78	0.72	1
	黄石市	0.27	0.35	0.29	0.33	0.31	0.30	0.31	26
	鄂州市	0.34	0.37	0.33	0.41	0.34	0.33	0.35	12
	黄冈市	0.32	0.36	0.35	0.32	0.31	0.30	0.32	21
	孝感市	0.33	0.38	0.36	0.31	0.29	0.28	0.32	23
	咸宁市	0.31	0.35	0.29	0.34	0.32	0.34	0.33	20
	襄阳市	0.28	0.41	0.29	0.32	0.35	0.31	0.33	19
	宜昌市	0.28	0.29	0.21	0.27	0.30	0.22	0.26	28
	荆州市	0.35	0.35	0.30	0.24	0.29	0.22	0.29	27
	荆门市	0.30	0.35	0.28	0.35	0.33	0.31	0.32	24
	平均值	0.35	0.40	0.33	0.36	0.36	0.34	0.36	
湖南省内城市	长沙市	0.70	0.64	0.58	0.62	0.60	0.58	0.62	2
	株洲市	0.34	0.41	0.34	0.38	0.37	0.36	0.37	10
	湘潭市	0.35	0.40	0.34	0.41	0.39	0.39	0.38	7
	岳阳市	0.35	0.39	0.30	0.34	0.34	0.33	0.34	14
	益阳市	0.38	0.37	0.34	0.35	0.39	0.32	0.36	11
	常德市	0.35	0.39	0.32	0.44	0.37	0.39	0.38	8
	衡阳市	0.36	0.40	0.25	0.31	0.34	0.31	0.33	18
	娄底市	0.32	0.39	0.35	0.29	0.35	0.30	0.33	16
	平均值	0.40	0.42	0.35	0.39	0.39	0.37	0.39	

续表

地区	城市	2010年	2011年	2012年	2013年	2014年	2015年	平均	排名
江西省内城市	南昌市	0.51	0.51	0.44	0.52	0.51	0.51	0.50	3
	九江市	0.36	0.42	0.31	0.33	0.27	0.26	0.32	22
	景德镇市	0.37	0.43	0.53	0.45	0.37	0.39	0.42	5
	鹰潭市	0.31	0.34	0.35	0.37	0.33	0.33	0.34	15
	新余市	0.35	0.39	0.45	0.48	0.38	0.37	0.40	6
	宜春市	0.29	0.34	0.28	0.33	0.33	0.28	0.31	25
	萍乡市	0.37	0.40	0.39	0.37	0.34	0.34	0.37	9
	上饶市	0.33	0.35	0.30	0.34	0.32	0.37	0.33	17
	抚州市	0.46	0.43	0.40	0.45	0.42	0.41	0.43	4
	吉安市	0.32	0.35	0.31	0.39	0.36	0.36	0.35	13
	平均值	0.37	0.40	0.38	0.40	0.36	0.36	0.38	

长江中游地区城市之间生态文明建设情况对比分析如下。①城市生态文明建设平均水平存在明显的区域差异。2010～2015年，武汉市、长沙市、南昌市三市的生态文明建设平均水平最高，而宜昌市最低。抚州市、景德镇市、新余市、湘潭市、常德市、萍乡市、株洲市分别位列第4～10位，其中环长株潭城市群3个，环鄱阳湖城市群3个；益阳市、鄂州市、吉安市、岳阳市、鹰潭市、娄底市、上饶市、衡阳市、襄阳市、咸宁市分别位列第11～20位，其中武汉城市圈、环长株潭城市群、环鄱阳湖城市群分别占据2个、4个、2个；黄冈市、九江市、孝感市、荆门市、宜春市、黄石市、荆州市、宜昌市分别位列第21～28位，其中武汉城市圈、环鄱阳湖城市群分别占据3个、1个。②城市生态文明建设水平存在波动变化。2010～2012年，从表2可以看到，除了黄石市、黄冈市、孝感市、襄阳市、娄底市、景德镇市、鹰潭市、新余市、萍乡市等9个城市以外，其他19个城市的生态文明建设综合得分都降低了或没有变化。其中，长沙市的得分由0.70降到0.58，降幅达到17.14%。因此可以发现，这个阶段

的长江中游地区大部分城市注重经济的发展而忽略了生态文明的建设，从而导致生态文明建设的水平降低。2012～2015 年，从表 2 可以得到，上个阶段处于下降的城市基本上在这个阶段实现了生态文明建设综合水平的增长，其中益阳市和九江市在 2010～2012 年和 2012～2015 年的生态文明建设的综合得分都是降低的。2012～2015 年，武汉市的生态文明建设综合得分由 0.61 增加到 0.78，增幅达到 27.87%，是 28 个城市中发展最好的城市。

长江中游地区三大城市群之间生态文明建设情况对比分析如下。长江中游城市群整体生态文明建设水平呈现出明显的上升趋势，但是各个地区呈现出不同的建设程度。长江中游地区中，三大城市群生态文明建设的平均水平最高的地区为武汉城市圈，2010～2015 年综合得分为 0.392，环鄱阳湖城市群、环长株潭城市群的生态文明建设综合得分为 0.39。每个城市群内部的建设水平也存在一定的差异。

长江中游地区三大城市群内部生态文明建设情况对比分析如下。2010～2015 年，长江中游地区三大城市群内部生态文明建设存在不均衡的发展。①武汉城市圈内部，武汉市得分最高，黄石市排名最后，两者的 2015 年生态文明建设综合得分相差 0.48，相差之大足以表现出武汉城市圈内部生态文明建设存在较为明显的不均衡发展的现象；②在环长株潭城市群的所有城市中，长沙市最优，衡阳市最差，两者的 2015 年生态文明建设综合得分相差 0.27，相比武汉城市圈最大差而言，环长株潭城市群之间的差异明显要小，而其他城市的生态文明建设综合得分均处于 0.3 左右，排名状况处于中游水平，说明环长株潭城市群内部生态文明建设存在差距，但是差距可以在短时间内得到改善；③环鄱阳湖城市群内部，南昌市得分最高，九江市得分最低，两者的 2015 年生态文明建设综合得分相差 0.25，是三个城市群内部城市差距最小的，但 2012～2015 年，环鄱阳湖城市群内部城市的生态文明建设得分有将近一半处于下降的态势，说明环鄱阳湖城市群虽然内部城市之间差异小，但是要注重生态文明建设的投入，提高生态文明建设的综合水平。

2010~2015 年，长江中游城市群生态文明建设取得了一定的效果，但是各个单独的指标以及综合评价的结果体现出该区域的生态文明发展仍然存在问题。下面对该区域存在的几方面的问题进行分析。

生态社会方面。武汉、长沙、南昌等省会城市人口集聚度高，城市化水平高，经济发展程度高，但同时区域的生态承载力有限，人均资源拥有量逼近承载力的最大值，对资源环境造成了巨大的压力。同时，长江中游城市群在绿地建设、植被种植方面做了很多工作，取得了不错的效果，但是，仍不能满足居民对生态的需求。

生态响应方面。长江中游城市群各城市对环境保护工作特别关注，分别出台了环境保护专项规划以及一些与环境保护相关的规划，比如环长株潭城市群出台的《环长株潭城市群两型社会发展规划》，在环境保护方面产生了一定的正面效果，建成区的绿地面积得到增加。同时，每年环保投入增加，对于污染物和污染源进行监督和控制，改善了区域内的水质和空气质量，区域生态安全指数得到提高。但总体水平不高，存在一定的风险，废水、废气、固体废弃物的排放方面还有待完善。比如区域内的主要河流的金属污染问题、工业的 SO_2 排放问题。

生态经济方面。在长江中游城市群产业结构中工业占主要的地位，第三产业的占比相对偏低，近年来，各个城市重点发展战略性新兴产业，取得一定成效，产业结构得到改善，但仍然存在耗能高、污染大的问题，直接关系着长江中游城市群的生态文明建设。

在未来的发展中需要通过生态社会、生态响应以及生态经济等方面的综合作用，共同促进长江中游城市群地区生态文明建设水平提升。

（四）生态文明共建协同指数构建及分析

为了进一步测算各个城市的生态文明建设协同发展的情况，本文引入了协同度的计算，目前协同度已被广泛地应用到生态文明建设的协同发展研究中。

1. 协调评价模型

耦合度是一个物理学概念。本文选择数理统计学中的变异系数法进行衡量。若系统之间协同，则意味着几个系统之间的耦合度较小。设 $S_{(x)}$、$R_{(y)}$ 及 $E_{(z)}$ 在某一时刻的耦合度为 C，则：

$$C = \left\{ \frac{S(x) \times R(y) \times E(z)}{\left[\frac{S(x) + R(y) + E(z)}{3} \right]^3} \right\}^k$$

进一步构造生态文明建设的耦合协调度模型，以判别生态文明建设的协调程度，可得：

$$T = \alpha S(x) + \beta R(y) + \gamma E(z)$$

$$D = \sqrt{\mathrm{C} \times \mathrm{T}}$$

式中：C 为耦合度，$S_{(x)}$、$R_{(y)}$ 及 $E_{(z)}$ 分别表示生态社会、生态响应和生态经济三个子系统。在生态文明建设发展综合体系中，C 代表生态文明建设的耦合度；D 代表生态文明建设的耦合协同度，T 代表生态文明建设三个子系统的综合调和指数。α、β、γ 为待定系数，分别代表生态社会、生态响应和生态经济三个子系统的贡献份额，因为三个子系统对生态文明的贡献是相同的，所以，本文选取等值处理。D 值越高，说明协同发展程度越高；反之，则越低[①②③]。

---

① 方创琳、鲍超：《黑河流域水—生态—经济发展耦合模型及应用》，《地理学报》2004 年第 59（05）期。

② 高楠、马耀峰、李天顺等：《基于耦合模型的旅游产业与城市化协调发展研究——以西安市为例》，《旅游学刊》2013 年第 28（01）期。

③ 王毅、丁正山、余茂军等：《基于耦合模型的现代服务业与城市化协调关系量化分析——以江苏省常熟市为例》，《地理研究》2015 年第 34（01）期。

2. 等级划分

本文参考王少剑等[①]分类体系，设定长江中游城市群生态文明协同发展的等级划分标准，见表3。

表3 生态文明建设协调类型划分

协调发展度	0～0.09	0.10～0.19	0.20～0.29	0.30～0.39	0.40～0.49
协调等级	极度失调	严重失调	中度失调	轻度失调	濒临失调
协调发展度	0.50～0.59	0.60～0.69	0.70～0.79	0.80～0.89	0.90～0.99
协调等级	勉强协调	初级协调	中级协调	良好协调	优质协调

3. 结果与分析

通过上述公式计算，可以得到2010～2015年长江中游城市群生态文明建设协调发展度，见表4。

表4 2010～2015年长江中游城市群生态文明建设协调发展度

地区	城市	2010年	2011年	2012年	2013年	2014年	2015年	平均
湖北省内城市	武汉市	0.35	0.38	0.43	0.43	0.42	0.41	0.40
	黄石市	0.24	0.11	0.11	0.11	0.11	0.15	0.14
	鄂州市	0.10	0.01	0.02	0.02	0.01	0.02	0.03
	黄冈市	0.11	0.09	0.11	0.11	0.13	0.12	0.11
	孝感市	0.21	0.14	0.11	0.11	0.11	0.10	0.13
	咸宁市	0.15	0.12	0.11	0.11	0.10	0.09	0.11
	襄阳市	0.22	0.12	0.12	0.12	0.20	0.21	0.17
	宜昌市	0.26	0.20	0.19	0.19	0.19	0.19	0.20
	荆州市	0.18	0.14	0.19	0.19	0.16	0.18	0.18
	荆门市	0.13	0.06	0.07	0.07	0.08	0.10	0.09
	平均值	0.19	0.14	0.15	0.15	0.15	0.16	0.16

① 王少剑、方创琳、王洋：《京津冀地区城市化与生态环境交互耦合关系定量测度》，《生态学报》2015年第35（07）期。

续表

地区	城市	2010 年	2011 年	2012 年	2013 年	2014 年	2015 年	平均
湖南省内城市	长沙市	0.47	0.39	0.43	0.43	0.43	0.43	0.43
	株洲市	0.23	0.15	0.18	0.18	0.18	0.18	0.18
	湘潭市	0.22	0.13	0.15	0.15	0.17	0.18	0.17
	岳阳市	0.28	0.18	0.17	0.17	0.21	0.27	0.21
	益阳市	0.16	0.11	0.15	0.15	0.20	0.20	0.16
	常德市	0.24	0.18	0.24	0.24	0.23	0.26	0.23
	衡阳市	0.25	0.17	0.21	0.21	0.23	0.23	0.22
	娄底市	0.16	0.06	0.11	0.11	0.11	0.13	0.11
	平均值	0.25	0.17	0.20	0.20	0.22	0.23	0.21
江西省内城市	南昌市	0.37	0.33	0.33	0.33	0.34	0.33	0.34
	九江市	0.24	0.24	0.25	0.25	0.26	0.22	0.24
	景德镇市	0.14	0.13	0.14	0.14	0.13	0.14	0.14
	鹰潭市	0.05	0.02	0.05	0.05	0.04	0.06	0.04
	新余市	0.15	0.12	0.19	0.19	0.16	0.19	0.17
	宜春市	0.10	0.09	0.11	0.11	0.15	0.12	0.12
	萍乡市	0.11	0.13	0.15	0.15	0.14	0.16	0.14
	上饶市	0.22	0.18	0.21	0.21	0.23	0.19	0.21
	抚州市	0.15	0.06	0.09	0.09	0.09	0.08	0.09
	吉安市	0.15	0.12	0.17	0.17	0.14	0.10	0.14
	平均值	0.17	0.14	0.17	0.17	0.17	0.16	0.16

长江中游地区三大城市群内部生态文明建设协同发展情况对比分析如下。从表4 可以得出，2010 ~2015 年长江中游城市群生态文明建设的协调程度不高。①武汉城市圈的协调程度相对其他两个城市群最低，除了武汉市协调效果较好以外；其他城市的协调程度基本上为严重失调，其中鄂州市处于极度失调的状态。②环长株潭城市群协调程度比武汉城市圈、环鄱阳湖城市群好，其中长沙市的协同度是长江中游城市群协调程度最高的城市；常德市、衡阳市和岳阳市的协调程

度相对较好；而其他城市大部分年份是处于严重失调的状态。③环鄱阳湖城市群生态文明建设协调性相对较好，但协调的程度依旧不高。南昌市的生态文明建设协调程度各年份均处于轻度失调，协调发展度呈现波动变化；其中，九江市和上饶市各个年份基本处于中度失调；景德镇市各个年份均处于严重失调；鹰潭市的生态文明建设协调程度最低，各个年份均处于极度失调。

长江中游地区城市之间生态文明建设协同发展情况对比分析如下。①整体协同发展水平差。2010 年、2012 年、2015 年三个年份 28 个城市的生态协同发展，大部分处于中度失调及以下的水平，整体表现出协同发展水平不高。②空间分布上，呈现“三足鼎立”的态势。2010 ~2015 年，长江中游城市群生态文明建设协同发展最好的三个城市为武汉市、长沙市、南昌市。而其他城市的生态文明建设协同发展表现为波段变化。其中，长沙市周边城市的生态文明建设协同发展呈现向好的态势，而武汉市和南昌市周边城市的生态文明建设协同发展基本处于不变的状态，体现了生态文明建设受到行政区划的制约，省会城市对周边城市的带动作用难以发挥。

综上所述，长江中游城市群生态文明建设协调性较低，亟须通过城市群协同发展，充分做到经济、社会和环境相互促进的协调发展，促进生态文明建设的协调发展。

三　长江中游城市群生态文明协同建设存在的主要问题

（一）生态屏障方面的问题分析

长江中游城市群生态屏障的构建是一项系统而复杂的工程，涉及不同利益的主体并关系到社会经济的多个层面，在生态屏障构建过程

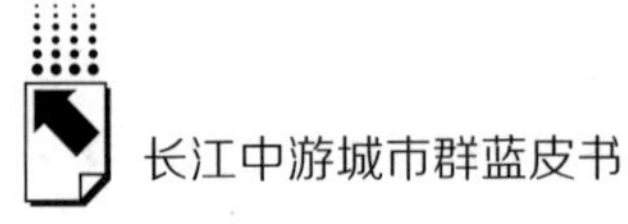

中存在以下几个问题。

1. 区域之间经济发展水平差异化

长江中游城市群由于产业分工不同，这些分工上面的差异使得区域之间各个城市在经济发展上存在明显差距。各个城市面临着政绩追赶的压力，为了缩小区域内各城市经济发展水平之间的差异，地区行政主体忽视了经济和生态之间的共生关系，追求快速的经济发展，从而导致自然资源与生态环境受到破坏，为生态屏障的建设制造了障碍。

2. 上级政府与地方政府间目标差异化

在构建生态屏障的过程中，上级政府与地方政府由于生态建设的利益目标定位存在差异，所以两个不同等级的构建主体之间存在着矛盾。上级政府以全局性的目标构建生态屏障，通过发达地区的经济发展带动欠发达地区的经济发展和环境保护，进而解决整个长江中游城市群的经济、社会和生态的问题。地方政府以局部性的目标推动生态屏障的构建，重点针对贫困地区的经济发展，将经济发展作为政府考核的重要指标；同时，地方政府针对上级政府制定的不同政策有不同的执行力度，对于地方经济发展好的就积极执行，对于生态环境保护、修复等方面的政策就持保留的态度。由于存在以上的矛盾，所以，在生态屏障的建设中难度逐渐增加。

3. 缺乏有效的利益协调机制

长江中游城市群发达地区的社会经济长远持续发展所需要的生态服务功能，限制了欠发达地区对当地资源的开发利用，且使得欠发达地区需要增加对生态工程的投入，从而恶化了区域之间的利益分配关系。目前，生态屏障的保护和开发的区域，大部分存在着利益分配和损失补偿难等问题，最终使得各个主体之间难以形成有效的构建合力，进而抑制了生态补偿行为主体的主动意识，降低了生态保护行为主体的积极性。

4. 缺乏有效区域规划协调体系

目前，长江中游城市群已经启动了生态环境保护相关事项，生态环境跨省合作机制初步形成。但是，由于缺乏编制、实施、评估等联合机制，从而无法实施操作性强的协同治理规划。根据相关统计，长江中游城市群的城市基本上编制了生态环境相关的规划，比如：主体功能区、循环经济、生态红线等方面的规划，这些规划由于实施主体的不同，难以形成合力，在编制和实施等方面存在较大的差异，不能联合驱动，难以形成生态环境保护的合力。

（二）绿色发展方面的问题分析

长江中游城市群是我国重化工产业布局相对集中区，也是城市城镇化加速推进地区和大宗农产品生产重要保障区，目前，正处于工业化进程的中后期，工业化的发展与资源环境约束的矛盾较为突出。

1. 产业偏重化工

长江中游城市群的工业污染源主要来源于高耗能的产业。总体来看，长江中游城市群的重型工业比重高，资源消耗大，科技含量不高，未来面临较大的转型压力。城市群的产业结构中工业占主体，同时，重化工业又是工业体系中的重中之重。其中，石油化工、有色金属、建材、钢铁等产业的产值占工业总产值的份额过半，而装备制造产值占工业总产值的比重为32%，重工业的比重合计超过82%，工业产业重型化特征突出。

2. 产业园区沿江布局

长江中游城市群的省级及以上的工业园区有150多个，主要集中发展冶金、建材、化工、食品加工等产业，其中，大部分的工业园区沿着长江及其支流分布。而城市群将近90%的冶金和化工类的工业园区集中布局于长江流域以及洞庭湖流域，沿着长江中游分布，主要包括岳阳市的城陵矶化工产业园、荆州市的化工产业园、咸宁市的化工产业园、潜江市的化工产业园、黄冈市的化工产业园、鄂州市的精细化工产业园、九江市的化工产业园等大型的化工产业园，是我国化工产业主要的集中区，增加了长江中游城市群的生态文明建设的压力。

3. 资源环境效率低

根据相关统计，长江中游城市群目前在资源利用方面的效率较低。主要表现为单位工业用地的产出低于全国的平均水平，一些城市工业用地产出率仅为全国平均水平的1/5；单位GDP的能耗高出全的平均水平，其中，武汉城市圈的大部分城市单位GDP能耗要高于全国的平均能耗；单位工业增加值的用水也高出全国的平均水平，将近一半的城市单位工业增加值的用水高于全国平均值的1倍以上。伴随着低的资源利用率，长江中游城市群的单位工业增加的废水、废气、烟尘等排放量均高于全国平均水平，而工业固体废物综合利用率低于全国平均水平，这些因素导致长江中游城市群区域的生态文明建设面临严峻的挑战。

（三）共建机制方面的问题分析

长江中游城市群在大气、生态补偿、循环经济等方面取得一定的成绩，但是总体来看合作共建仍处初级阶段，存在诸多问题和困难。

1. 协调推进机制不健全

长江中游城市群中的三个城市群过去都编制了自己独立的建设规划，但三个城市群间差异较大，尚未形成统一的环保规划。区域之间存在行政壁垒，难以形成统一的协调机制。城市之间的生态文明建设缺乏交流，在实际问题上难以达成合作的意向。随着我国新时代的生态文明建设的要求提出，各城市要立足整个长江中游地区，甚至是全国的层面来协调统筹生态文明的建设，建立综合的区域生态文明协调机制。

2. 生态补偿机制不健全

长江中游城市群目前生态补偿方面仍然体制机制不完善，存在生态补偿范围、对象及标准不明确等问题，为生态补偿具体实施带来了障碍；补偿的资金问题，主要表现为单方面依靠财政转移支付以及相关的绿色基金，导致补偿力度不够，补偿客体不满意；财政转移支付体现的是由上级政府向下级政府补偿，长江中游城市群区域与区域之间同等级的横向补偿目前处于空白状态。生态环境好的地区为城市群地区其他经济发达地区的生态环境做出了巨大的贡献，但是，生态补偿机制的不完善，导致生态文明协同建设实施缺乏动力，难以达到协同的最佳状态。

四　长江中游城市群生态文明协同建设主要任务

（一）共同构筑区域生态屏障

共同保护水资源水环境。实施“长江大动脉保护战略”，全面展现湘江、赣江、汉江、洞庭湖、鄱阳湖、洪湖等流域和湿地的水资源综合治理成效，积极配合以珠湖为代表的国家良好湖泊开展生态环境保护试点工作，共同维护生态优美、健康的区域水环境。重点推进长江干流沿线生态环境整治，逐步提升产业落地门槛，优化沿线产业布局。重点考核汉江流域、湘江流域水污染治理和再生水循环利用工作，逐步强化三峡库区、洞庭湖及鄱阳湖水生态安全保障功能，促进水生态修复。推动长江中游城市群重点水产养殖区、种植区、湿地、水源地、候鸟栖息地开展各类国家级自然保护区申报工作，科学布局生态公园，共同改善湿地环境，全面净化水源水质，联合保护区域生态多样性，争取将鄱阳湖、洞庭湖及周边区域打包纳入国家重点流域治理范围[①]。

共建城市群“绿心”。围绕罗霄山、幕埠山主体山系走势以及滨江、滨湖生态廊道，加快建设长江中游城市群绿色屏障，全面开展护山养林、水土资源环境整治工程，严格落实水土保持、涵养项目建设，加强监督管理，共建共养城市群“绿心”。全力保障生态公益林、生态防护林建设，优化林种结构，明令禁止伐木、采矿等破坏性经济行为，积极探索各类保护区、名胜区等保护性开发模式，形成生态系统稳定、生态功能完备、生态景观和谐、亲和共享的城市群生态网络。助推城市群“绿心”建设、精准扶贫与罗霄山脉全域旅游开发融合互动，以共建“生态旅游休闲区”为基本框架，联合醴陵、浏阳、平江、莲花、井冈山、上粟、铜鼓、武宁、通城等县（市），积极搭建省域边区战略合作平台，开展高水平长江中游城市群“绿心”顶层设计。

构建生态廊道。以“山水林田湖生命共同体”理念为指导，以保障水资源安全、保育自然生态环境、防御重大生态灾害和防范生态环境风险为重点，加强交通沿线和河流两岸绿化带建设。强化国土空间开发的大局观和科学观，优化长江中游重要生态廊道建设和地区社会经济发展在空间上的协调性，形成开发空间集中集约，生态自然开敞健康的新格局。重视保持以长江干、支流为经脉，以山水田林湖为有机整体的生态系统完整性与连贯性，通过各类生态廊道相互交融，确保形成流域互联互通、水质不断净化、水土稳固保持、物种和谐共生的良好格局，科学预防生态孤岛现象。全面实施沿江风光带、环湖生态林、水库涵养区、碳汇示范区等重大项目建设，着力提高大别山、大洪山、大梅山、怀玉山、罗霄山、衡山、庐山、武功山、武陵

① 国家发展和改革委员会：《长江中游城市群发展规划》（发改地区〔2015〕738 号）http：//www. ndrc. gov. cncfb/zcfbtz/201504/t20150416_ 688229. html。

山北段等生态质量，共同推动江河水网、林田绿网、山脉山系、草洲湿地、道路绿带等网络化生态廊道建设，增强生态系统功能[①]。

（二）共同促进城市群绿色发展

提高资源利用水平。构建确保绿色生产、低碳消费的政策体系和法律体系。严厉杜绝“三高”行业低水平重复建设，优化产能供给结构，依法淘汰落后产能，整合技术力量，强化共性、关键性、前沿性的“两型化”技术研发和应用合作。全面推进绿色建筑、智能交通等重点领域技术改造，构建清洁环保、循环节能、高效安全的能源体系。突出矿产资源开发利用问题导向，确立各市（县）国土资源主管部门责任清单，统一设计“三率”标准，积极推行采矿业、资源加工业信息公开和“黑名单”制度等改革，助推资源开发与生态文明体制改革纵深发展[②]。实施最严格的耕地保护制度和集约节约用地制度，开展矿山废弃地、废弃工业用地、村庄闲置土地整治和再利用，提高单位土地投资强度和产出效益。

推动区域联动的绿色低碳循环经济体系建设。实现跨区域产业转移战略的优化升级，建立长江中游城市群产业协同共生体系，构建设施互通、发展互补、资源对流、服务共享、生态环境联防联控的新型共生城市体系。杜绝低水平同质发展，重视大城市产业规模控制以及中心城市产业体系培育，合理引导非核心生产功能和要素向中小城市转移。大力发展循环经济，构建市场导向的绿色技术创新体系。以长江中游城市群各园区为载体，全方位推进企业循环化改造，整合工业资源，构建循环利用产业链，转变经济发展方式。大力加强工业固体废弃物等资源的综合利用，构建工业矿产资源化再利用的发展模式，

① 环境保护部、国家发展和改革委员会、水利部：《长江经济带生态环境保护规划》（环规财〔2017〕88号）http：//www.zhb.gov.cn/gkml/hbb/bwj/201707/t20170718_418053.htm。

② 黄志红：《长江中游城市群生态文明建设评价研究》，中国地质大学硕士学位论文，2016。

培育壮大再制造产业集群。补助和支持“城市矿产”、农业循环经济产业发展，率先形成全领域、全区域的城市群再生资源回收系统。

倡导绿色低碳生活方式。依托国家低碳省、市和可持续发展示范区，率先对机关、社区、园区、城市公共服务体系进行低碳化改造，大力推广绿色建筑、低碳楼宇和全装修住宅、节能型电器、节水型设备。倡导简约适度、环境友好的生活观、消费观，加强对铺张浪费和过度消费行为的批评教育，倡导绿色出行、共享经济、分类利用的生活理念，以助推民用储能设备技术研发为核心，出台更多鼓励新能源汽车产业发展的政策和规范，普及公共交通、共享交通和慢行交通。实施有机产品认证、政府推介认证、“两型”认证等绿色标识认证制度，做活环境标志产品和节能产品市场。鼓励企业积极开发和提供低碳产品、低碳服务，集中布局科研机构充分研究和推广低碳技术，重点提高技术创新能力，积极开发资源节约型新技术新工艺，加快资源共享和平台建设，鼓励校企合作开展形式多样的绿色、前沿技术“产学研”攻关，提高资源、能源利用效率，突破技术瓶颈，以科技进步和信息化带动低碳生活发展①。

（三）共同建立跨区域环境保护和治理机制

加强环境污染联防联治。实施跨区域的多规合一，共同编制长江中游地区主体功能区划，共同推进长江中游城市群生态绿心、生态屏障项目建设，实现新型城镇化与绿色发展理念有机融合，联合共建生态城镇群、美丽乡村，联合共办以环保为核心大方向的双一流大学。实施“碧水蓝天青山”工程，制定切实可行的时间表和路线图，突出问题导向，针对重大环境问题开展专项行动计划。打好蓝天保卫

① 周守财：《关于京津冀协同发展下生态文明建设的研究》，《中国社会科学研究论丛》（2015 卷第 2 辑），2014。

战，构建源头管控、市政辅助、全民参与等多管齐下的长效防治机制，严格控制大气污染程度和周期。加强长江干流、洞庭湖、鄱阳湖、罗霄山系等沿线地区的联合防治，开展以重点区域为核心、湘江流域为重点的区域综合整治①。重点实施水土污染修复、重金属污染防治、面源污染综合治理等工程。提高工业项目准入门槛和施工管理水平，提高环境评价标准和主要污染物排放标准，建立环保信用评价体系和环保负面清单制度。推动区域信息系统共享，共同制定区域环保应急响应预案和突发事件处置预案。

完善生态补偿机制。健全生态保护补偿机制，各省人民政府要建立稳中有进的生态保护补偿投入机制，采取市场化运作、多渠道投入资金，要充分调研不同区域生态功能要素和支出成本因素的差异性，通过科学设定省际、市际、县际均衡性转移支付系数，提高对重点生态功能区的转移支付水平。采用保护与治理相结合方式，在生存环境恶劣、生态系统重要、亟须保护修复的地区，探索生态脱贫新道路。践行上下游生态补偿机制，努力将湘江、洪湖、汉江、资江、澧水、沅水以及洞庭湖、鄱阳湖下游区域划入国家生态补偿试点范围，建立生态补偿基金支持区域环境保护。支持设立碳汇基金，建立碳汇林和碳排放指标有偿使用交易平台，在全国率先建立起区域性林权交易市场。

实施环境监管执法联动机制。健全城市群政绩评估体系，全面提升环境指标、生态指标、资源指标在政绩评估考核体系中的权重，并增加集约、节约、修复、保护效益等方面的评价指标，提升指标的约束效用。按照《生态文明体制改革总体方案》的要求，各级政府应勇担责，致力于地区生态文明建设，形成政府定政策、抓落实、严管理、勤宣传、信息透明和执法监管等工作机制。并结合各级政

① 黄志红：《长江中游城市群生态文明建设评价研究》，中国地质大学硕士学位论文，2016。

府的实际情况进行科学合理规划、围绕“绿色”发展理念，不断强化政府在生态文明建设中的主体地位①。实行统一执法标准，严格执行主要污染物总量控制、环境影响评价、建设项目环保设施“三同时”以及限期治理、区域流域行业限批、挂牌督办、环保后督察等制度。推动湘、鄂、赣三省共同建立长江中游城市群一体化的生态环境追踪、协商和仲裁制度，提高区际、省际环境联合监管和纠纷协商能力。

（四）共同探索城市群生态文明共建新模式

大武汉城市圈。充分发挥“环境同治”在城市圈“两型社会”示范建设中的核心引领作用，联合开展武汉城市圈生态文明综合配套改革。按照十九大会议精神，做好大武汉城市圈空间管制规划、绿色产业发展规划、生态环境规划等专项规划的修编工作，按照城市群合作框架要求，对城市圈生态环境保护规划和城市圈环境综合治理办法实行多规融合、统一编制。建立监控、监测、应急处理“三位一体”的城市圈生态安全保障体系。从更高层面推动环保基础设施共建共享，从更高层面优化产业结构，引导各类要素在城市间无障碍转移。通过城市圈产业协同，建设全国性环保产业基地，推动环保产业和循环经济产业链延伸，实现集群化、规模化发展。强调以市场运作为主体的原则，综合运用价格、税收、财政、金融、土地、法律、产业等多种杠杆，形成以市场机制为主导的“两型”城市圈，推动资源要素产权化、稀缺资源商品化、能源消耗阶梯化等方面的生态文明改革。建立省市联动机制，定期开展互访考察、联席会议制度，加强城市间、企业间的生态文明建设

① 环境保护部、国家发展和改革委员会、水利部：《长江经济带生态环境保护规划》（环规财〔2017〕88 号）http：//www. zhb. gov. cn/gkml/hbb/bwj/201707/t20170718_ 418053. htm。

交流与合作。

环长株潭城市群。构建城市群主体功能区划，实施更严格的分类管理，划定不同规模等级的城市群绿心，积极构建绿心群、山体、绿廊、绿道、公园五位一体的环长株潭城市群绿色生态体系；以生态文明“供给侧”改革为指导，加快转变经济发展方式，助推产业“两型”化和新型工业化在更高层次、更广领域融合发展。坚持突出优势，错位发展，长株潭地区继续培育壮大先进制造、高新技术和高端服务三大产业集群，岳阳做大做强进出口贸易、创新发展石化新材料，加快建设湖南省通江达海桥头堡，常德、益阳以特色农产品精深加工和休闲旅游为主导，发展壮大绿色健康服务供应链，娄底、衡阳依托能源、材料以及综合配套工业基础，加速推进主导产业向高端化升级；完善环境同治体制机制，创新环境保护政策，建立党委政府统一领导，环保部门统一监督，省、市、县齐抓共管的环境同治体制，打破行政区域的界限和障碍，执行严格的责任清单制度、河长制、山长制，统筹山河综合治理，形成事故共防、污染共治、环境共保、设施共建、成果共享的新局面；构建生态经济政策体系，推进污染物排放权交易机制、生态补偿机制、生态环境金融保险机制、生态环境价格机制落地实施，重点加大对洞庭湖生态经济区和罗霄山片区生态项目的政策倾斜。

环鄱阳湖城市群。实施严格的区域发展空间管制，建设生态园林化城市群。在鄱阳湖生态经济区内，设置高门槛的项目准入制度，对禁止开发区、限制开发区、优化开发区配置多层次的投资、税收、土地政策，对鄱阳湖湖盆地区等禁止开发区实施强制性法律保护，对限制开发区因地制宜地发展环境可承载的特色产业和飞地型产业。加大产业结构调整力度，实施重点工业企业“退城进工业园”战略，加大对高新技术产业的投入力度，拓展投融资渠道，吸纳更多社会资金，重点发展生态型工业、先进制造业和环保产业。通过鼓励企业科技创新、废弃物再利用、产学研联合攻关等手段，助推企业、工业园区和区域三个层面积极发展循环经济。不断完善市政公共设施和环卫基础设施，提高环境共享质量和生活服务质量。以鄱阳湖生态经济区建设为契机，强化区域资源整合，开展全域旅游协作，提升生态旅游品牌形象，同时注重统筹城乡生态规划和建设，加快新农村建设，坚持用高新技术改造农业，用绿色经营理念发展农业。牢固树立江西粮食主产区地位，严格执行、创新发展退耕还湖、基本农田和耕地占补相关制度。

五　推进长江中游城市群生态文明协同建设对策建议

（一）建设与山脉水系相融合的宜居宜业宜游城镇群

一要全面贯彻生态优先和绿色发展理念。将“绿水青山就是金山银山”的基本理念摆在建设宜居宜业宜游城镇群的重要位置，统筹协调生态环境容量与城市群社会经济发展，推动传统产业循环化改造，增强和提高优质生态产品供给能力。形成资源节约环境友好的发展动力、增长方式和消费模式。二要切实践行“三线一单”制度，控制上线、守住底线、强化红线，践行负面清单和环境准入制度，确保岸线、湖泊、湿地、山体、绿地等禁建区、限建区项目管理要求。严防可能破坏长江流域生态环境或造成区域性环境问题的活动出现。三要坚持问题导向，尽快补齐短板，针对长江经济带整体性保护不足、累积性风险加剧、碎片化管理乏力等突出问题，开展系列重点改革，清除阻碍长江流域生态环境共管、共抓的体制机制障碍[①]。

① 环境保护部、国家发展和改革委员会、水利部：《长江经济带生态环境保护规划》（环规财〔2017〕88 号），http：//www. zhb. gov. cn/gkml/hb。

坚持统筹协调与系统保护的发展理念。要坚持统筹长江干、支流，统筹山系水系，统筹上中下游，统筹城市乡村的基本原则，构建一体化的生态文明建设框架，协调推进产业布局、资源开发和生态保护。加强对长江中游生态环境基本现状的实地调研，摸清资源基础，掌握关键问题，构建以城市群主体功能区划为依据的水体、大气、土壤、生态分区管制制度，分片区划定区域生态安全级别和功能，分片区确立区域生态保护重点问题，制定差别化管理和精准化治理方案，达到统筹生态安全格局和社会经济发展格局的目的。针对三省的区域湖泊、湿地生态功能退化，沿江重化工企业集聚，部分地区重金属超标等问题，要着重加强丹江口库区及上游地区、湘资沅中游、赣江中上游等区域的生态修复，协调好江河湖泊关系，确保区域水生生态持续改善，协调好生物多样性和生境多样性，提高堤岸湿地垸子的自我修复能力，协调好工业布局和水土环境安全，科学引导三省的磷矿、有色、稀土产业转移和合理开发。

（二）打造具有重要影响力的生态型城市群

贯彻落实社会主义新时代发展理念。深入学习党的十九大会议精神，落实党中央、国务院对长江经济带发展提出的战略方针，按照习近平总书记提出的“共抓大保护，不搞大开发”的战略思维，以长江中游城市群供给侧结构性改革为主线，助推中国制造 2025 战略，加速推进沿江工业园区绿色发展，围绕提高工业发展质量、增加有效供给、改善生态质量、践行“两型”生产理念的要求，根据各片区资源环境承载能力确定工业发展方向、城镇发展规模、人口规模、区域开发强度以及生态保护要点，通过分类引导构建错位发展、特色鲜明、互补互促的子城市群发展格局。瞄准生态敏感地区企业主体，执行最严格的能耗、水耗、排放等环保标准，促使倒闭企业进行技术革新和产品创新，支持企业开展清洁生产，提升资源利用效能，支持企业以市场化方式向外转移，打造影响深远的长江中游生态型城市群，引领长江经济带建设，走工业绿色发展之路。

改造提升工业园区。定期对各园区石油化工、化肥农药、造纸印染企业进行清理整顿，赋予园区按照规范要求进行改造提升和淘汰退出的执法权限。整合“三高”传统产业建设专业化园区，依法开展各类项目环境评估工作，确保产业高水平集聚，鼓励环保技术、设备高度共享。严防化工产业污染，全方位监测重化工企业安全生产，坚持环境容量、风险两手抓，运用大数据和物联网技术动态监测预警化工产业园和高危化学工业产品生产企业，对企业周边土壤和地下水开展实时采样检测，培育、创建一批具有节能环保和循环经济试点示范作用的绿色化工产业基地，科学降低区域污染风险级别的同时带动园区规范发展和提质增效[①]。

科学引导跨区域产业转移。以国家自主创新示范区和国家级园区为载体，积极探索区域产业整合新模式，尽快建立城市群内部产业转移机制。发挥好长江中游城市群平台作用，做好产业转移政策服务和信息服务，通过协调引导上下游企业对接，促进要素高效流动，带动项目合作和产业集聚，实现补链、延链、强链。依托国家级、省级开发区，有序建设沿江产业发展轴，合理开发沿重要水域、山系、交通通道产业发展带。严控跨区域转移项目，实行转移项目和承接项目备案核准制度，实施最严格的环境评价、安全等级评价和能源消耗评价标准。坚决将淘汰的落后产能及与长江中游城市群生态文明建设相冲突的项目拒之门外。

（三）加快建设“两型”社会引领区

着力推进绿色发展、循环发展、低碳发展。推动形成绿色低碳的

① 马勇、黄智洵：《长江中游城市群生态文明水平测度及时空演变》，《生态学报》2016年第36（23）期。

生产生活方式和城市建设管理模式，建立生态管理模式，扩大绿色生态空间，形成跨区域环保与建设一体化联动机制，构建影响深远的生态型城市群，为全国“两型”社会和生态文明建设积累经验、树立典范。进一步落实生态先行，可持续发展的理念，强化主体功能区划指导性作用，实施长江中游城市群国土空间保护与开发战略，控制开发强度，加强开发管控，把生态文明与新型城镇化有机融合，按照“两型”发展路径，形成可持续发展模式①。

加快形成“两型”产业体系。围绕传统产业转型升级、供给侧改革、循环化工业体系等行动纲领，打造一批具有示范带动作用的有机产品、零污染工厂、公园化园区和绿色供应链。重点发展智能制造、装配式制造和服务型制造。探索建设智能制造示范区，鼓励国家级新区和国家级工业园区率先形成智能制造体系。加快推进数控机电、工业机器人、3D打印、智能传感器、自动化装配、物联网、智慧物流等七大领域的技术装备研发和制造。在全流程服务、分散式制造、供应链协同制造、小规模个性化定制、物联网运维等方面，培育一批国际领先的龙头企业。大力发展生产性服务业，引导制造业企业拓展运维服务链条，促进海外生产、销售、服务市场有序增长，推动商业模式创新和业态创新②。发展壮大节能环保产业。重点推动新材料产业、储能产业和环保装备制造产业向集群化、高端化方向发展，不断提高节能环保产业产品输出、研发要素输出和服务输出水平。还要注重发展再制造产业，将传统产业升级、两型产业培育和再制造产业发展作为生态文明产业体系建设的三大重点工程，通过市场化运作方式引入社会资本和企业主体，推动再制造产业拓展业务范围、做大

① 白永亮、党彦龙、杨树旺：《长江中游城市群生态文明建设合作研究——基于鄂湘赣皖四省经济增长与环境污染差异的比较分析》，《甘肃社会科学》2014年第1期。

② 国家发展和改革委员会：《长江中游城市群发展规划》（发改地区〔2015〕738号），http://www.ndrc.gov.cn/zcfb/zcfbtz/201504/t20150416_688229.html。

信息平台、丰富服务模式、提高有效供给。

推动载能企业“两型”技术改造。全面落实国家石化、钢铁、有色金属工业“十三五”规划，发挥技术改造作用，促进传统产业转型升级，逐步完善节能节水、清洁生产新技术、新工艺、新装备、新材料的推广，助力长江中游城市群现有重化工企业生产工艺、设施（装备）的加速改造，推进石化、钢铁、有色、稀土、装备、危险化学品等重点行业智能工厂、数字车间、数字矿山和智慧园区改造，走绿色化、智能化产业发展之路，改进长江中游城市群重化工企业技术装备，提升管理水平，引领行业发展。提升技术装备水平、优化产品结构、加强产业融合，减少煤炭消耗，将需要保护的地区纳入生态红线保护范围，实施清洁用煤和能源替代战略，实现减煤、控煤、防治大气污染。探索利用工业余热供暖，合理利用大型发电、有色、化工企业低品位余热向市政供暖，促进产城能源融合①。

（四）建立科学完善的国土空间开发和保护制度

严守生态保护红线制度。一要科学划定生态保护红线。基于长江中游城市群各组团的生态服务功能定位差异性和长江经济带生态整体性，开展科学评估，识别源头涵养、生物多样性保护、保水固土等生态功能重要区域和环境敏感的生态脆弱区域，将各类禁止开发区以及有严格保护需求的地区纳入生态红线保护范围。二要将生态保护红线作为长江中游城市群空间规划编制的重要基础②。提高生态保护红线的法律效力以及与相关规划的衔接性，严禁不符合主体功能定位的各类开发活动，严禁任意改变用途。定期开展红线生态保护工作审查，形成相关责任党政领导干部终身制评价及责任追究、离任审计制度。

① 罗腾飞：《长江经济带城镇化发展质量研究》，中国地质大学硕士学位论文，2016。

② 祝尔娟、齐子翔、毛文富：《京津冀区域承载力与生态文明建设——2012 首都圈发展高层论坛观点综述》，《生态经济》2014 年第 30（02）期。

三要加快搭建生态保护红线实时监测信息系统，通过数据共享、系统共建、问题共管，强化长江中游城市群全域绿色空间、污染空间的数据集成分析、智能化管控和动态预警能力。

强化重点生态系统功能保护。统筹岸线资源、区划岸线功能，合理划定保护区、保留区、控制利用区和开发利用区边界。全面提升开发利用区岸线集约节约利用水平，合理设计、科学安排沿江园区和港区。加强国家重点生态功能区保护[①]，推动提高洞庭湖湿地、鄱阳湖湿地、三峡库区、武陵山区、罗霄山区遥感监测能力，强化重点生态功能区生态环境监管。编制实施重点生态功能区产业准入负面清单，因地制宜发展负面清单外的特色优势产业，科学实施生态移民。继续实施天然林资源保护、退耕还林还草、退牧还草、退田还湖还湿、湿地保护和自然保护区建设等工程，提升水源涵养和水土保持功能[②]。开展沿江、沿路、绕湖、绕城防护林体系建设，加强绿色通道和农田林网建设。

确保生态补偿机制常态化运行。加快划定禁止开发区，因地制宜地建立健全生态保护政策和生态保护补偿机制，完善农、林、牧、渔和矿产资源发展保护基金。下放立法权，联合设立确保长江中游城市群内部跨区域自然资源有偿使用的常态化运行机制，尽早推行《长江中游城市群生态保护补偿费用使用办法》，完善生态保护成效考评、补偿分配挂钩的激励与约束体制，加强生态补偿资金监管力度。鼓励生态受益区与保护生态地区通过项目协作补偿、扶贫攻坚补偿、异地搬迁补偿、产业转移补偿、人才输送补偿等创新型横向、纵向生态保护补偿方式积极探索跨区域生态文明共建新模式，给予开展重要

① 环境保护部、国家发展和改革委员会、水利部：《长江经济带生态环境保护规划》（环规财〔2017〕88号），http://www.zhb.gov.cn/gkml/hbb/bwj/201707/t20170718_418053.htm。

② 周守财：《关于京津冀协同发展下生态文明建设的研究》，《中国社会科学研究论丛》2015卷第2辑，2014年第6期。

生态功能区、污染治理区补偿试点工作的地区更多高级行政审批权限。研究制定以地方补偿为主、中央财政转移支付为辅的补偿细则。健全生态保护市场化体系，依法设立生态保护补偿工作执法部门和巡视工作组，落实补偿效益标准化和自然资源确权登记管理工作，明确相关权责主体、践行和监督用水权、用能权、排污权、排碳权分配和交易，培育和发展具有国际水准的市场化交易平台[①]，逐步完善长江中游城市群生态资源环境有偿使用、预算管理和投融资机制，构建绿色企业、产品、标准、标识的认证体系。

（五）强化生态环境综合治理的联防联控能力

提升主要污染物排放管理能力。打响长江中游城市群水土、大气、固废污染综合治理保卫战，依照排污许可制度设立责任清单，按行业主要污染源排放许可标准落实企业排污治污主体责任。严格取缔长江干流沿线及湘江、赣江、汉江、洞庭湖、鄱阳湖等水域周边的“十小”企业，针对“十大”行业展开专项行动，通过生产排放整治、污水集中处理系统建设保障外排水体 BOD、COD、氨氮、重金属等指标全面达标[②]。引进国际先进技术设备，对大型火电项目的燃烧系统进行改造升级，提高热效率，降低硫化物、氮化物和工业粉尘排放量，依法取缔和淘汰落后的私人“散乱污”锅炉。推进流域水污染统防统治。严格用水总量指标管理，构建由市县到乡镇的多级行政单位用水总量控制体系，加强规划和建设项目水资源论证和取水许可管理，促进流域经济社会发展与水资源承载能力相协调。探索实施质量底线管理，由各省市结合本行政区域实际制定

---

① 国务院办公厅：《国务院办公厅关于健全生态保护补偿机制的意见》（国办发〔2016〕31号），https：//zhidao. baidu. com/question/2204213852636152148. html。

② 国家发展和改革委员会：《长江中游城市群发展规划》（发改地区〔2015〕738号）http：//www. ndrc. gov. cn/zcfb/zcfbtz/201504/t20150416_ 688229. html。

完成水环境质量底线管理清单，明确防治措施及达标时限，并定期向社会公布①。强化江河源头治理，积极推进水质较好湖泊的保护。现状水质达到或优于Ⅱ类的汉江、湘江等江河源头，应维持源头区自然生态环境现状，确保水质稳中趋好；要按照水质较好湖泊生态环境保护总体规划要求，全面提升君山湖、八里湖、梁子湖、洪湖、澴东湖、网湖、大通湖等大型湖泊的生态系统稳定性和生态服务功能。

切实解决好城市群共性环境问题。一是实施城市黑臭水体清除计划，重点治理劣Ⅴ类水体。开展劣Ⅴ类断面（点位）所在控制单元的水域纳污能力和环境容量测算，制定控制单元水质达标方案，开展水环境污染综合治理。采取源头管控、限流截污、节水减排、内源治理、生态改造、通道疏浚等综合性措施，切实解决城市建成区黑臭水体问题。二是以区域、城市群为重点，联合推进大气污染综合治理，提高城市空气质量优良率。实施石油化工、油品储运、机动车、涂装印刷等易挥发性重点行业的有机物综合整治工程。优先发展公共交通、共享交通，加快推广使用新能源汽车和混合动力汽车。重点控制湘鄂两省城市颗粒物污染。试点大武汉城市群、长株潭城市群开展区域大气污染防治，加强沿江城市的工业源和移动源治理。三是以农产品耕种区和城市建成区为重点，加强面源土壤污染防治。重点推进土壤重金属污染源头控制，逐步将涉及行业的重金属排放标准纳入排污许可证管理范围。推进农用地土壤环境保护与安全生产，国家产粮（油）大县要制定土壤环境保护方案，通过农艺调配、混种混养、种养替代、休耕等措施，降低粮食作物和经济作物受污染风险①。积极开展农业面源污染综合治理示范区和有机食品认证示范区建设，推动建立农村有机废弃物收集、转化、利用三级网络体系，探索规模化、

① 黄志红：《长江中游城市群生态文明建设评价研究》，中国地质大学硕士学位论文，2016。

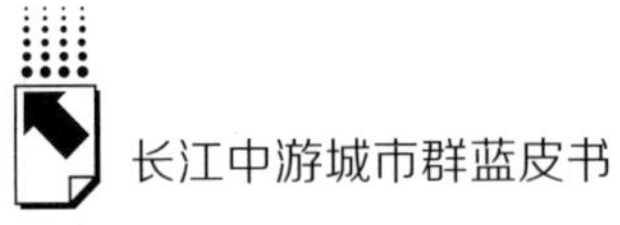

专业化、社会化运营机制。

提高环境风险联合预防和应对能力。加强环境风险源头防控。加强环境风险评估，强化工业园区环境风险管控，优化沿江企业和码头布局。禁止在长江干流自然保护区、风景名胜区、“四大家鱼”产卵场等管控重点区域新建工业类和污染类项目。除武汉、岳阳、九江3个千万吨级石化产业基地外，其他城市原则上不再新布局石化项目。加强环境应急协调联动。联合推行环境应急预案编制与备案管理制度，加强跨部门、跨区域、跨流域监管与应急协调联动机制建设。以联合培训演练、签订应急联动协议等多种手段，加强公安、消防、水利、交通运输、安监、环境保护等部门间的应急联动，提高信息互通、资源共享和协同处置能力①。推进跨行政区域、跨流域上下游环境应急联动机制建设，建立共同防范、互通信息、联合监测、协同处置的应急指挥体系。遏制重点领域重大环境风险。确保集中式饮用水水源环境安全，加强地级及以上城市饮用水水源风险防控体系建设，各地市要进一步优化备用水源、应急水源、沿江取水口和排污口布局。实施有毒有害物质全过程监管，全面调查长江中游地区危险废物产生、贮存、利用和处置情况，摸清危险废物底数和风险点位，并加快重点区域危险废物无害化利用和处置工程建设。

参考文献

《中共中央关于制定国民经济和社会发展第十三个五年规划的建议》，《人民日报》2015年11月4日第001版。

谷树忠、胡咏君、周洪：《生态文明建设的科学内涵与基本路径》，《资

① 环境保护部、国家发展和改革委员会、水利部：《长江经济带生态环境保护规划》（环规财〔2017〕88号），http://www.zhb.gov.cn/gkml/hbb/bwj/201707/t20170718_418053.htm。

源科学》2013 年第 35（01）期。

中国青年网：《实录：习近平总书记在党的十九大的报告》，http：//news. youth. cn/sz/201710/t20171018_ 10888424_ 4. htm，2017 - 10 - 18/2017 - 10 - 25。

李志萌、张宜红：《共建长江中游城市群生态文明》，《江西日报》2015 年 6 月 15 日第 B03 版，http：/epaper. jxnews. com. cn/jxrb/html/2015 - 06/15/ content_ 309429. Htm。

金太军、唐玉青：《区域生态府际合作治理困境及其消解》，《南京师大学报》（社会科学版）2011 年第 5 版。

马静、邓宏兵：《国外典型流域开发模式与经验对长江经济带的启示》，《区域经济评》2016 年第 2 期。

叶达、吴克宁、刘霈珈：《半干旱区农业开发土地资源生态安全评价——以宁夏孙家滩国家农业科技园区为例》，《环境科学学报》2016 年第 36（03）期。

张利、陈影、王树涛、门明新、许皞：《滨海快速城市化地区土地生态安全评价与预警——以曹妃甸新区为例》，《应用生态学报》2015 年第 26（08）期。

李中才、刘林德、孙玉峰、崔金荣：《基于 PSR 方法的区域生态安全评价》，《生态学报》2010 年第 30（23）期。

贾艳红、赵军、南忠仁、赵传燕、王胜利：《基于熵权法的草原生态安全评价——以甘肃牧区为例》，《生态学杂志》2006 年第 8 期。

车小磊：《共建水生态文明珠三角因水而美》，《中国水利》2015 年第 24 期。

朱小莉：《珠三角区生态文明可持续发展的问题及策略》，《价值工程》2013 年第 32（18）期。

陈雨婕：《论长三角区域生态治理中地方政府的协作》，苏州大学，2013.

施从美：《长三角区域环境治理视域下的生态文明建设》，《社会科学》2010 年第 5 期。

顾朝林、辛章平：《国外城市群水资源开发模式及其对我国的启示》，《城市问题》2014 年第 10 期。

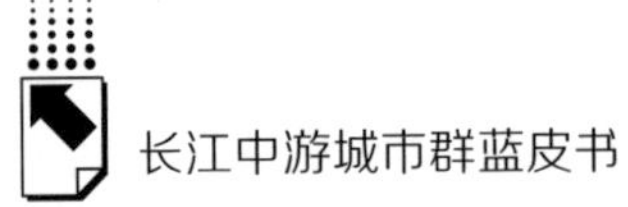

熊永兰、张志强、尉永平：《国际典型流域管理规划的新特点及其启示》，《生态经济》2014 年第 30（02）期。

李兵、蒋益民、邓兴明：《推进长江中游城市集群环境保护一体化》，《政策》2012 年第 10 期。

何胜、唐承丽、周国华：《长江中游城市群空间相互作用研究》，《经济地理》2014 年第 34（04）期。

李雪松、孙博文：《长江中游城市群区域一体化的测度与比较》，《长江流域资源与环境》2013 年第 22（8）期。

欧阳晓、贺清云、朱翔：《新时期湖南省增长极建设战略研究》，《湖南行政学院学报》2016 年第 4 期。

方创琳、鲍超：《黑河流域水—生态—经济发展耦合模型及应用》，《地理学报》2004 年第 59（05）期。

高楠、马耀峰、李天顺等：《基于耦合模型的旅游产业与城市化协调发展研究——以西安市为例》，《旅游学刊》2013 年第 28（01）期。

王毅、丁正山、余茂军等：《基于耦合模型的现代服务业与城市化协调关系量化分析——以江苏省常熟市为例》，《地理研究》2015 年第 34（01）期。

王少剑、方创琳、王洋：《京津冀地区城市化与生态环境交互耦合关系定量测度》，《生态学报》2015 年第 35（07）期。

马勇、黄智洵：《长江中游城市群生态文明水平测度及时空演变》，《生态学报》2016 年第 36（23）期。

国家发展和改革委员会：《长江中游城市群发展规划》（发改地区〔2015〕738 号），http://www.ndrc.gov.cn/zcfb/zcfbtz/201504/t20150416_688229.html。

环境保护部、国家发展和改革委员会、水利部：《长江经济带生态环境保护规划》（环规财［2017］88 号），http://www.zhb.gov.cn/gkml/hbb/bwj/201707/t20170718_418053.htm。

国务院办公厅：《国务院办公厅关于健全生态保护补偿机制的意见》（国办发〔2016〕31 号），https://zhidao.baidu.com/question/2204213852636152148.html。

罗腾飞：《长江经济带城镇化发展质量研究》，中国地质大学硕士学位论文，2016。

黄志红：《长江中游城市群生态文明建设评价研究》，中国地质大学硕士学位论文，2016。

周守财：《关于京津冀协同发展下生态文明建设的研究》，《中国社会科学研究论丛》（2015 卷第 2 辑），2014。

祝尔娟、齐子翔、毛文富：《京津冀区域承载力与生态文明建设——2012 首都圈发展高层论坛观点综述》，《生态经济》2014 年第 30（02）期。

白永亮、党彦龙、杨树旺：《长江中游城市群生态文明建设合作研究——基于鄂湘赣皖四省经济增长与环境污染差异的比较分析》，《甘肃社会科学》2014 年第 1 期。

附件：指标体系及说明

表 1　拟采用的生态文明共建指标体系

目标层	准则层	一级指标层	二级指标层
生态文明共建	生态屏障	综合治理	工业废水达标排放率率(%)
			水质达标率(%)
			湿地面积占辖区面积比例(%)
			水中总磷含量(mg/L)
			退耕还湖面积(亩)
			城市空气质量优良天数比率(%)
			PM2.5 颗粒物年平均浓度下降率(%)
			单位 GDP 碳排放强度下降率(%)
		城市“绿心”建设	自然保护区面积占辖区面积比例(%)
			人均公园绿地面积(亩/人)
			营林投资占 GDP 比重(%)
			退耕还林面积(亩)
			森林覆盖率(%)
			建成区绿化覆盖率(%)
			人均森林蓄积量(立方米/人)
	绿色发展	资源利用	单位 GDP 能耗(吨标准煤/万元)
			单位 GDP 水耗(吨/万元)
			人均农业产值(元/人)
			人均林业产值(元/人)
			人均牧业产值(元/人)
			人均渔业产值(元/人)
			人均基本农田面积(亩/人)
		循环经济	工业固体废物综合利用率(%)
			工业用水重复利用率(%)
			清洁能源使用率(%)
			高新技术产业增加值占 GDP 比重(%)
			文化产业增加值占 GDP 比重(%)
			节能环保产业增加值占 GDP 比重(%)

续表

目标层	准则层	一级指标层	二级指标层
生态文明共建	绿色发展	低碳生活	医疗垃圾无害化处理率(%)
			生活垃圾无害化处理率(%)
			绿色建筑技术普及率(%)
			政府采购节能环保产品所占比例(%)
			垃圾分类回收率(%)
	共建机制	制度建设	生态文明示范城镇建设力度
			主体功能区划协同性
			生态文明考核制度建设
			生态文明补偿机制
			自然资源确权登记
			区域联防联治力度
		工作力度	政府决策长江流域生态安全影响评价率
			政府决策幕阜山和罗霄山生态安全影响评价率
			生态文明共建公众满意度
			温室气体排放削减力度
			省际边界地区重特大突发环境事件、造成恶劣社会影响的其他环境污染责任事件、严重生态破坏责任事件的发生情况

表2　长江中游城市群生态文明水平评价指标体系

	一级指标	基础指标层
生态文明共建	生态社会	人口密度(人/平方公里)
		公园绿地面积(公顷)
		建成区绿化覆盖率(%)
		全社会固定资产投资总额(万元)
	生态响应	工业废水排放量(吨)
		工业二氧化硫排放量(吨)
		生活垃圾无害化处理率(%)
		工业固体废物综合利用率(%)
		工业烟尘去除率(%)

续表

	一级指标	基础指标层
生态文明共建	生态经济	第三产业增加值占 GDP 比重(%) 科学技术支出(万元) 社会消费品零售总额(万元) 地方财政一般预算内收入(万元)

更换指标体系的说明：本项目在编写提纲的时候，基于生态文明的考核相关指标以及实地调研的手段，建立了一个相对完善的指标体系。但是，在项目编写的时候，数据获得成为项目最难的环节，通过查阅大量的各个地级市的数据资料，发现原有的指标体系有大量的数据缺失。所以，为了项目的进行，重新对指标体系进行了设计，基于生态文明的社会、经济、响应等三个层面，形成了新的评价指标体系。后期的研究中，可以进一步向更完善的指标体系靠拢，使得研究的成果更加精确。

B.6

长江中游城市群公共服务协同发展报告*

王磊　高倩**

摘　要：　自《长江中游城市群发展规划》实施以来，长江中游城市群得到了迅速发展，其中公共服务协同发展的成果尤为显著，旅游一卡通、社保一卡通和住房公积金互认互贷等更是在全国范围内得到推广，但这些成果大多仅在长江中游城市群的中心城市或是其周边城市得到了实施，对于除中心城市之外城市的影响还有待考察。因此，为了对现阶段长江中游城市群的公共服务协同发展水平进行较为全面的分析，并为未来长江中游城市群公共服务协同发展提供参考方向，本文运用综合评价法构建了包括6个方面指标和17个具体指标在内的评价指标体系，基于2009~2015年长江中游城市群的公共服务相关数据，采用泰尔指数法以及TOPSIS分析法对长江中游城市群的公共服务协同发展水平进行测度，发现2009~2015年，长江中游城市群的公共服务协同发展水平在整体上略有上升，但在方面指标上依旧存在较大差异，区域间差异呈逐年缩小

* 本研究报告为国家发展改革委课题“长江中游城市群协同发展评价与对策研究”的子课题研究成果。

** 王磊，美国哥伦比亚大学城市规划博士，武汉大学中国中部发展研究院教授、副院长，中国区域科学协会理事，中国区域经济学会副秘书长，主要研究方向为转型背景下的区域经济发展与空间结构演化；高倩，武汉大学中国中部发展研究院硕士研究生。

趋势，而区域内差异有明显增大趋势。其中，武汉城市圈内公共服务发展水平两极分化严重，武汉一城独大，环长株潭城市群整体公共服务发展水平较为平均，环鄱阳湖城市群的公共服务发展水平整体偏低，且城市群内部差异较大，这一结果表明现阶段政府推行的政策有利于城市群之间的协同发展，但会加大城市群内部公共服务的发展水平差异，长江中游城市群应加快推进公共服务相关合作向周边展开。

关键词： 长江中游城市群 公共服务 泰尔指数 TOPSIS 分析法

一 长江中游城市群公共服务协同发展成效

改革开放以来，我国经济高速发展，如今已进入新常态，政府也开始从“增长型”政府向“服务型”政府转换，这使收入分配以及基本公共服务等民生问题受到越来越多的重视[①]，《国家基本公共服务体系“十二五”规划》中指出，基本公共服务是建立在一定社会共识基础之上，由各级政府主导提供的，与经济社会发展水平和阶段相适应，志在保障全体公民生存和发展基本需要的公共服务。其范围包括教育、就业、社会保障、文化体育等领域。享有国家基本公共服务是全社会每个公民应有的权利，而提供公共服务是各级政府应尽的基本职责[②]。2015 年 4 月国务院批复同意《长江中游城市群发展规

① 戚学祥：《省域基本公共服务均等化指标体系建构及其运用——基于四川省的实证研究》，《经济体制改革》2015 年第 2 期。

② 王敬尧、叶成：《基本公共服务均等化的评估指标分析》，《武汉大学学报》（哲学社会科学版）2014 年第 67（4）期。

划》（以下简称《规划》），标志着长江中游城市群的建设进入了新阶段，《规划》通篇围绕着“一体化”以及“协同发展”两个主题展开，说明促进长江中游城市群协同发展是当前长江中游城市群建设的首要目标之一。而2015年10月召开的十八届五中全会中明确指出，“坚持普惠性、保基本、均等化、可持续方向，从解决人民最关心最直接最现实的利益问题入手，增强政府职责，提高公共服务共建能力和共享水平”，更将提高公共服务水平作为一个重要任务。十九大报告中也提出“中国特色社会主义进入新时代，我国社会主要矛盾已经转化为人民日益增长的美好生活需要和不平衡不充分的发展之间的矛盾”，进一步说明人民对基本公共服务的需求在不断扩大以及区域协同发展的重要性。因此，如何从基本公共服务协同发展入手，逐步推进长江中游城市群协同发展是当前的重要课题。自《规划》实施以来，长江中游城市群已在促进区域协调发展方面有所进展，在基本公共服务协同发展方面更是成效显著。

（一）长江中游城市群信息港初见雏形

自2013年2月，长江中游城市群省会城市首届会商会在武汉召开并签署《武汉共识》以来，长江中游城市群地区先后多次召开了有关于推进基本公共服务协同发展的相关会议，为推动长江中游城市群成为中国经济增长“第四极”做出了巨大贡献。2014年12月，武汉、长沙、合肥、南昌四市住房公积金管理机构在全国率先打破公积金贷款管理的城市壁垒，开展省际住房公积金异地互认互贷[①]，这一经验随后被住建部借鉴在全国推开；2015年12月，四市实现基本医疗保险异地就医即时结算，惠及长江中游城市群3000万民众，其范

① 蔡子木：《四省城抱团带动长江中游城市群合作》，http：//cjrb. cjn. cn/html/2017－04/10/content_ 5604686. htm，2017年4月11日。

围还在进一步扩大中；2016 年则进一步转向产业，试图创建长江中游城市群“大商会”合作机制。除此之外为了推进就业创业，四市还建立了人社局长联席会议制度，实现了退休人员异地年审互认、就业创业和人力资源管理统一互惠政策。如今，四市异地退休人员，均可在当地领到养老金；失业人员异地再就业、再创业，都可以享受到同样的优惠政策。

每年一次的长江中游城市群省会城市会商会为长江中游城市群的协同发展提供了许多有参考性的建议与规划，通过这些措施，长江中游城市群的信息互通机制逐步推进，信息港初见雏形。现阶段，长江中游地区的四省会城市已经实现了旅游一卡通、社保一卡通，今后将进一步规划在交通领域实现城市群交通一卡通，旅游一卡通、社保一卡通，住房公积金互认互贷的实施范围也将进一步扩大。这些成果使得长江中游城市群之间的信息基础设施得到了很好的发展，利用信息基础设施的共享机制，可以推动长江中游地区城市间的数据互备工作，为建立和完善劳动保障、医保、公积金管理等业务系统的互联和信息资源集成体系提供良好的基础，今后可逐步实现长江中游地区的“一卡多用”。

（二）人力资源联合开发

长江中游城市群蕴含着丰厚的人力资源和人才优势，因此，武汉、长沙、南昌、合肥四市在2014 年就提出了专业技术职务任职资格四市互认项目合作，该项目提出建立一体化的就业制度和创业政策扶持体系；建立一体化人才评价互认机制，实行专业技术职务任职资格四市互认，职业技能职务任职资格四市互认，公务员、事业单位职员行政职务、专业技术职务四市互认，且在四市之间的调动流动无障碍通行[①]，

① 章鸽：《专业技术人才资格可以互认》，http：//news. youth. cn/jsxw/201704/t20170412_9459380. htm，2017 年4 月12 日。

武汉、长沙、南昌、合肥四市之间的人力资源联合开发企划正式开始。

2016 年发布的《长江中游城市群四省会城市战略合作评估及展望》中则进一步明确提出就基础教育以及大学毕业生就业等展开合作，鼓励高等学校开展联合办学、课程互选、学分互认、教师互聘、学生访学、学科共建等多种形式的校际交流与合作。按照简化手续、便于高等院校毕业生在四省会城市间自主择业、就业和流动的目标，逐步改革各市毕业生就业政策，打破毕业生就业地域限制，减少相互间就业、流动的障碍，最大限度地实现毕业生在四省会城市间自主择业。与此同时，建立未就业毕业生动态登记管理制度，完善四省会城市毕业生就业手续相互认可办法，为毕业生供需提供更为便捷的服务。重点开展四省会城市的市属大中专院校在学科、专业、实验室建设以及科研和毕业生就业等方面的合作，加强市属中小学、幼儿园、中职学校之间的合作。促进青少年体育和大众体育交流联合发展事业。

在对技术性人才以及高校人才进行联合开发后，长沙、合肥、南昌、武汉四城市于 2017 年签署了《长江中游四省会城市人才发展合作框架协议》，该协议提出将逐步消除限制人才流动的体制性障碍，初期目标到 2017 年底，基本实现人才信息互联互通，共同完成 2～3 项具有较强影响力的区域人才合作项目。中期目标到 2021 年，要搭建辐射四个城市的人才服务平台，区域人才发展合作迈入整体联动的新格局。远期目标到 2030 年，要全面建成市场化国际化程度较高的区域人才一体化发展新体系，成为全国区域人才发展合作的典型样本。

为尽快实现协议中目标，四市联合对人才政策加强衔接，并从专业技术人才以及高技能人才开始，逐步消除限制人才流动的身份、户籍、社保等方面的体制性障碍，推进异地资格互认、促进人才的无障碍自由流动。同时，四市在加强人才交流以及加快推进相关资源共享共用方面也采用了不同的措施，例如相互选派优秀党政干部和科技、商务、教育、卫生等领域高层次人才挂职锻炼，相互开放大学生就业见习基地和实训基地，支持课题联合申报，制订相关奖励制度等，与前两年的合作相比，该协议计划对四市的人才进行全面开发，提供联通的就业平台，并进一步向周边城市扩张。

（三）海陆空“三位一体”的立体交通格局

交通便利一直都是城市经济发展不可缺少的条件，而长江中游地区位于中国中心地区，有良好的区位基础，因此，早在长江中游城市群被正式提出之前，湖南省就已经在交通上对城市进行了规划，湖南省政府对长株潭城市群扩容，首次提出以长株潭为中心、一个半小时车程为半径、囊括环长株潭的另外5个城市，形成如今的“3+5”格局。2016年底则提出“3+5”城市群战略，即建设以长沙、株洲、湘潭三市为中心，1.5小时通勤范围为半径，包括岳阳、常德、益阳、娄底、衡阳5个省辖市在内的城市聚集区。在原“交通同环、电力同网、金融同城、信息同享、环境同治”的基础上形成“新五同”，即交通同网、能源同体、信息同享、生态同建、环境同治。到2009年，长株潭三市建设已取得初步成果，长株潭三市的长途区号统一为“0731”（长沙+8、株洲+2、湘潭+5），成为全国唯一统一区号的城市群；三市的旅游行业也随着交通的推进而得到了进一步发展。而武汉城市圈也于2012年底实现了武汉“1+8”城市圈1小时交通网格局，汉孝、汉洪、汉蔡、武麻、武英、青郑、和左等7条武汉高速出口路以及互通的城市圈高速公路已全部通车，这使得武汉城市圈的物流行业发展取得了重大突破，依托“武汉·中国光谷”形成的光电子信息产业链也得到了迅速发展。这些成果均表明了建立高效交通网络的重要性。

长江中游城市群在《规划》发布之前就对长江中游地区的交通进行过规划，江西、湖北、湖南、安徽四省交通运输厅负责人于2012年签订了《推进设立长江中游城市群综合交通运输示范区合作意向书》，根据规划，江西、湖北、湖南、安徽未来将实现“旅客2小时运输圈”。有业内专家指出，4个城市均处于国家高速公路网和铁路网的衔接位置，也是国家定位的物流节点城市，且产业互补，可实现上下游分工。在物流方面，在共同推进华中甩挂运输，建立城市群物流城市配送体系。但遗憾的是，2012年签订的意向书并没有得到正式的实施，四市之间的交通网络并未形成。

2014年，4个城市的交通运输部门从交通运政执法出发，共同签署了《道路运输行政执法协助工作机制》，这意味着交通运政执法已经实现一体化，与此同时，打造“海陆空三位一体”的综合交通枢纽战略计划被重点提出。2016年的长江中游城市群省会城市会商会对该计划制订了具体的实施计划[①]。

水路交通方面，将推进长江中游航道改造整治工程，实现内河水运通江达海，包括长江武汉至安庆（含九江段）6米航道、长江武汉至宜昌4.5米航道；实施湘江、汉江、赣江、合裕线、兆西河、江淮运河等航道升级改造工程。

陆地交通方面，联合推进建设渝长厦、商丘—合肥—杭州、郑州—合肥等快速铁路；沿江高铁（武汉—合肥—南京）、西安—武汉客运专线，南昌—福州等高速铁路；武汉城市圈、环长株潭城市群等城际铁路；长沙—岳阳—武汉、长沙—浏阳—九江—安庆—南京、赣西对接长株潭等城际铁路。推进实施皖赣铁路扩能改造工程。协调推进区域内高速公路建设和国道建设。

---

① 万晓霞：《长江中游城市群四省会城市签署〈南昌行动〉》，http：//www.nc.gov.cn/xwzx/ncyw/201603/t20160302_802369.htm，2016年3月2日。

航空运输方面，将实施武汉、长沙、南昌及合肥国际机场扩建工程。共同争取将长江中游城市群区域列入低空试点范围；完善长江中游城市群机场功能布局，发展通用航空。

交通基础设施的建立并不是一朝一夕就能成功的事情。在推进长江中游城市群交通网络建设的同时，交通运输部门推动了四市交通一卡通互联互通，这充分表明了政府对长江中游城市群交通网络建设的重视。

（四）医疗卫生合作达成

医疗卫生服务是与人们生活联系最为紧密的基本公共服务之一，因此，在基本实现长江中游城市群社保异地结算、住房公积金异地互认互贷以及交通一卡通之后，医疗卫生服务也开始逐步在长江中游城市群内部实现互通。现阶段，长江中游地区各城市群内部已在异地就医结算和“医保直通车”方面有所突破，同时也在推动社会保障卡在城市群内通用，随着长江中游城市群信息港的逐步完善，将逐步实现跨地区参保人员信息资源互联共享、定点医疗机构互认和跨区域实时监管，建立参保患者异地就诊协同管理以及区域内医保基金跨省结算机制。

与此同时，远程医疗合作和跨区域院前急救合作已经在部分城市成功实施，2017 年，武汉市第一医院历时 2 个月在长江中游城市群牵头组建了首个跨区域专科医疗联盟——“长江中游皮肤科联盟”①，为推动医疗卫生资源共享、加强各类医疗机构建设、提升城市群医疗服务能力和水平提供了优秀案例。《规划》中也提出要搭建互联互通的卫生信息平台，以电子病历、远程医疗、健康档案为核心，在未来

① 吴思勇：《“同城”服务惠民生》，http://www.ncnews.com.cn/xwzx/ncxw/zhxw/2016-04/09/content_1551712.htm，2016 年 3 月 2 日。

实现公共卫生、医疗服务、医疗保障、基本药物制度和综合管理等方面的信息资源互通共享。

由此可见，长江中游城市群的基本公共服务协同发展水平在近年来得到了显著提高，其部分成功经验更在全国范围得到推广，但总体上依旧存在公共服务差异较大，一体化程度低；政府主导痕迹明显，区域间缺乏合作等现象。因此，为了实现长江中游城市群协同发展，必须针对相应问题进行分析，本文从公共服务协同发展的角度出发，将推动公共服务协同发展的主要目标之一——促进基本公共服务均等化发展作为主要考察内容，并以此为基础构建评价指标体系，对长江中游城市群的公共服务协同发展水平进行测度分析，为促进长江中游城市群公共服务协同发展提供参考方向，进而推进长江中游城市群协同发展。

二　长江中游城市群公共服务协同发展评价

（一）长江中游城市群公共服务协同指标构建

1. 评价指标体系及数据来源

（1）评价指标体系的构建

公共服务协同指数实际上是对长江中游城市群的不同地区的不同公共服务项目的总水平进行评价。根据现阶段我国经济社会发展状况以及国家有关政策，可以大致将我国基本公共服务分为教育、医疗卫生、文化、就业再就业服务、社会保障、生态环境、公共基础设施和社会治安等8类[①]，国内相关研究也大多是基于这8类指标

① 魏福成、胡洪曙：《我国基本公共服务均等化：评价指标与实证研究》，《中南财经政法大学学报》2015年第5期。

中的某几类或是一类构建评价指标体系。由于本文是基于各城市群的市级数据进行计算的，受数据的可获得性限制，本文将从中剔除社会治安，并将社会保障与就业合并，最终选择基础设施、教育服务、公共文化、医疗卫生、社会保障及就业和生态环境6类基本公共服务。

因本文所选的6类基本公共服务容量较大，可供选择的具体指标较多，因此本文将从每一类基本公共服务中选取1～4个具有代表性的具体指标构成评价指标体系，下面将对具体指标的选取进行说明。

①基础设施。基础设施作为公共服务的物质工程设施，是社会生产、居民生活以及其他服务活动的基础，随着生活水平的提高，公民对基础设施的需求量也越来越大[①]。基础设施一般包括交通以及供水供电等市政公用工程设施，文中选用人均道路面积、每万人拥有公共交通车辆数、人均供水量以及城乡居民人均用电量四项作为基础设施方面的单项指标。

②教育服务。在基础教育方面，首先选取了教育支出占公共财政的百分比作为重要单项指标，表明国家以及各级政府部门对基础教育的重视程度。其次，相较于生均学校数以及在校学生人数，本文认为生师比更能体现教育质量的差异，生师比越高，代表教学质量越低，为负向指标。根据现阶段我国的社会经济发展现状，本文认为基础教育应该包含小学、中学以及高中三个阶段[②]，因此，教育服务方面选用教育支出占公共财政支出比重、普通小学生师比、普通中学生师比以及普通高中生师比四项指标作为具体指标。

---

① 范柏乃、傅衍、卞晓龙：《基本公共服务均等化测度及空间格局分析——以浙江省为例》，《华东经济管理》2015年第1期。

② 安体富、任强：《中国公共服务均等化水平指标体系的构建——基于地区差别视角的量化分析》，《财贸经济》2008年第6期。

③公共文化。发展公共文化是当今促进公民自我发展的基本途径，随着我国经济社会的发展，人们对图书馆、电影院等设施的需求远高于21世纪初期。因此，本文在构建评价体系时，通过每百人公共图书馆藏数衡量地区文化资源，用地区的剧场、影剧院个数衡量地区的休闲娱乐资源。

④医疗卫生。医疗卫生服务直接关系到公民的生存与健康，按照之前学者的研究惯例，一般均从医院数量、床位数以及专任医生人数三个方面衡量医疗卫生服务水平。本文同样通过每万人拥有医院、卫生院数，每万人拥有医院、卫生院床位数以及每万人拥有医生数衡量地区的医疗资源。

⑤社会保障及就业。社会保障及就业一般通过社会保险覆盖率以及城镇登记失业率两个单项指标进行衡量，前者为正项指标，后者为负向指标，由于数据的可获得性，社会保险覆盖率难以统计，因此，在此二级指标中只用城镇登记失业率进行衡量。虽然在二级指标下只设置单一单项指标的度量方式有失全面，但数据的可得性也是重要考虑标准之一。

⑥生态环境。生态环境是维护居民身心健康的重要指标之一，而生态环境保护可以从城市绿化以及环境治理两个方面进行考虑，因此，本文用建成区绿化覆盖率来衡量城市绿化水平，用污水处理厂集中处理率以及生活垃圾无害化处理率衡量城市的环境治理水平，三者均为正项指标。

通过以上分析，本文将选取6个二级指标，17个具体指标对长江中游城市群的公共服务协同发展水平进行评价，具体指标如表1所示。

（2）数据来源及处理方法

本文中公共协同指数的研究单元为长江中游城市群，以其地级及以上城市为单位进行分析。其中湖北省包括武汉市、黄石市、鄂州

表1　长江中游城市群公共服务协同指数评价指标体系

<table>
<tr><th>目标变量</th><th>一级指标</th><th>二级指标</th><th>具体指标</th><th>单位</th><th>指标性质</th></tr>
<tr><td rowspan="20">长江中游城市群公共服务协同指数</td><td rowspan="20">长江中游城市群基本公共服务水平</td><td rowspan="4">基础设施 X_1</td><td>人均道路面积 X_{11}</td><td>平方米</td><td>+</td></tr>
<tr><td>每万人拥有公共交通车辆数 X_{12}</td><td>辆</td><td>+</td></tr>
<tr><td>人均供水量 X_{13}</td><td>吨/人</td><td>+</td></tr>
<tr><td>城乡居民人均用电量 X_{14}</td><td>千瓦时/人</td><td>+</td></tr>
<tr><td rowspan="4">教育服务 X_2</td><td>教育支出占公共财政支出比重 X_{21}</td><td>%</td><td>+</td></tr>
<tr><td>普通小学生师比 X_{22}</td><td>%</td><td>—</td></tr>
<tr><td>普通中学生师比 X_{23}</td><td>%</td><td>—</td></tr>
<tr><td>普通高中生师比 X_{24}</td><td>%</td><td>—</td></tr>
<tr><td rowspan="2">公共文化 X_3</td><td>每百人公共图书馆藏数 X_{31}</td><td>册、件</td><td>+</td></tr>
<tr><td>剧场、影剧院数 X_{32}</td><td>个</td><td>+</td></tr>
<tr><td rowspan="3">医疗卫生 X_4</td><td>每万人拥有医院、卫生院数 X_{41}</td><td>个/万人</td><td>+</td></tr>
<tr><td>每万人拥有医院、卫生院床位数 X_{42}</td><td>张/万人</td><td>+</td></tr>
<tr><td>每万人拥有医生数 X_{43}</td><td>人/万人</td><td>+</td></tr>
<tr><td>社会保障及就业 X_5</td><td>城镇登记失业率 X_{51}</td><td>%</td><td>—</td></tr>
<tr><td rowspan="3">生态环境 X_6</td><td>建成区绿化覆盖率 X_{61}</td><td>%</td><td>+</td></tr>
<tr><td>污水处理厂集中处理率 X_{62}</td><td>%</td><td>+</td></tr>
<tr><td>生活垃圾无害化处理率 X_{63}</td><td>%</td><td>+</td></tr>
</table>

市、黄冈市、孝感市、咸宁市、襄阳市、宜昌市、荆州市、荆门市10市（其中仙桃市、潜江市、天门市三市由于数据可获得性被剔除），湖南省包括长沙市、株洲市、湘潭市、岳阳市、益阳市、常德市、衡阳市、娄底市8市，江西省包括南昌市、九江市、景德镇市、鹰潭市、新余市、宜春市、萍乡市、上饶市、抚州市、吉安市10市（为方便在统一尺度上进行分析比较，在范围规定时将抚州市以及吉

安市的全部区域纳入计算），数据来源于 2010～2016 年《中国城市统计年鉴》[①]。在进行数据分析之前，本文将根据指标的正逆性对不同单位和量纲的指标进行无量纲处理[②]（正指标表示越大越好的指标，反之则为逆指标），具体处理方式如下：

$$正指标: z_i = \frac{x_i - \min(x_i)}{\max(x_i) - \min(x_i)}$$

$$逆指标: z_i = 1 - \frac{x_i - \min(x_i)}{\max(x_i) - \min(x_i)} = \frac{\max(x_i) - x_i}{\max(x_i) - \min(x_i)}$$

其中 x_i 代表单项指标的具体值，max（x_i）和 min（x_i）分别是 x_i 在 2009～2015 年不同地区具体指标的最大值和最小值。

2. 长江中游城市群公共服务协同指数测度方法

在对我国现有关于基本公共服务指标构建以及均等化文献进行总结分析后，可发现现阶段文献中运用较多的方法有综合评价法、层次分析法、基于熵权法 TOPSIS 分析法以及 DEA（数据包络分析法）四种[③]。其中，综合评价法以及层次分析法更多地用于对多指标体系的评价测量，TOPSIS 分析法则适用于指标数和对象数较少情况，多用于部门整体评价、效益评价等，而数据包络分析法则更多地用来衡量投入产出效率[④]，因此，在对长江中游城市群公共服务协同指数进行测量的时候，综合评价法以及层次分析法较为合适。但由于层次分析法在确定权重的时候主观性较强，可能对结果有影响，且相比于层次分析法，综合评价法具有简单直观的优点，且结果也更为可靠；同时

① 为了方便计算与比较，本文将襄荆宜城市群中包含的襄阳、荆门、荆州、宜昌四市纳入武汉城市圈中计算，在后文中直接以武汉城市圈代指武汉城市圈和襄荆宜城市群。

② 张建清、王艳慧：《长江中游城市群基本公共服务均等化现状评价与对策研究》，《当代经济管理》2016 年第 38（1）期。

③ 林阳衍、张欣然、刘晔：《基本公共服务均等化：指标体系、综合评价与现状分析——基于我国 198 个地级市的实证研究》，《福建论坛》（人文社会科学版）2014 年第 6 期。

④ 周庆元、骆建建：《基于 DEA 理论的基本公共服务均等化指标体系构建及效率评价》，《中南林业科技大学学报》（社会科学版）2011 年第 5（6）期。

我们可以发现现阶段，综合评价方法也是在国际组织以及权威机构的研究中运用最多的方法，学者魏福成曾指出联合国开发计划署在一系列人类发展报告中采用综合评价法对人类发展指数进行研究，世界银行也在一系列世界发展报告中采用了综合评价法，由此可见综合评价法所得的结果更能得到权威机构的认证，因此本文采用综合评价法进行研究。

综合评价法包含极差率、方差（标准差法）、变异系数、泰尔指数、基尼系数等分析方法。某项指标的极差率等于1时，表示绝对公平。极差率可以部分反映样本数据的离散程度，但只利用了样本中的两个极端值，并不是样本整体数据离散程度的全面真实反映。而方差与变异系数多用于评价指标对于评价目标而言比较模糊的情况，且这两种方法多用于统计，其对于具体指标的经济意义不够重视，且存在一定误差。泰尔指数与基尼系数是文献中运用较多的两种方法，但泰尔指数除了可以对区域整体进行分析研究外，还可以将指数分解为区域间差异与区域内差异，对于本文而言，泰尔指数更为合适。但泰尔指数也存在不能对地级市之间的公共服务差异进行评价的不足，因此本文还将运用基于熵权法TOPSIS分析法对泰尔指数进行辅助分析，以更为直观地显示出各地级市之间的公共服务差异。

（1）泰尔指数

本文将采用泰尔指数对长江中游城市群公共服务协同指数进行计算，泰尔指数越大，表示变异程度越大，协同发展水平越低。泰尔指数是由泰尔于1997年利用信息理论中的“熵”的概念来计算收入不平等而得名的[①]，其与其他衡量差异性的统计指标相比，有着可以将

---

① 俞威、云淑林：《基于泰尔指数模型的浙江省医疗卫生服务均等化研究》，《中国集体经济》2016年第9期。

整体差异分解为组内差异及组间差异的优势①，从而可以探究组内差异及组间差异各自对整体差异的贡献率。泰尔指数的计算公式如下：

$$T = \sum_{i=1}^{N} \frac{y_i}{y} \lg(\frac{y_i/y}{p_i/p}) = \sum_{j} \frac{y_i}{y} T_j + \sum_{j} \frac{y_j}{y} \lg(\frac{y_j/y}{p_j/p})$$

$$T_j = \sum_{m} \frac{y_{jm}}{y_j} \lg(\frac{y_{jm}/y_j}{p_{jm}/p_j})$$

$$T_w = \sum_{j} (\frac{y_j}{y}) T_j$$

$$T_b = \sum_{j} \frac{y_j}{y} \lg(\frac{y_j/y}{p_j/p})$$

$$I_w = \frac{T_w}{T}, T_b = \frac{T_b}{T}$$

其中，N 为样本个数，T 为总泰尔指数，y_i 为 i 市该指标下的公共服务水平，y_j 表示 j 城市群在该指标下的公共服务水平，y_{jm} 表示 j 城市群中 m 城市在该指标下的公共服务水平，y 表示长江中游城市群在该指标下的公共服务水平，p_i 表示 i 市人口，p_j 表示 j 城市群的总人口数，p_{jm} 表示 j 城市群中 m 市的人口数，p 表示长江中游城市群总人口，T_j 为 j 城市群的组内泰尔指数，T_w 为加权后的组内泰尔指数之和，T_b 为组间泰尔指数，I_w 为组内泰尔指数占总泰尔指数的百分比，I_b 为组间泰尔指数占总泰尔指数的百分比，$I_w + I_b = 1$，$N = 28$，$J = 3$。

采用加权算术平均法进行维度指数合成，以基础设施维度指标为例，计算公式如下：

$$T_{X1} = \alpha T_{X11} + \beta T_{X12} + \delta T_{X13} + \gamma T_{X14}$$

其中希腊字母代表各项数据的指标权重，本文中采用熵值法进行计算，在对其他维度以及综合维度进行合成处理时采用相同的公式和

① 邵燕斐、郑若萍、陈晓敏：《地方政府基本公共服务均等化测度及空间差异研究——基于广东省 21 个地市的数据》，《石家庄铁道大学学报》（社会科学版）2016 年第 10（3）期。

赋权方法。

熵值法中的熵表示系统无序的度量，可以用于度量已知数据所包含的有效信息量和确定权重，通过对“熵”的计算确定权重，就是根据各项指标值的差异程度，确定各项指标的权重①。当各评价对象的某项指标值相差较大时，熵值较小，说明该指标提供的有效信息量大，其权重也应该较大；反之，若某项指标值相差较小，熵值较大，说明该指标提供的有效信息量较小，其权重也应较小。具体计算步骤如下。

①对原始数据矩阵进行归一化处理。设 m 个评价指标 n 个评价对象的原始数据矩阵为 $A=(a_{ij})_{m\times n}$，对其归一化后得到的矩阵为 $R=(r_{ij})_{m\times n}$，归一化公式见数据来源及处理方法部分。

②定义熵。在有 m 个指标、n 个被评价对象的评估问题中，第 i 个指标的熵为：

$$h_i = -k\sum_{j=1}^{n} f_{ij}\ln f_{ij}$$

式中 $f_{ij}=r_{ij}\Big/\sum_{j=1}^{n} r_{ij}$，其中，$k=1/\ln n>0$；满足 $f_{ij}\geq 0$。

③计算各指标的权重。在定义了第 i 个指标的熵之后，可以得到第 i 个指标的熵权：

$$w_i = \frac{1-h_i}{m-\sum_{i=1}^{m} h_i}\left(0\leq w_i\leq 1,\sum_{l=1}^{m} w_i = 1\right)$$

权重计算结果如表 2 所示。

① 陆添超、康凯：《熵值法和层次分析法在权重确定中的应用》，《电脑编程技巧与维护》2009 年第 22 期。

表 2 各指标权重

基础设施	教育服务	公共文化	医疗卫生	社会保障	生态环境
0.239	0.107	0.273	0.311	0.009	0.060

（2）TOPSIS 评价法

TOPSIS（Technique for Order Preference by Similarity to an Ideal Solution）评价方法由 C. L. Hwang 和 K. Yoon 于 1981 年首次提出，TOPSIS 法根据有限个评价对象与理想化目标的接近程度进行排序，是在现有的对象中进行相对优劣的评价方法①，具体计算步骤如下。

①根据文中的评价指标体系构建原始矩阵 X：

$$X = \begin{bmatrix} x_{11} & \cdots & x_{1p} \\ \vdots & & \vdots \\ x_{n1} & \cdots & x_{np} \end{bmatrix}_{n \times p}$$

②对原始矩阵进行归一化处理，得到归一化矩阵 G：

$$G = \begin{bmatrix} g_{11} & \cdots & g_{1p} \\ \vdots & & \vdots \\ g_{n1} & \cdots & g_{np} \end{bmatrix}_{n \times p}$$

正向指标：$g_{ij} = x_{ij} \Big/ \sum_{i=1}^{n} x_{ij}$；负向指标：$g_{ij} = \frac{1}{x_{ij}} \Big/ \sum_{i=1}^{n} \frac{1}{x_{ij}}$

其中 i＝1，2，…，n；j＝1，2，…，p。

③对评价指标进行赋权，得到规范化矩阵 Z：

① 范柏乃、傅衍、卞晓龙：《基本公共服务均等化测度及空间格局分析——以浙江省为例》，《华东经济管理》2015 年第 1 期。

$$Z = \begin{bmatrix} z_{11} & z_{12} & \cdots & z_{1p} \\ z_{21} & z_{12} & \cdots & z_{2p} \\ \cdots & \cdots & \cdots & \cdots \\ z_{n1} & z_{n2} & \cdots & z_{np} \end{bmatrix}_{n \times p}$$

其中，$z_{ij} = g_{ij} \times \omega_i$，$i = 1, 2, \cdots, n$；$j = 1, 2, \cdots, p$；$\omega_i$指第$i$个指标的权重，计算方法见泰尔指数。

④筛选各项评价指标的最优值和最劣值，构造最优解向量Z^+和最劣解向量Z^-：

$$Z^+ = (z_1^+, z_2^+, \cdots, z_p^+); Z^- = (z_1^-, z_2^-, \cdots, z_p^-)$$

其中，$Z_j^+ = \max(z_{1j}, z_{2j}, \cdots, z_{nj})$；$Z_j^- = \min(z_{1j}, z_{2j}, \cdots, z_{nj})$，$j = 1, 2, \cdots, p$。

⑤分别计算各评价单元与最优解和最劣解之间的距离，具体计算公式如下：

$$D_i^+ = \sqrt{\sum_{j=1}^{p} (z_{1j} - z_j^+)^2}, D_i^- = \sqrt{\sum_{j=1}^{p} (z_{1j} - z_j^-)^2}$$

其中，D_i^+ 表示与最优解之间的距离；D_i^- 表示与最劣解之间的距离。

⑥计算各评价单元与最优解之间的相对接近程度C_i：

$$C_i = \frac{D_i^-}{D_i^+ + D_i^-}$$

其中，$i = 1, 2, \cdots, n$，当C_i越大时，说明该评价单元与最优解之间的距离越小，也就是越接近最优向量。

（二）长江中游城市群公共服务协同指数分析

通过泰尔指数可以测算出2009～2015年长江中游城市群公共服

务的协同指数，因泰尔指数的计算结果表示的是公共服务的差异化水平，因此，泰尔指数越大，代表协同发展水平越低。

1. 长江中游城市群公共服务协同指数

（1）长江中游城市群公共服务协同总指数

通过泰尔指数计算的长江中游城市群协同指数的数值如表 3 所示，为了使评价结果更为直观，将协同指数数值绘制成如图 1 所示的折线图。

表 3　长江中游城市群公共服务协同总指数

年份	基础设施	教育服务	公共文化	医疗卫生	社会保障	生态环境	总指数
2009	0.1201	0.1170	0.1531	0.1223	0.0007	0.1089	0.1276
2010	0.1258	0.1142	0.1320	0.1231	0.0006	0.1045	0.1229
2011	0.1252	0.1184	0.1354	0.1279	0.0004	0.1054	0.1257
2012	0.1140	0.1559	0.1391	0.1435	0.0006	0.1060	0.1329
2013	0.1147	0.1109	0.1059	0.1478	0.0006	0.1015	0.1203
2014	0.1097	0.1099	0.0904	0.1584	0.0006	0.1015	0.1180
2015	0.1193	0.1212	0.1018	0.1377	0.0008	0.0983	0.1180

2009～2012 年，长江中游城市群公共服务协同指数呈上升趋势，并于 2012 年达到峰值 0.1329，自此之后，公共服务水平差异开始缩小，2015 年，泰尔指数下降至 0.118。长江中游城市群公共服务协同指数大致呈倒“U”形，其中，教育服务的波动与总协同指数的波动大致相同，于 2012 年达到峰值 0.1559，基础设施和生态环境在 2009～2015 年大致呈下降趋势，但幅度较小，说明在此期间长江中游城市群的基础设施和生态环境发展差异略有缩小。公共文化和医疗卫生的泰尔指数呈相反的发展趋势，前者在 2009～2015 年有大幅下降趋势，2015 年的泰尔指数为 0.1018，与 2009 年的 0.1531 相比下降了 0.0513，后者则呈上升趋势，2015 年与 2009 年的泰尔指数差值达到 0.0154，说明长江中游城市群公共文化的差异呈缩小趋势，但医疗卫生服务的差异开始增大。社会保障服务在 2009～2015 年的差

异变化不大，且原本发展水平差异较小。除此以外，2014～2015 年，除医疗卫生服务和生态环境外，另外四个指标的泰尔指数均呈上升状态，这一情况并不乐观。

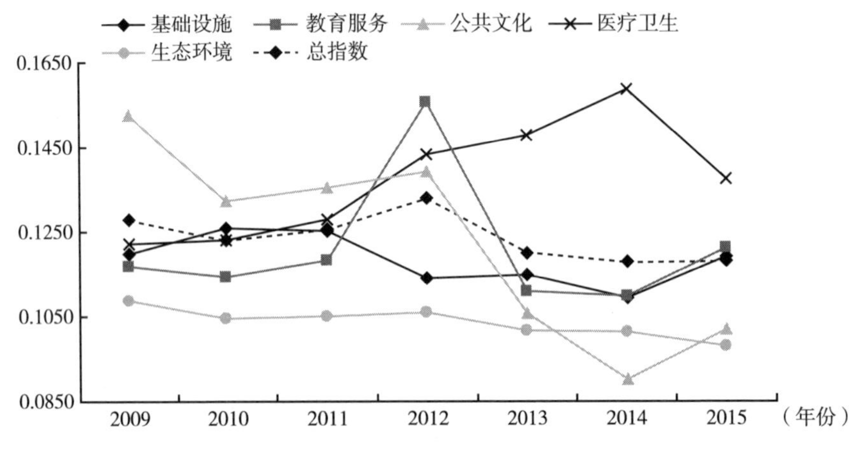

图 1　长江中游城市群公共服务协同总指数

注：由于社会保障数值较小，故图中未显示，下同。

（2）环鄱阳湖城市群公共服务协同总指数

环鄱阳湖城市群的公共服务协同总指数如表 4 所示，从总公共服务协同指数来看，其数值在 2014 年前一直呈缓慢下降趋势，但 2015 年突然有明显升高，并且直接超过 2009 年的差异程度。

表 4　环鄱阳湖城市群公共服务协同总指数

年份	基础设施	教育服务	公共文化	医疗卫生	社会保障	生态环境	总指数
2009	0. 1449	0. 0852	0. 1043	0. 1028	0. 0009	0. 0919	0. 1097
2010	0. 1294	0. 0783	0. 1066	0. 0926	0. 0008	0. 0814	0. 1021
2011	0. 1206	0. 0847	0. 1059	0. 0920	0. 0004	0. 0812	0. 1003
2012	0. 1111	0. 0834	0. 0964	0. 0867	0. 0006	0. 0854	0. 0939
2013	0. 1074	0. 0860	0. 1030	0. 0808	0. 0003	0. 0792	0. 0929
2014	0. 1162	0. 0827	0. 0925	0. 0754	0. 0008	0. 0780	0. 0900
2015	0. 1462	0. 1018	0. 1361	0. 0881	0. 0007	0. 0935	0. 1161

结合表4以及图2，我们可以明显看出基础设施以及医疗卫生公共服务在2014年之前的下降幅度较大，说明这两类公共服务的协同发展水平有了很大的提高。而基础设施和公共文化公共服务的数值大多数情况均高于总指数，说明这两类公共服务的整体协同发展水平不高。基础教育、生态环境以及社会保障这三类公共服务的差异变化较小，且数值较低，表明这三类公共服务本身在环鄱阳湖城市群发展较为平均，差异较小。

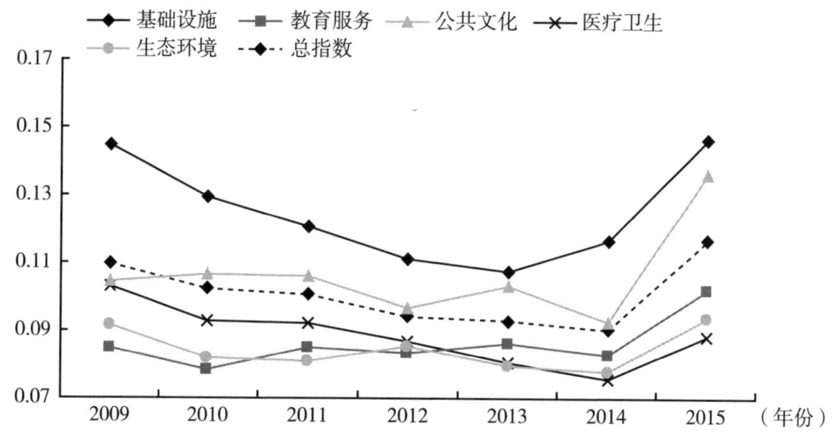

图2　环鄱阳湖城市群公共服务协同总指数

（3）武汉城市圈公共服务协同总指数

武汉城市圈的公共服务协同总指数与长江中游城市群公共服务协同总指数的变化趋势最为一致。总体来看，武汉城市圈的公共服务协同发展水平差异在2009～2015年大致经历了先增大后减小的变化，到2015年底，武汉城市圈的公共服务协同发展水平差异与2009年相比略有扩大。

从图3可以明显看出，武汉城市圈的公共服务协同指数在2012年的变动最大，2012～2013年，教育服务的数值有明显的下降，从0.23直接下降到0.14，2011～2012年增长率较大的医疗卫生服务也

表5 武汉城市圈公共服务协同总指数

年份	基础设施	教育服务	公共文化	医疗卫生	社会保障	生态环境	总指数
2009	0. 1260	0. 1542	0. 1402	0. 0930	0. 0004	0. 1202	0. 1211
2010	0. 1282	0. 1424	0. 1372	0. 0956	0. 0006	0. 1100	0. 1197
2011	0. 1305	0. 1568	0. 1445	0. 1034	0. 0004	0. 1088	0. 1261
2012	0. 1110	0. 2294	0. 1629	0. 1945	0. 0005	0. 1149	0. 1630
2013	0. 1262	0. 1382	0. 1260	0. 2113	0. 0005	0. 1166	0. 1521
2014	0. 1231	0. 1349	0. 0874	0. 2309	0. 0007	0. 1171	0. 1466
2015	0. 1222	0. 1443	0. 0884	0. 1821	0. 0008	0. 1139	0. 1323

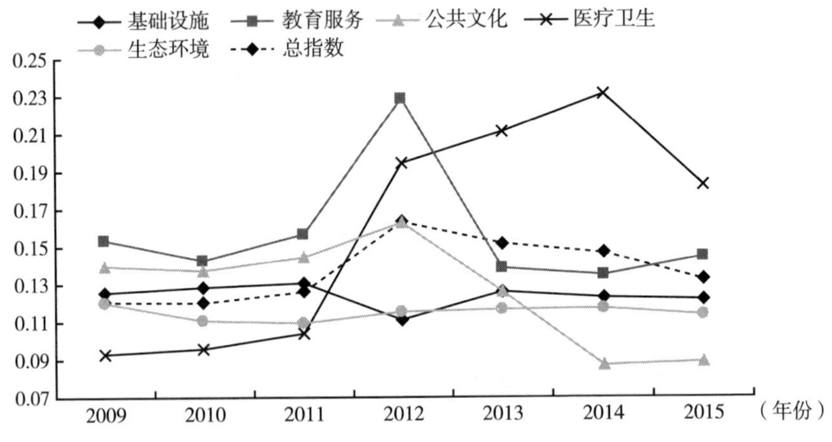

图3 武汉城市圈公共服务协同总指数

在2012年以后有明显的增长放缓趋势。公共文化的协同发展水平差异本在六类公共服务中相对较大，但是其在2012年出现了明显的下降趋势，除社会保障外，公共文化是现阶段武汉城市圈协同发展水平差异最小的公共服务。

（4）环长株潭城市群公共服务协同总指数

从表6以及图4均能看出2009～2015年环长株潭城市群的公共服务协同发展水平变化较小，若将三个城市群的总指数进行比较，可以明显发现环长株潭城市群的公共服务协同发展差异变化是最小的，近年来，这一优势也得到了很好的保持。

表 6　环长株潭城市群公共服务协同总指数

年份	基础设施	教育服务	公共文化	医疗卫生	社会保障	生态环境	总指数
2009	0.0674	0.0607	0.0695	0.0990	0.0007	0.0450	0.0751
2010	0.0827	0.0722	0.0534	0.1077	0.0005	0.0421	0.0781
2011	0.0985	0.0515	0.0567	0.1210	0.0003	0.0544	0.0854
2012	0.0889	0.0636	0.0309	0.1099	0.0007	0.0551	0.0740
2013	0.0830	0.0572	0.0329	0.1085	0.0007	0.0546	0.0720
2014	0.0654	0.0578	0.0518	0.1027	0.0004	0.0589	0.0714
2015	0.0789	0.0901	0.0513	0.0978	0.0007	0.0551	0.0763

在环长株潭城市群中，只有医疗卫生公共服务的数值在 2010 ~ 2014 年位于 0.1 以上，其他五类公共服务协同指数均小于 0.1，2009 ~2015 年波动最大的为公共文化公共服务，其数值在 2012 年有明显的下降，但 2014 年又明显回升，其余五类公共服务的协同发展水平差异波动不大。

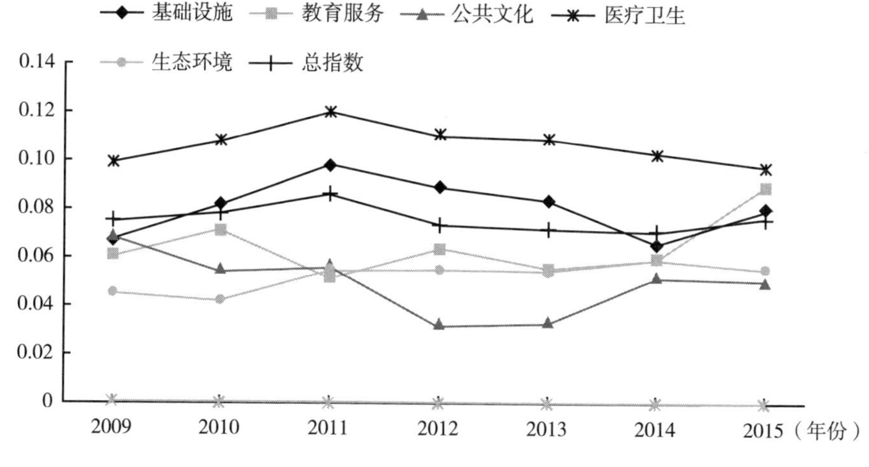

图 4　环长株潭城市群公共服务协同总指数

2. 区域间差异

根据泰尔指数公式，可以将泰尔指数进行分解，由此可以得到长江中游城市群中武汉城市圈、环鄱阳湖城市群及环长株潭城市群之间的公共服务水平差异，具体结果如表7所示。

表7　长江中游城市群区域间泰尔指数及占比

项目		2009年	2010年	2011年	2012年	2013年	2014年	2015年
基础设施	泰尔指数	0.0079	0.0121	0.0090	0.0099	0.0088	0.0082	0.0058
	比重(%)	6.56	9.61	7.20	8.72	7.65	7.52	4.84
教育服务	泰尔指数	0.0113	0.0137	0.0154	0.0124	0.0151	0.0153	0.0074
	比重(%)	9.69	12.00	13.03	7.98	13.58	13.95	6.13
公共文化	泰尔指数	0.0325	0.0188	0.0207	0.0183	0.0100	0.0075	0.0072
	比重(%)	21.21	14.27	15.28	13.15	9.42	8.27	7.06
医疗卫生	泰尔指数	0.0253	0.0248	0.0207	0.0046	0.0043	0.0063	0.0062
	比重(%)	20.68	20.16	16.19	3.19	2.94	3.95	4.53
社会保障	泰尔指数	0.0001	0.0000	0.0000	0.0000	0.0001	0.0000	0.0001
	比重(%)	10.60	5.22	4.79	0.42	15.26	0.28	8.27
生态环境	泰尔指数	0.0203	0.0256	0.0232	0.0194	0.0168	0.0160	0.0088
	比重(%)	18.67	24.47	21.97	18.27	16.57	15.77	8.93
区域间总差异	泰尔指数	0.0210	0.0188	0.0173	0.0113	0.0088	0.0086	0.0066
	比重(%)	19.75	18.01	15.94	9.28	7.90	7.83	5.93

将结果绘制成折线图可以得到图5，从图5可以明显看出区域间总差异在2009～2015年大体呈下降趋势，区域间差异从2009年的0.021下降到0.0066，占比更从接近20%下降到不到6%。分散到各个指标来看，公共文化、生态环境和医疗卫生方面的区域间泰尔指数呈明显下降趋势，公共文化的泰尔指数从2009年的0.0325下降到2015年的0.0072，生态环境泰尔指数从0.0203下降到0.0088，医疗卫生从0.0253下降到0.0062，占比也均有明显下降。截止到2015年，六项分指标和总区域间差异占总泰尔指数的比重均下降到10%

以下，这一结果表明武汉城市圈、环鄱阳湖城市群及环长株潭城市群之间的公共服务差异开始逐步缩小，但同时也说明各城市群内部的公共服务差异有扩大趋势。

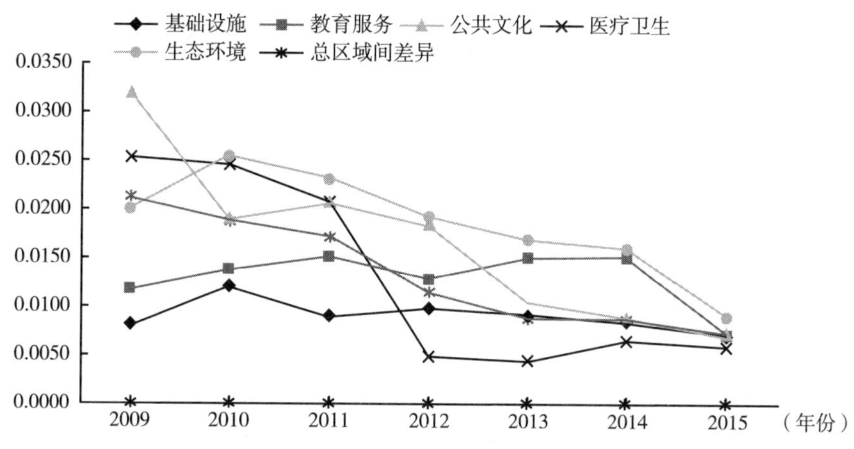

图 5 长江中游城市群区域间泰尔指数

3. 区域内差异

通过对区域间泰尔指数占比的分析，可以发现长江中游城市群公共服务发展水平差异更多地体现在各城市群内部，而不是城市群之间。

（1）环鄱阳湖城市群

环鄱阳湖城市群的泰尔指数如表 8 所示，从其占长江中游城市群公共服务总泰尔指数的比重来看，2011～2012 年有明显的下降趋势，占比低至 20% 以下，但并没有得到保持，2012 年后开始持续增长，到 2015 年占比已接近 30%。

从图 6 可以较为清晰地看出环鄱阳湖城市群的总内部差异大致呈“U”形分布，这与长江中游城市群的泰尔系数发展趋势完全相反。在二级指标方面，除医疗卫生前期发展平稳，后期有下降趋势，生态

表 8　环鄱阳湖城市群区域内泰尔指数及占比

年份	基础设施	教育服务	公共文化	医疗卫生	社会保障	生态环境	总区域内差异	占比（%）
2009	0.0441	0.0303	0.0300	0.0321	0.0003	0.0363	0.0326	25.58
2010	0.0420	0.0286	0.0300	0.0302	0.0002	0.0329	0.0326	26.56
2011	0.0375	0.0320	0.0301	0.0291	0.0001	0.0321	0.0316	25.14
2012	0.0361	0.0294	0.0213	0.0208	0.0001	0.0336	0.0261	19.62
2013	0.0350	0.0326	0.0279	0.0197	0.0001	0.0305	0.0275	22.82
2014	0.0372	0.0313	0.0299	0.0178	0.0002	0.0294	0.0277	23.48
2015	0.0419	0.0386	0.0410	0.0210	0.0002	0.0360	0.0341	28.88

环境呈倒“U”形变化趋势之外，其他指标差异变化趋势均与环鄱阳湖城市群总内部差异相一致。这些结果说明长江中游城市群内部在公共服务协同发展方面占主导地位的并不是环鄱阳湖城市群，且环鄱阳湖城市群内部公共服务差异近年有扩大趋势，2015 年的公共服务发展水平差距已超过 2009 年，需注重在基础设施和公共文化方面的协调工作，医疗卫生及生态环境保护协同发展需保持当前水平，防止反弹现象的出现。

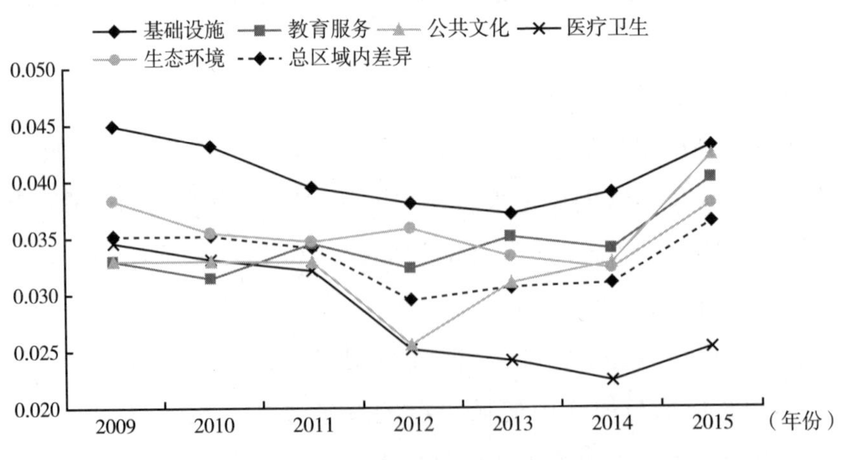

图 6　环鄱阳湖城市群区域内差异

（2）武汉城市圈

武汉城市圈一直在长江中游城市群中占主导地位，但其中心武汉发展过快也是近年来值得关注的话题。从武汉城市圈泰尔指数对总泰尔指数的贡献率来看，武汉城市圈泰尔指数的占比最低值为34.87%，超过总指数的1/3，占比最大时超过一半。其占比从发展趋势来看呈先增后减趋势，但2015年的占比与2009年相比仍有升高，说明武汉城市圈内部公共服务发展水平差异整体增大了。

表9　武汉城市群区域内差异及占比

年份	基础设施	教育服务	公共文化	医疗卫生	社会保障	生态环境	总区域内差异	占比（%）
2009	0.0451	0.0582	0.0754	0.0220	0.0002	0.0399	0.0445	34.87
2010	0.0431	0.0514	0.0709	0.0234	0.0003	0.0339	0.0445	36.21
2011	0.0439	0.0577	0.0710	0.0262	0.0002	0.0344	0.0463	36.84
2012	0.0377	0.0972	0.0933	0.0796	0.0002	0.0376	0.0719	54.11
2013	0.0432	0.0474	0.0584	0.0853	0.0002	0.0387	0.0602	50.04
2014	0.0425	0.0473	0.0388	0.0972	0.0003	0.0385	0.0583	49.44
2015	0.0436	0.0505	0.0382	0.0748	0.0004	0.0379	0.0518	43.88

武汉城市圈泰尔指数的发展趋势与总泰尔指数相似，但数值的波动范围和峰值均高于长江中游城市群的整体水平。从图7中可以看出在2011年之前各指标及总内部差异波动较小，并于2011～2012年公共服务差异出现明显变化，但除医疗卫生以外的指标均在2013年基本恢复至之前水平。因此，武汉城市圈相较于其他两个城市群，应在公共服务协调发展方面投入更多的精力，并着重关注医疗卫生。

（3）环长株潭城市群

与环鄱阳湖城市群和武汉城市圈相比，环长株潭城市群的泰尔指

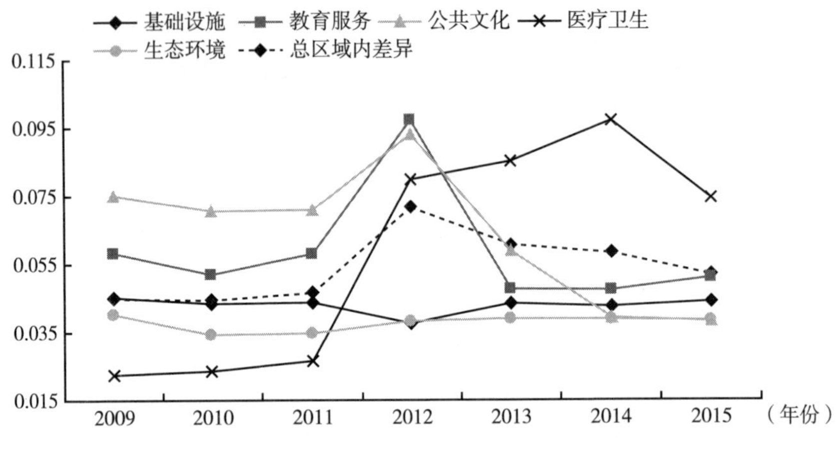

图7　武汉城市群区域内差异

数占比较小，基本保持在20%左右，波动范围也不大，说明长株潭湖城市群的公共服务差异对长江中游城市群的影响较小。

表10　环长株潭城市群区域内差异及占比

年份	基础设施	教育服务	公共文化	医疗卫生	社会保障	生态环境	总区域内差异	占比（%）
2009	0.0230	0.0171	0.0152	0.0430	0.0001	0.0124	0.0270	21.16
2010	0.0287	0.0206	0.0122	0.0447	0.0001	0.0121	0.0270	21.97
2011	0.0348	0.0133	0.0137	0.0518	0.0001	0.0157	0.0305	24.27
2012	0.0302	0.0169	0.0062	0.0385	0.0002	0.0155	0.0236	17.78
2013	0.0277	0.0159	0.0096	0.0385	0.0003	0.0155	0.0238	19.82
2014	0.0218	0.0160	0.0142	0.0371	0.0001	0.0176	0.0234	19.83
2015	0.0280	0.0246	0.0154	0.0356	0.0002	0.0156	0.0255	21.64

从图8可以发现除医疗卫生的泰尔指数在2012年之前大于0.04之外，其余指标及总泰尔指数的数值均小于0.04，与武汉城市圈及环鄱阳湖城市群相比处于较低水平。这说明环长株潭城市群的公共服务均等化水平较高，公共服务大体上实现了协同发展。

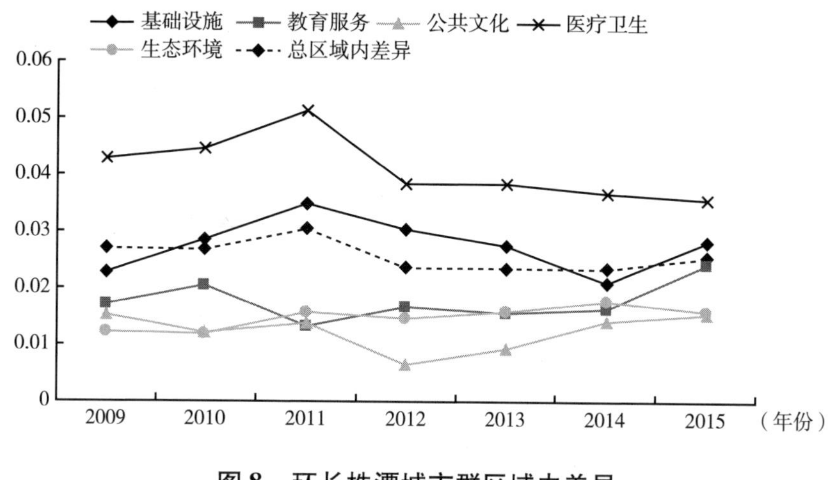

图 8　环长株潭城市群区域内差异

（三）长江中游城市群公共服务空间格局分析

虽然泰尔指数可以很明显地显示出长江中游城市群内部各城市群之间以及各城市群内部的公共服务差异，但为了更好地显示各地级市之间的公共服务差异，并以此为基准对公共服务的供给进行调整，以达到长江中游城市群公共服务协同发展的目的，本文拟用 TOPSIS 分析法，以 2015 年为典型年份对各地级市的公共服务水平进行测度并排名，并以此为基准对长江中游城市群的公共服务改革提出更为具体的政策建议。

表 11 显示了 2015 年长江中游城市群 28 个地级市的基本公共服务水平的评价结果。排名位于前 3 位的城市分别为武汉市、鄂州市以及长沙市，其指数分别为 0.65995、0.35152 和 0.29657，前两位均来自武汉城市圈，武汉市与长沙市则分别为武汉城市圈以及环长株潭城市群的中心城市。排名最后 3 位的城市分别为孝感市、新余市以及咸宁市，其指数分别为 0.04873、0.04278 和 0.04258，其中孝感市以及咸宁市均属于武汉城市圈。同时，排名前 10 位的城市中有 6 个城市

来自环长株潭城市群，排名后8位的城市中有4个城市来自环鄱阳湖城市群，且环鄱阳湖城市圈的中心南昌市仅排名第8位。除此之外，排名第1位的武汉市是排名最后1位的咸宁市的15.50倍，且这两个城市均属于武汉城市圈，说明长江中游城市群内部的公共服务均等化水平存在巨大差异，且这一差异大部分是由武汉城市圈的内部差异造成的。

表11　2015年长江中游城市群28个地级市公共服务水平评价结果

城市	地区	D+	D-	C	排名
南昌市	环鄱阳湖城市群	0.05763	0.01125	0.16335	8
景德镇市	环鄱阳湖城市群	0.06053	0.00686	0.10180	17
萍乡市	环鄱阳湖城市群	0.05742	0.00762	0.11720	11
九江市	环鄱阳湖城市群	0.06040	0.00639	0.09569	21
新余市	环鄱阳湖城市群	0.06347	0.00284	0.04278	27
鹰潭市	环鄱阳湖城市群	0.06073	0.00522	0.07916	25
吉安市	环鄱阳湖城市群	0.06075	0.00661	0.09809	20
宜春市	环鄱阳湖城市群	0.05795	0.00734	0.11241	13
抚州市	环鄱阳湖城市群	0.05885	0.00579	0.08955	23
上饶市	环鄱阳湖城市群	0.06202	0.00737	0.10624	16
武汉市	武汉城市圈	0.02893	0.05615	0.65995	1
黄石市	武汉城市圈	0.06026	0.00680	0.10139	18
宜昌市	湖北所属城市	0.05782	0.00747	0.11447	12
襄阳市	湖北所属城市	0.05933	0.00901	0.13179	9
鄂州市	武汉城市圈	0.05508	0.02986	0.35152	2
荆门市	湖北所属城市	0.05936	0.00613	0.09354	22
孝感市	武汉城市圈	0.06203	0.00318	0.04873	26
荆州市	湖北所属城市	0.05881	0.00643	0.09861	19
黄冈市	武汉城市圈	0.05881	0.00731	0.11057	14
咸宁市	武汉城市圈	0.06336	0.00282	0.04258	28
长沙市	环长株潭城市群	0.04982	0.02100	0.29657	3
株洲市	环长株潭城市群	0.05455	0.01129	0.17149	7
湘潭市	环长株潭城市群	0.05924	0.00733	0.11010	15

续表

城市	地区	D +	D -	C	排名
衡 阳 市	环长株潭城市群	0.05691	0.01529	0.21182	4
岳 阳 市	环长株潭城市群	0.05252	0.01276	0.19548	5
常 德 市	环长株潭城市群	0.05327	0.01180	0.18136	6
益 阳 市	环长株潭城市群	0.06064	0.00539	0.08169	24
娄 底 市	环长株潭城市群	0.05950	0.00893	0.13049	10

从各城市群内部情况来看，环鄱阳湖城市群中除中心南昌市排名第8位之外，其余城市均在10名之后，其中11～20名的有5个，20名之后的有4个，且位于20名之后的九江、鹰潭和抚州均位于南昌市周边，位于10～20位的5个城市中，仅有宜春市与南昌市相邻。在武汉城市圈当中，排名前10的城市有2个，位于11～20位的有2个，20名之后的有2个，其中，孝感与咸宁均与武汉相邻。环长株潭城市群的整体表现较好，排名前10位的城市有6个，占环长株潭城市群所有城市的一半以上，且仅有益阳市一个城市排名位于20名之后。这说明在武汉城市圈、环鄱阳湖城市群和环长株潭城市群中，环长株潭城市群的公共服务整体水平较高，且发展水平较为平均；武汉城市圈的中心城市公共服务发展较好，但城市间差异较大，两极分化严重，且排名较靠后的城市较为集中地位于武汉市周边；环鄱阳湖城市群的整体公共服务发展水平较低，城市群公共服务的内部差异较大。

三 长江中游城市群公共服务协同发展存在的问题

根据以上泰尔指数以及TOPSIS分析法的评价结果，我们可以发现现阶段长江中游城市群基本公共服务协同发展水平与2012年之前相比有明显的提高，各城市群之间的公共服务发展水平差异逐年减小，但问题也依旧存在。

第一，从整体来看，长江中游城市群公共服务泰尔指数在2009～2012年呈递增趋势，并在2012年达到峰值，此时长江中游城市群公共服务水平差距较大，2012年之后呈递减趋势，整体呈倒“U”形变化特征，这与2012年长江中游城市群采取的发展战略有很大的关系。自2012年国务院颁布的《国务院关于大力实施促进中部地区崛起战略的若干意见》中明确指出“鼓励和支持武汉城市圈、长株潭城市群和环鄱阳湖城市群展开战略合作，促进长江中游城市群一体化发展”以来，长江中游城市群内部关于基础设施、产业、市场、社会事业等重点领域的合作迅速展开，各省会城市先后签署《武汉共识》、《长沙宣言》等协议，截至2016年初，区域内跨省交流合作平台已达30多个，为促进长江中游城市群群公共服务协同发展做出了贡献。从方面指标分析看，长江中游城市群的生态环境、社会保障和基础设施公共服务水平差异基本保持不变，公共文化的水平差异大致呈缩小趋势，基础教育的水平差异呈先增后减趋势，这两类公共服务差异在2015年均略有上升，说明这两类公共服务水平差异有扩大趋势，而长江中游城市群的医疗卫生服务水平差异在2014年之前均呈扩大趋势，2015年略有缩小，这可能与2015年9月“长江中游城市群医药卫生学会合作交流秘书处”的成立，安徽、湖南、江西和湖北四省共同签署四地医药卫生学会合作共建框架协议书相关。同年10月，长江中游城市群公共卫生协作研究中心的正式成立，更标志着长江中游城市群疾病预防控制体系和重大区域性疾病的联防联控机制建设项目进入实施阶段，长江中游城市群的医疗卫生服务水平差异有望继续缩小。

第二，将长江中游城市群公共服务泰尔指数拆分来看，可以发现，区域间差异的占比远低于区域内占比，且呈逐年递减趋势，区域间总差异占比从2009年的19.75%下降到2015年的5.93%，泰尔指数从 2009 年的 0.0210 下降到 0.0066，而总泰尔指数在 2009 ~ 2015 年也呈递减趋势，进一步说明了环鄱阳湖城市群、武汉城市圈以及环长株潭城市群之间的公共服务水平差异在缩小。从二级指标分析来看，本文所选择的 6 类指标在 2009 ~ 2015 年的区域间泰尔指数虽略有波动，但整体呈下降趋势，说明长江中游城市群内部的三大城市群之间的基础设施、教育服务、公共文化、医疗卫生、社会保障以及生态环境方面的公共服务水平差异均呈缩小趋势，长江中游城市群公共服务一体化得到加强。

第三，从区域内泰尔指数占总泰尔指数的比值来看，2009 ~ 2015 年，其比值从 80% 左右上升到 95% 左右，这一数据说明长江中游城市群公共服务内部差异自 2009 年起就一直是长江中游城市群公共服务整体差异的主要构成，且长江中游城市群公共服务内部差异呈持续扩大趋势，这主要是由区域内部的大中小城市之间的财力不均等导致的。财政资金是提升区域公共服务水平的重要保障之一，财政资金不足的城市对公共服务的投入自然有所缩减，公共服务水平难以得到提高，与中心城市的公共服务水平差异进一步拉大。这种城市主要分为两类，一类是离城市群内部政治、经济、文化中心较远的小城镇，由于地区总体发展较为落后，政府财政资金紧张，对公共服务投入不足；另一类城市则是位于中心城市周边的城市，由于中心城市的发展速度较快，极化效应强烈但是扩散效应薄弱，中心城市群的基本公共服务水平远高于区域内的其他城市。

其中环鄱阳湖城市群的区域内差异占比从 2009 年的 25.58% 下降到 2012 年的 19.62% 又再次上升到 2015 年的接近 30%，整体呈“U”形分布，与长江中游城市群的公共服务差异总曲线相反，这说明虽然环鄱阳湖城市群的区域内公共服务水平差异较大，但其公共服务的整体发展水平较低。根据二级指标分析，可以发现除医疗卫生服务水平差异基本在持续缩小外，其余几类公共服务的水平差异均呈先减后增趋势，说明环鄱阳湖城市群除医疗卫生服务以外的其他公共服务水平差异近年来不减反增，相关政府部门应提高对公共服务的重视程度。武汉城市圈的区域内泰尔指数占总指数的比重从2009年的34.87%上升至2012年的54.11%，2015年又下降至43.88%，单从占比分析看，武汉城市圈的公共服务均等化差异呈恶化趋势，但从数值来看，除了医疗卫生公共服务的差异在2009~2015年增长了2.4倍，社会保障变化不大，其他几类公共服务的水平差异均呈缩小趋势，说明武汉城市圈应重点关注医疗卫生公共服务，分析其水平差异逐渐扩大的原因。环长株潭城市群的区域内差异占比在2009~2015年略有波动，但变化不大，基本维持在20%左右。从二级指标数值来看，生态环境泰尔指数变化最大，增长幅度为26%，说明环长株潭城市群在基本公共服务均等化方面表现较好，基本实现了公共服务协同发展。若将三个城市群的泰尔指数占比进行比较，可以发现武汉城市圈的泰尔指数占比在任何时期均是最高的，说明武汉城市圈内部的公共服务差异是构成长江中游城市群基本公共服务水平非均等化的主要因素。

第四，对2015年的长江中游城市群内各地级市的公共服务水平进行评价后，可以发现排名前3位和排名后3位的城市中，武汉城市圈均有两个，排名第1位的武汉市是排名最后1位的咸宁市的15.50倍。而且从整体得分以及排名来看，武汉城市圈的平均得分为0.175，位于三个城市群的首位，平均排名为15.1，位于三个城市群的第2名。若去除得分最高的武汉市，武汉城市圈的平均得分为0.121，平均排名为16.67，两者均位于三个城市群的第2位，这一结果说明武汉城市圈的公共服务整体水平在长江中游城市群中位于中等地位，其中武汉市的公共服务水平较高，这使得武汉城市圈公共服务水平两极分化现象严重。环长株潭城市群的平均得分为0.1723，平均排名为9.25，城市群内得分最高的长沙市为平均值的1.7倍，说明环长株潭城市群的整体公共服务水平较高，且发展水平较为平均。环鄱阳湖城市群的平均得分仅为0.1001，平均排名为18.1，且其中排名最靠前的南昌市，也仅位于第8位，是三个省会城市中唯一未进前三的城市，得分仅为0.163，小于环长株潭城市群的平均水平，说明环鄱阳湖城市群的公共服务整体水平较低，南昌市作为省会城市，其公共服务发展较为缓慢。

根据以上结论，我们可以更清晰地认识长江中游城市群公共服务发展水平，其存在的问题具体表现在以下几个方面。

（一）长江中游城市群公共服务整体发展水平不高

从2015年的长江中游城市群公共服务评价结果可以明显看出，除武汉市的得分超过0.5外，其他城市的得分均不高，得分不足0.1的城市有10个，占所有城市的1/3以上，得分位于0.2以上的城市也只有鄂州、长沙以及衡阳三个，这些均说明长江中游城市群的基本公共服务的整体水平偏低。

（二）长江中游各城市群内部公共服务发展极不平衡

近年来，长江中游城市群因国家政策支持及战略发展等原因，采取了一系列省际合作措施，取得了较好成效，使长江中游城市群内各城市群之间的公共服务水平差异持续缩小。但由于部分地区中心城市发展过快，在并没有对外围城市产生辐射效应的情况下抢占了外围城市的部分资源，使资源集中于中心城市，进一步影响了周边城市公共服务的发展[①]。同时，省际毗邻城市合作发展计划虽一直有提出，但由于部分城市之间发展差异较大，存在发展较快城市不愿意与落后城市合作或在合作过程中协商不平等等问题，公共服务对接失败，欠发达城市公共服务水平无法得到改善，与中心城市的差距也进一步扩大。

① 林佩学：《武汉城市圈基本公共服务均等化研究》，《科教导刊》2012年第35期。

（三）经济发展水平与公共服务发展意识差距悬殊

长江中游城市群的经济发展在近年来得到了迅速发展，2016 年长江中游城市群总体的 GDP 为 71193.85 亿元，占全国总 GDP 的 9.57%，国家统计局数据显示，2016 年我国国内的人均 GDP 达到了 53817 元，而长沙的人均 GDP 为平均值的 2.33 倍，武汉的人均 GDP 是平均值的 2.08 倍，种种数据表明，长江中游城市群，特别是武汉城市圈以及环长株潭城市群，其经济发展水平近年来得到了迅速提升。而经济发展水平和政府财政实力是提升区域公共服务水平的物质保障，但从目前的相关数据分析看，长江中游城市群的经济发展对公共服务的提升作用并没有得到体现。从 2015 年的数据来看，除武汉市以外，其余城市的公共服务均等化程度均不高，但从 2015 年长江中游城市群的基本财政收支情况来看，武汉城市圈以及环长株潭城市群的人均 GDP 大约为环鄱阳湖城市群的 2 倍，但三个城市群的人均地方公共财政支出值却相差不大，这说明长江中游城市群的经济发展水平与公共服务发展意识的差异是长江中游城市群公共服务一体化发展的重要障碍之一。

表 12　2015 年长江中游城市群基本财政收支情况

指标	环鄱阳湖城市群	武汉城市圈	环长株潭城市群
人均 GDP	56569.88	98261.58	104772.98
人均地方公共财政收入	16688.42	18173.61	14000.09
人均地方公共财政支出	30102.04	29875.41	31939.77

（四）长江中游各城市群之间公共服务制度及标准不统一

公共服务协同发展本是建立在经济发展基础之上的，由于在提出推行基本公共服务均等化时各地区的财政水平已参差不齐，因此短时期内难以消除地区间的公共服务差异，达到公共服务协同发展。而长江中游城市群在存在经济发展不平衡现象的同时，更缺乏统一的基本公共服务制度及制定标准，这使得地区间的竞争大于合作，加剧了城市群内部的地方保护主义，进一步阻碍了公共服务协同发展。同时公共服务标准的不统一会使各个地区公共服务的构成有差异，中心城市的公共服务支出主要用于交通通信、公共文化和养老保险等，而发展缓慢的中小型城市则更多地将财政支出用于基础设施、医疗卫生及贫困补助等领域，这无疑加大了中心城市与中小型城市之间的公共服务水平差异。

四　促进长江中游城市群公共服务协同发展政策建议

推行公共服务均等化是实现长江中游城市群公共服务协同发展的重要方法之一，但现阶段由于长江中游城市群内部各城市群之间的经济社会发展速度和财政水平相差过大，很难在短时间内消除差异，且基本公共服务涵盖的范围并不仅仅局限于本文中提到的6个方面，评价标准还应纳入公民满意程度，因此，针对长江中游城市群中存在的种种问题，本文总结提出以下政策建议。

（一）完善公共财政体制

科学合理的公共财政体制是推进基本公共服务协同发展的重要方式之一，但现阶段长江中游城市群乃至全国的公共财政体制都面临着失效的问题，具体表现在政府对基本公共服务的财政投入不足，转移支付制度的均等化作用尚未发挥等方面。尽管单从政府财政投入的数值来看，其增长趋势明显，但与公众日益增长的基本公共服务需求相比，现阶段政府的财政投入是明显不足的。而作为平衡地区间财力差距的主要方式——财力性转移支付作用还未得到充分发挥。因此，现阶段要推行长江中游城市群公共服务协同发展，除了政府要进一步加大对各个领域公共服务的财政投入外，更需要加快完善公共财政体制，具体可以从以下几部分进行：首先，应明确划分各级政府在公共服务协同发展进程中的职责，再根据其所负责的方面，合理分配政府的事权及财权，进行统一化管理。其次，应进一步完善财政转移支付制度，因长江中游城市群内部三大城市群之间的公共服务发展水平较为一致，而城市群内部公共服务差异过大，实行纵向与横向转移相结合的财政转移支付制度能够更为有效地解决长江中游城市群现阶段存在的问题。最后要加强财政转移支付制度的管理，完善相关财政转移支付的法治化建设，减少由于人为因素造成的干扰。这些措施能够避免县乡政府由于经济社会发展较为落后而负担着繁重的基本公共服务发展任务，且仅有有限的财权的现象出现，地市级以及省级政府也应该负起相应的责任，完善省内的转移支付制度，以增强县乡财力[①]。提高基层政府的公共服务供给能力，进一步缩小各城市群内部的公共服务水平两极分化现象。

（二）健全政府管理机制

基本公共服务水平主要取决于两个方面，一个是经济发展能力，另一个就是公共服务供给水平，而我国现阶段基本公共服务大多由政府提供[②]。现阶段，政府的公共服务管理机制还存在严重不足，主要表现在以下几个方面：①政府推进公共服务发展的动力不足。长

① 刘成奎、王朝才：《城乡基本公共服务均等化指标体系研究》，《财政研究》2011 年第 8 期。

② 郭小聪、代凯：《国内近五年基本公共服务均等化研究：综述与评估》，《中国人民大学学报》2013 年第 27（01）期。

期以来，各级政府的考核标准多以经济发展为主，而并非以提高公共服务水平为导向，这必然会导致推进公共服务发展水平提高的动力不足，政府官员为了追求绩效而忽视基本公共服务发展的现象也多有发生。②基本公共服务的供给机制单一。③基本公共服务供给决策制度不合理。目前，我国的决策过程大体表现为一种“自上而下”的决策机制，长江中游城市群乃至全国的基本公共服务均由政府提供，这一现象使得各省级政府对于基本公共服务相关的决策表现为高度的主观性，主要以政绩以及利益需要决定投资的基本公共服务类型，从而造成基本公共服务供给量不足或是供给结构不合理等问题。

因此，在完善公共财政体制之后，对政府管理机制进行改革也是非常有必要的。首先应将基本公共服务协同发展列入各级政府绩效考核标准，并制定问责机制，以对政府部门推进基本公共服务协同发展起到激励和约束的作用，推动财政支出结构随着基本公共服务协同发展的推进而发生变化，从而缓解政府部门推进公共服务发展的动力不足的问题。其次，政府可以通过合同外包、特许经营、优惠补贴等制度鼓励市场组织提供公共服务，而政府本身可将精力集中于业务监督以及绩效提高等问题上，这样通过政府主导，私人部门与非营利性组织参与的方式，不仅能够提高基础公共服务的供给量和供给效率，还能进一步弥补政府财力物力不足的问题[①]。同时，政府可以在决策过程中让公众参与，并根据公众偏好对公共服务的供给结构进行调整，避免出现城市居民享受的基本公共服务较多，而农村居民享受的基本公共服务较少的现象。此外，应加强对公共服务发展严重落后地区的补助工作及制度倾斜。虽公共服务与经济发展挂钩，但各地均有经济

① 陈振明、李德国：《基本公共服务的均等化与有效供给——基于福建省的思考》，《中国行政管理》2011 年第 1 期。

发展较为落后的欠发达地区以及公共服务严重匮乏的农村地区，对这些地区进行政策倾斜，能够加速其在公共服务方面的发展，从而促进长江中游城市群公共服务协调发展。

（三）加强区域间合作

长江中游城市群身为特大型城市群，存在城市群内部层次关系较多、行政隶属关系复杂等问题，使得城市之间及省份之间存在明显的行政壁垒，地方保护主义盛行，这不仅会对城市间的商业合作造成影响，更阻碍了城市之间的生产要素自由流动和合理配置，使公共服务对接困难重重。相比于各省内部可以通过省级和市县政府之间的隶属关系进行合作协调，省际合作显得更为困难，因此，打破行政区划限制，支持长江中游城市群若干基础条件好、联系比较紧密的省际毗邻城市合作发展，加强规划统筹和产业协作，是促进长江中游城市群基础设施联网、公共服务对接的方法之一。《长江中游城市群发展规划》中明确点出依托沿江、沪昆和京广、京九、二广“两横三纵”重点发展轴线，形成沿线大中城市和小城镇合理分工、联动发展的格局，建成特色鲜明、布局合理、生态良好的现代产业密集带、新型城镇连绵带和生态文明示范带，进一步促进地区经济社会发展。

同时，规划中还提出了几个可以组团发展的城市：咸宁—岳阳—九江，可以立足于区位优势和合作基础，重点推进跨界流域治理、省界市场建设、路网联通和扶贫开发等，全面深化基础设施、产业布局、商贸市场、文化旅游和生态环保一体化发展，形成长江中游城市群内部“小三角”。荆州—岳阳—常德—益阳，可以从生态环境保护出发，积极推进洞庭湖生态经济区建设，巩固提升在保障国家粮食安全中的重要地位，共同构建绿色生态产业体系和立体交通网络，加强水域生态修复，解决突出民生问题，建设更加秀美富饶的大湖经济区[①]。九江—黄冈—黄石，可以发挥比较优势，积极推进基础设施和产业园区共建，开展公共服务和社会管理创新试点，积极探索跨江、跨省合作新模式，拓展发展空间，促进城乡统筹和跨区域融合发展，推动黄梅小池融入九江发展。长沙、株洲、湘潭—新余、宜春、萍乡，可以共建湘赣开放合作试验区，统筹规划跨省市铁路和高速公路、省际连接线等重大基础设施建设，推动城际客运公交化建设，打造湘赣边界红色旅游带和跨省产业合作示范区。九江—安庆—池州—景德镇，可以通过加快过江通道等交通基础设施建设，充分发挥产业基础好、旅游资源丰富等优势，合力承接长三角等沿海地区产业转移，共同打造承接产业转移集中区和全国知名旅游目的地。

参考文献

戚学祥：《省域基本公共服务均等化指标体系建构及其运用——基于四川省的实证研究》，《经济体制改革》2015 年第 2 期。

王敬尧、叶成：《基本公共服务均等化的评估指标分析》，《武汉大学学报》（哲学社会科学版）2014 年第 67（4）期。

蔡子木：《四省城抱团带动长江中游城市群合作》，http：//cjrb. cjn. cn/html/2017 -04/10/content_ 5604686. htm，2017 年 4 月 11 日。

章鸽：《专业技术人才　资格可以互认》，http：//news. youth. cn/jsxw/201704/t20170412_ 9459380. htm，2017 年 4 月 12 日。

万晓霞：《长江中游城市群四省会城市签署〈南昌行动〉》，http：//www. nc. gov. cn/xwzx/ncyw/201603/t20160302_ 802369. htm，2016 年 3 月 2 日。

① 滕堂伟、瞿丛艺、曾刚：《长江经济带城市生态环境协同发展能力评价》，《中国环境管理》2017 年第 9（2）期。

吴思勇：《“同城”服务惠民生》，http：//www.ncnews.com.cn/xwzx/ncxw/zhxw/2016－04/09/content_ 1551712.htm，2016 年 3 月 2 日。

魏福成、胡洪曙：《我国基本公共服务均等化：评价指标与实证研究》，《中南财经政法大学学报》2015 年第 5 期。

范柏乃、傅衍、卞晓龙：《基本公共服务均等化测度及空间格局分析——以浙江省为例》，《华东经济管理》2015 年第 1 期。

安体富、任强：《中国公共服务均等化水平指标体系的构建——基于地区差别视角的量化分析》，《财贸经济》2008 年第 6 期。

张建清、王艳慧：《长江中游城市群基本公共服务均等化现状评价与对策研究》，《当代经济管理》2016 年第 38（1）期。

林阳衍、张欣然、刘晔：《基本公共服务均等化：指标体系、综合评价与现状分析——基于我国 198 个地级市的实证研究》，《福建论坛》（人文社会科学版）2014 年第 6 期。

周庆元、骆建建：《基于 DEA 理论的基本公共服务均等化指标体系构建及效率评价》，《中南林业科技大学学报》（社会科学版）2011 年第 5（6）期。

俞威、云淑林：《基于泰尔指数模型的浙江省医疗卫生服务均等化研究》，《中国集体经济》2016 年第 9 期。

邵燕斐、郑若萍、陈晓敏：《地方政府基本公共服务均等化测度及空间差异研究——基于广东省 21 个地市的数据》，《石家庄铁道大学学报》（社会科学版）2016 年第 10（3）期。

陆添超、康凯：《熵值法和层次分析法在权重确定中的应用》，《电脑编程技巧与维护》2009 年第 22 期。

林佩学：《武汉城市圈基本公共服务均等化研究》，《科教导刊》2012 年第 35 期。

刘成奎、王朝才：《城乡基本公共服务均等化指标体系研究》，《财政研究》2011 年第 8 期。

郭小聪、代凯：《国内近五年基本公共服务均等化研究：综述与评估》，《中国人民大学学报》2013 年第 27（01）期。

陈振明、李德国：《基本公共服务的均等化与有效供给——基于福建省的思考》，《中国行政管理》2011 年第 1 期。

滕堂伟、瞿丛艺、曾刚：《长江经济带城市生态环境协同发展能力评价》，《中国环境管理》2017 年第9（2）期。

国家发展改革委：《长江中游城市群发展规划》（发改地区〔2015〕738 号），http：//www. ndrc. gov. cn/zcfb/zcfbtz/201504/t20150416_ 688229. html。

B.7
后　记

围绕长江经济带发展战略，开展前瞻性、针对性、储备性政策研究，提出专业化、建设性、切实管用的政策建议，是武汉大学长江经济带发展研究中心秉承的核心宗旨，也是新时代建设新型智库的必然要求。

长江中游城市群是我国长江经济带的重要组成部分，也是促进中部地区崛起的重要支撑。推进长江中游城市群发展，事关长江经济带发展全局，事关中部地区全面崛起进程。2014 年以来，国家发展改革委地区经济司从全局和战略高度，全面推进长江中游城市群发展，积极支持武汉大学中国中部发展研究院、武汉大学长江经济带发展研究中心开展长江中游城市群新型城镇化、长江中游城市群协同发展等研究工作。与此同时，湖北省发展改革委中部办和武汉大学高度重视，指导和组织相关领域专家学者积极开展研究工作，形成了《长江中游城市群新型城镇化与产业协同发展研究报告（2016）》、《长江中游城市群协同发展评价报告（2017）》。

将长江中游城市群相关研究成果以“长江中游城市群蓝皮书”的形式出版发行，既体现了国家发展改革委地区经济司领导的远见卓识，也表明了武汉大学中国中部发展研究院、武汉大学长江经济带发展研究中心建设新型智库的决心与担当。

在此，感谢国家发展和改革委员会地区经济司、湖北省发展改革委、湖南省发展改革委、江西省发展改革委、武汉大学人文社会科学研究院的指导和大力支持，感谢湖南师范大学、南昌大学、武汉大学中国中部发展研究院、金石学院相关学者的辛勤付出，感谢社会科学文献出版社对“长江中游城市群蓝皮书”出版给予的大力支持。

本报告在写作过程中，参阅了大量的优秀学术研究成果，尽一切努力把握城市群协同发展的理论前沿，全面反映长江中游城市群发展的现实态势，但因实践经验不足，书中难免有不足和遗憾之处，真诚地希望广大读者提出宝贵建议。

杨刚强　于珞珈山

2017 年 10 月

Abstract

Hubei Province, Hunan Province and Jiangxi Province fully implement the concept of new development. Guided by "Grasp the great protection and do not engage in the great development", they, with promoting the "five coordinated development" of urban and rural areas, industries, infrastructure, ecological civilization and public services as key task, actively accelerate the construction of the urban agglomeration in the middle reaches of the Yangtze River and have achieve initial results in infrastructure, ecological civilization, market opening, public services and so on.

With the theme of "Evaluation and Policy Research on Coordinated Development of Urban Agglomerations in the Middle Reaches of the Yangtze River", this book comprehensively analyzes the achievements of "five coordinated development" of urban and rural areas, industries, infrastructure, ecological civilization and public service in the middle reaches of the Yangtze River in the form of general reports and sub-reports. This book also constructed an evaluation index system to evaluate its coordinated development objectively, analyzed the existing problems and put forward the policy ideas.

According to this study, the economic and social development of urban agglomerations in the middle reaches of the Yangtze River is in good condition, and the quality and efficiency of economic development are obviously improved. The cities in the middle reaches of the Yangtze River, represented by capital cities such as Wuhan, Changsha and Nanchang, have strengthened their dialogues and exchanges and actively conducted consultations and cooperation. They have achieved initial results in collaborative development of infrastructure interconnection, market integration system construction, co-innovation of industry and technology, joint prevention and control of ecological environment, co-construction and co-sharing of public service. The coordinated development of urban and rural areas, industries, infrastructure, ecological civilization and public services in the urban agglomerations in the middle reaches of the Yangtze River has been significantly improved. However, there are obvious regional differences in terms of coordinated development degree, coordinated development mode and coordinated development path. The coordinated development of the urban agglomerations in the middle reaches of the Yangtze River is still in its primary stage. The potential for market-driven coordinated development has not yet been fully realized. The institutional barriers that affect the coordinated development still exist. The interest coordination mechanism for coordinated development is still not complete.

A new era, a new journey. The coordinated development of the urban agglomerations in the middle reaches of the Yangtze River still faces integration challenges, space coordination challenges and open challenges. To promote the coordinated development of urban agglomerations in the middle reaches of the Yangtze River, it is necessary to conscientiously implement the requirements set forth in the 19th National Congress of the Communist Party of China about promoting the strategic deployment of regional coordination and development, especially the requirement for promoting the development of the Yangtze River Economic Belt. To promote the coordinated development of urban agglomerations in the middle reaches of the Yangtze River, we must thoroughly implement the concept of new development, accurately grasp the problems of imbalance and insufficiency in development, and take "Grasp the great protection and do not engage in the great development" as the guideline. It is necessary for us to adhere to the principle of ecological priority, green development and collaborative progress to build a modern economic system in the middle reaches of the Yangtze River, to build "effective markets" and "promising governments", to deepen openness and promote cooperation, and to promote innovation in institutional mechanisms.

Keywords: Urban Agglomeration in the Middle Reaches of the Yangtze River; "Five Coordinated Development"; Evaluation Index

Contents

I General Report

B. 1 Practice and Prospect of Coordinated Development of Urban Agglomeration in the Middle Reaches of the Yangtze River

Wuhan University Yangtze River Economic Belt Development Research Center / 001

Abstract: Accelerating "five coordinated developments" of urban and rural areas, industry, infrastructure, ecological civilization and public services is an important measure for implementing the national regional development strategy and an important way to promote the expansion of economic growth from the coast to the inland along the river. The middle reaches of the Yangtze River, with Wuhan, Changsha and Nanchang as core cities, have achieved initial results in collaborative development of infrastructure interconnection, market integration system construction, co-innovation of industry and technology, joint prevention and control of ecological environment, co-construction and co-sharing of public service. Its economic and social development showed a good trend. However, the coordinated development of the urban agglomerations in the middle reaches of the Yangtze River is still in its primary stage. The potential for market-driven coordinated development has not yet been fully realized. The institutional barriers that affect the coordinated development still exist. The interest coordination mechanism for coordinated development is still not complete. In the new era, to promote the coordinated development of urban agglomerations in the middle reaches of the Yangtze River, we must thoroughly implement the concept of new development and take "Grasp the great protection and do not engage in the great development" as the guideline. It is necessary for us to build a modern industry system in the middle reaches of the Yangtze River, to build "effective markets" and "promising governments", to deepen openness and promote cooperation, to promote innovation in institutional mechanisms, and to promote coordinated economic and social development of urban agglomerations in the middle reaches of the Yangtze River.

Keywords: Urban Agglomeration in the Middle Reaches of the Yangtze River; Coordinated Development; Evaluation Index

Ⅱ Sub Reports

B. 2 Report on the Coordinated Development of Urban and Rural Areas in the Middle Reaches of the Yangtze River

Wang Shengyun, *Luo Ying* / 029

Abstract: The four dimensions that urban-rural economic coordination, urban-rural social coordination, urban-rural ecological coordination and urban-rural spatial coordination construct the index of coordinated development of urban-rural urban agglomerations in the middle reaches of the Yangtze River. According to comprehensive calculation and comparative analysis, some conclusions are as follow: (1) The process of synergistic development both urban and rural areas in the urban agglomeration of the middle reaches of the Yangtze River in 2006 -2015 is steadily advancing. The synergistic development between urban and rural areas in Wuhan urban agglomeration and Central Changsha-Zhuzhou-Xiangtan urban agglomeration is relatively rapid, but the Poyang Lake urban agglomeration is relatively lagging. (2) The development of urban-rural social and ecological Synergy is relatively lagging in Wuhan urban agglomeration; the urban-rural economic synergetic development level of the urban agglomeration in Changsha-Zhuzhou-Xiangtan urban agglomeration is low and the social development in the urban and rural areas is the slowest; residents income is a gap between the urban and rural in the Poyang Lake urban agglomeration, besides transportation logistics and communications development here is not coordinated. (3) Wuhan urban agglomeration should deepen the reform of ecological and environmental supervision system in urban and rural areas and bringing into play the advantages of science and education to improving the educational and cultural services of surrounding cities; the Changsha-Zhuzhou-Xiangtan City Cluster will encourage urban-rural innovation and entrepreneurship and promulgating assistance policies about education and health; the Poyang Lake urban agglomeration focus on strengthening the division of labor in all fields and continuously improving the transport system.

Keywords: Urban Agglomeration in the Middle Reaches of the Yangtze River; Urban-rural Synergy; Wuhan Urban Agglomeration; Chang-Zhu-Tan Urban Agglomeration; Poyang Lake Urban Agglomeration

B. 3 Coordinated Industrial Development of Urban Agglomeration in the Middle Yangtze River

Sun Yuanyuan / 069

Abstract: Coordinated development is the core of the urban agglomeration in the middle reaches of the Yangtze River, and the coordinated development of industries is an important part of the coordination strategy. As the essence of coordinated development of industries lies in whether the industrial resources can be rationally used, or whether the resources can be reasonably allocated, so this paper constructs coordinated industrial development index from the perspective of efficient allocation of resources and decomposes them into coordinated resources development index and coordinated technology development index. The results show that the coordinated industrial development index of the urban agglomeration in the middle reaches of the Yangtze River shows an inverted U-shaped trend during 2010 –2014, but coordinated industrial development index of the urban agglomerations gradually increases from 2014 onwards, indicating that coordinated development of the cities in the middle reaches of the Yangtze River is deepening. In addition, the degree of coordinated industrial development of the ecological city group around Poyang Lake, the Wuhan city circle and the Chang-Zhu-Tan City Cluster increases in turn. The analysis of this paper also shows that the key to promoting the coordinated industrial development in the urban agglomeration of the middle reaches of the Yangtze River lies in jointly building a modern industrial cluster, building an industrial cooperation platform, establishing an technological innovation system, promoting inter-regional transfer of industry, and establishing coordinated industrial development mechanism.

Keywords: The Urban Agglomeration in the Middle Reaches of Yangtze River; Coordinated Industrial Development; Efficient Allocation of Resources

B. 4 Collaborative Development of Infrastructure in Urban Agglomeration of the Middle Reaches of the Yangtze River

Fan Fei, *Wang Song* / 112

Abstract: City infrastructure is to ensure the normal operation of the facilities; the coordinated development of infrastructure is a prerequisite to promote the integration of the urban agglomeration in the middle reaches of the Yangtze River. Firstly, this paper analyzes the status quo of the infrastructure of the urban agglomeration in the middle reaches of the Yangtze River from four aspects: transportation, water conservancy, energy and information. Thenaccording to the connotation of infrastructure collaborative development capacity structure, build the urban agglomeration in the middle reaches of the Yangtze River infrastructure collaborative development index system from the transportation, water conservancy facilities, energy security, information facilities development level. Using the ability structure model, measure the infrastructure development ability structure of the urban agglomeration in the middle reaches of the Yangtze River in 2010 – 2016; reveal the equilibrium and matching degree of infrastructure development capacity among different cities from the dimensions of spatial and temporal. On this basis, analysis of the relative change trend and temporal-spatial correlation of benefit effect of infrastructure collaborative development among different cities. The results show that: (1) During the study period, the infrastructure of collaborative development index ranked in the top ten of the city is Wuhan, Changsha,

Nanchang, Hengyang, Xiangyang, Yueyang, Zhuzhou, Shangrao, Xiangtan and Changde, the city in the middle reaches of the Yangtze River city group ranking changes little. (2) Wuhan as the core of the benefit of infrastructure synergy development in the middle reaches of the Yangtze River city group, Symmetrical distribution of axis along Wuhan to Changsha, Zhuzhou and Xiangtan. The benefit degree of infrastructure synergy development between Wuhan and Changsha Zhuzhou Xiangtan Urban Agglomeration is better than that of Wuhan metropolitan area. (3) The ability structure of infrastructure collaborative development is stronger and the higher of the sustainable development ability in the middle reaches of the Yangtze River city group, the greater the probability of collaborative development of infrastructure between cities and the corresponding cities have greater benefits in the collaborative development of infrastructure. (4) The coordinated development of infrastructure between cities in the middle reaches of the Yangtze River city group is not constrained by the friction effect of the space, the proximity of the spatial advantage is not significant in promoting the coordinated development of infrastructure. The city which has the same order of magnitude infrastructure development and in the national trunk line, both sides gain greater degree of benefit from its infrastructure cooperation.

Keywords: Urban Agglomeration in the Middle Reaches of the Yangtze River; Infrastructure Coordinated Development; Capacity Structure

B. 5 Coordinated Development of Ecological Civilization Construction in the Middle Reaches of the Yangtze River

He Qingyun, Xu Jun, Ou Yangxiao and Deng Binwenqi / 168

Abstract: The 19th National Congress of CPC raises the importance of ecological establishment to a brand new height, strengthen the construction of ecological civilization of Hunan Hubei and Jiangxi Province collaborative development is the key to realize the sustainable development of city in the middle reaches of the Yangtze river. Firstly, the paper explains the background of the construction of ecological civilization in the middle reaches of the Yangtze river, clarifies its connotation and significance, and the typical model of ecological civilization system combing the domestic and international city group construction, and summarizes the current situation of the construction of ecological civilization in the middle reaches of the Yangtze River City group. Secondly, builds a comprehensive evaluation system of ecological civilization, through the evaluation of ecological response, ecological society, ecological economy and ecological civilization construction, calculate the level of the Yangtze River city group on the basis of reference, the coordination model of physics, we construct ecological civilization construction coordination evaluation model, and calculates the each city synergy index of ecological civilization. Finally, analysis and summarizes the main problems of the coordinated development of ecological civilization construction in the middle reaches of the Yangtze river, the main task of the coordinated development of ecological civilization construction and Countermeasures of promoting coordinated development of ecological civilization construction. In this paper, the ecological civilization construction of the urban agglomeration in the middle reaches of the Yangtze River is discussed, and the main conclusions are drawn: (1) During the period of 2010 – 2015, There are regional differences between the level of ecological civilization construction of 28 cities, and presents the shape of "U" changes; three city groups within the construction of ecological civilization level difference is obvious; the construction of ecological civilization in the middle reaches of Yangtze River is becoming to better. (2) During the period of 2010 – 2015, between the 28 city of ecological civilization construction in the most moderate disorders and below the level of the overall performance of coordination development level is not high; from the spatial distribution, present a situation of tripartite confrontation, the three time in Wuhan City, the highest is Changsha City, Nanchang city, coordinated development of three city groups the construction of ecological civilization, the coordination degree of Wuhan city circle of ecological civilization construction is low, the Changsha Zhuzhou Xiangtan city group of ecological civilization construction coordination degree is better than the Wuhan city circle, Poyang Lake city group construction of ecological civilization coordination is relatively better than others, but the degree of coordination is still not high. (3) Analyzed the problems of the ecological barrier, green development, the cooperation mechanism, put forward 4 major tasks and 5 suggestions of the construction of ecological civilization coordinated development. Such as to build eco city group, to construct "two oriented" society leading area, to establish a scientific and perfect land space development and protection system.

Keywords: Ecological Civilization; Synergistic Development; Co-Construction Model; The Middle Reaches of Yangtze River

B. 6 Synergy Development of Public Services in Urban Agglomeration of the Middle Reaches of the Yangtze River

Wang Lei, *Gao Qian* / 219

Abstract: Since the implementation of the Yangtze River Middle Range City Cluster Development Plan, rapid progresses have been made in this region, especially in the field of public service integration. Experiences with regard to tourism, social security and housing provident fund has been introduced to other places in China. Given their present application in major cities only, how they could be extended to other cities wait to be examined in this paper that constructs an index framework including six aspects and seventeen indicators. Through the analysis of data from 2009 to 2015, this paper finds greater integration has been achieved overall despite different extents in different aspects. Besides, gaps between three provinces are being closed with those within each province becoming wider. It concludes with suggestions that public service coordination be extended from between major cities across three provinces to between major cities and cities surrounding them within provincial boundaries.

Keywords: Yangtze River Middle Range City Cluster; Public service; Theil index; TOPSIS

B. 7 Postscript / 262

S 子库介绍
Sub-Database Introduction

中国经济发展数据库

涵盖宏观经济、农业经济、工业经济、产业经济、财政金融、交通旅游、商业贸易、劳动经济、企业经济、房地产经济、城市经济、区域经济等领域，为用户实时了解经济运行态势、 把握经济发展规律、 洞察经济形势、 做出经济决策提供参考和依据。

中国社会发展数据库

全面整合国内外有关中国社会发展的统计数据、 深度分析报告、 专家解读和热点资讯构建而成的专业学术数据库。涉及宗教、社会、人口、政治、外交、法律、文化、教育、体育、文学艺术、医药卫生、资源环境等多个领域。

中国行业发展数据库

以中国国民经济行业分类为依据，跟踪分析国民经济各行业市场运行状况和政策导向，提供行业发展最前沿的资讯，为用户投资、从业及各种经济决策提供理论基础和实践指导。内容涵盖农业，能源与矿产业，交通运输业，制造业，金融业，房地产业，租赁和商务服务业，科学研究，环境和公共设施管理，居民服务业，教育，卫生和社会保障，文化、体育和娱乐业等 100 余个行业。

中国区域发展数据库

对特定区域内的经济、社会、文化、法治、资源环境等领域的现状与发展情况进行分析和预测。涵盖中部、西部、东北、西北等地区，长三角、珠三角、黄三角、京津冀、环渤海、合肥经济圈、长株潭城市群、关中—天水经济区、海峡经济区等区域经济体和城市圈，北京、上海、浙江、河南、陕西等 34 个省份及中国台湾地区 。

中国文化传媒数据库

包括文化事业、文化产业、宗教、群众文化、图书馆事业、博物馆事业、档案事业、语言文字、文学、历史地理、新闻传播、广播电视、出版事业、艺术、电影、娱乐等多个子库。

世界经济与国际关系数据库

以皮书系列中涉及世界经济与国际关系的研究成果为基础，全面整合国内外有关世界经济与国际关系的统计数据、深度分析报告、专家解读和热点资讯构建而成的专业学术数据库。包括世界经济、国际政治、世界文化与科技、全球性问题、国际组织与国际法、区域研究等多个子库。

法律声明

“皮书系列”（含蓝皮书、绿皮书、黄皮书）之品牌由社会科学文献出版社最早使用并持续至今，现已被中国图书市场所熟知。“皮书系列”的LOGO（）与“经济蓝皮书”“社会蓝皮书”均已在中华人民共和国国家工商行政管理总局商标局登记注册。“皮书系列”图书的注册商标专用权及封面设计、版式设计的著作权均为社会科学文献出版社所有。未经社会科学文献出版社书面授权许可，任何使用与“皮书系列”图书注册商标、封面设计、版式设计相同或者近似的文字、图形或其组合的行为均系侵权行为。

经作者授权，本书的专有出版权及信息网络传播权为社会科学文献出版社享有。未经社会科学文献出版社书面授权许可，任何就本书内容的复制、发行或以数字形式进行网络传播的行为均系侵权行为。

社会科学文献出版社将通过法律途径追究上述侵权行为的法律责任，维护自身合法权益。

欢迎社会各界人士对侵犯社会科学文献出版社上述权利的侵权行为进行举报。电话：010－59367121，电子邮箱：fawubu@ssap.cn。

社会科学文献出版社

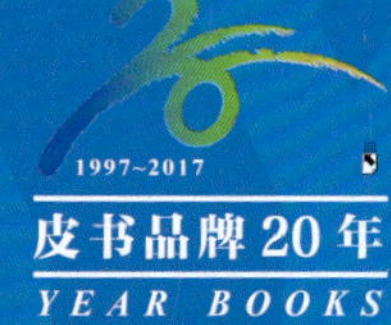

皮书品牌20年

YEAR BOOKS

皮书系列

2017年

智 库 成 果 出 版 与 传 播 平 台

SSAP 社会科学文献出版社
SOCIAL SCIENCES ACADEMIC PRESS (CHINA)

社长致辞

2017年正值皮书品牌专业化二十周年之际，世界每天都在发生着让人眼花缭乱的变化，而唯一不变的，是面向未来无数的可能性。作为个体，如何获取专业信息以备不时之需？作为行政主体或企事业主体，如何提高决策的科学性让这个世界变得更好而不是更糟？原创、实证、专业、前沿、及时、持续，这是1997年“皮书系列”品牌创立的初衷。

1997～2017，从最初一个出版社的学术产品名称到媒体和公众使用频率极高的热点词语，从专业术语到大众话语，从官方文件到独特的出版型态，作为重要的智库成果，“皮书”始终致力于成为海量信息时代的信息过滤器，成为经济社会发展的记录仪，成为政策制定、评估、调整的智力源，社会科学研究的资料集成库。“皮书”的概念不断延展，“皮书”的种类更加丰富，“皮书”的功能日渐完善。

1997～2017，皮书及皮书数据库已成为中国新型智库建设不可或缺的抓手与平台，成为政府、企业和各类社会组织决策的利器，成为人文社科研究最基本的资料库，成为世界系统完整及时认知当代中国的窗口和通道！“皮书”所具有的凝聚力正在形成一种无形的力量，吸引着社会各界关注中国的发展，参与中国的发展。

二十年的“皮书”正值青春，愿每一位皮书人付出的年华与智慧不辜负这个时代！

社会科学文献出版社社长
中国社会学会秘书长

2016年11月

社会科学文献出版社简介

社会科学文献出版社成立于1985年，是直属于中国社会科学院的人文社会科学学术出版机构。成立以来，社科文献出版社依托于中国社会科学院和国内外人文社会科学界丰厚的学术出版和专家学者资源，始终坚持“创社科经典，出传世文献”的出版理念、“权威、前沿、原创”的产品定位以及学术成果和智库成果出版的专业化、数字化、国际化、市场化的经营道路。

社科文献出版社是中国新闻出版业转型与文化体制改革的先行者。积极探索文化体制改革的先进方向和现代企业经营决策机制，社科文献出版社先后荣获“全国文化体制改革工作先进单位”、中国出版政府奖·先进出版单位奖，中国社会科学院先进集体、全国科普工作先进集体等荣誉称号。多人次荣获“第十届韬奋出版奖”“全国新闻出版行业领军人才”“数字出版先进人物”“北京市新闻出版广电行业领军人才”等称号。

社科文献出版社是中国人文社会科学学术出版的大社名社，也是以皮书为代表的智库成果出版的专业强社。年出版图书2000余种，其中皮书350余种，出版新书字数5.5亿字，承印与发行中国社科院院属期刊72种，先后创立了皮书系列、列国志、中国史话、社科文献学术译库、社科文献学术文库、甲骨文书系等一大批既有学术影响又有市场价值的品牌，确立了在社会学、近代史、苏东问题研究等专业学科及领域出版的领先地位。图书多次荣获中国出版政府奖、“三个一百”原创图书出版工程、“五个‘一’工程奖”、“大众喜爱的50种图书”等奖项，在中央国家机关“强素质·做表率”读书活动中，入选图书品种数位居各大出版社之首。

社科文献出版社是中国学术出版规范与标准的倡议者与制定者，代表全国50多家出版社发起实施学术著作出版规范的倡议，承担学术著作规范国家标准的起草工作，率先编撰完成《皮书手册》对皮书品牌进行规范化管理，并在此基础上推出中国版芝加哥手册——《SSAP学术出版手册》。

社科文献出版社是中国数字出版的引领者，拥有皮书数据库、列国志数据库、“一带一路”数据库、减贫数据库、集刊数据库等4大产品线11个数据库产品，机构用户达1300余家，海外用户百余家，荣获“数字出版转型示范单位”“新闻出版标准化先进单位”“专业数字内容资源知识服务模式试点企业标准化示范单位”等称号。

社科文献出版社是中国学术出版走出去的践行者。社科文献出版社海外图书出版与学术合作业务遍及全球40余个国家和地区并于2016年成立俄罗斯分社，累计输出图书500余种，涉及近20个语种，累计获得国家社科基金中华学术外译项目资助76种、“丝路书香工程”项目资助60种、中国图书对外推广计划项目资助71种以及经典中国国际出版工程资助28种，被商务部认定为“2015-2016年度国家文化出口重点企业”。

如今，社科文献出版社拥有固定资产3.6亿元，年收入近3亿元，设置了七大出版分社、六大专业部门，成立了皮书研究院和博士后科研工作站，培养了一支近400人的高素质与高效率的编辑、出版、营销和国际推广队伍，为未来成为学术出版的大社、名社、强社，成为文化体制改革与文化企业转型发展的排头兵奠定了坚实的基础。

经 济 类

经济类皮书涵盖宏观经济、城市经济、大区域经济，
提供权威、前沿的分析与预测

经济蓝皮书

2017 年中国经济形势分析与预测

李扬 / 主编　2017 年 1 月出版　定价：89.00 元

◆　本书为总理基金项目，由著名经济学家李扬领衔，联合中国社会科学院等数十家科研机构、国家部委和高等院校的专家共同撰写，系统分析了 2016 年的中国经济形势并预测 2017 年中国经济运行情况。

中国省域竞争力蓝皮书

中国省域经济综合竞争力发展报告（2015 ~ 2016）

李建平　李闽榕　高燕京 / 主编　2017 年 5 月出版　定价：198.00 元

◆　本书融多学科的理论为一体，深入追踪研究了省域经济发展与中国国家竞争力的内在关系，为提升中国省域经济综合竞争力提供有价值的决策依据。

城市蓝皮书

中国城市发展报告 No.10

潘家华　单菁菁 / 主编　2017 年 9 月出版　估价：89.00 元

◆　本书是由中国社会科学院城市发展与环境研究中心编著的，多角度、全方位地立体展示了中国城市的发展状况，并对中国城市的未来发展提出了许多建议。该书有强烈的时代感，对中国城市发展实践有重要的参考价值。

人口与劳动绿皮书

中国人口与劳动问题报告 No.18

蔡昉　张车伟 / 主编　2017 年 10 月出版　估价：89.00 元

◆　本书为中国社会科学院人口与劳动经济研究所主编的年度报告，对当前中国人口与劳动形势做了比较全面和系统的深入讨论，为研究中国人口与劳动问题提供了一个专业性的视角。

世界经济黄皮书

2017 年世界经济形势分析与预测

张宇燕 / 主编　2017 年 1 月出版　定价：89.00 元

◆　本书由中国社会科学院世界经济与政治研究所的研究团队撰写，2016 年世界经济增速进一步放缓，就业增长放慢。世界经济面临许多重大挑战同时，地缘政治风险、难民危机、大国政治周期、恐怖主义等问题也仍然在影响世界经济的稳定与发展。预计 2017 年按 PPP 计算的世界 GDP 增长率约为 3.0%。

国际城市蓝皮书

国际城市发展报告（2017）

屠启宇 / 主编　2017 年 2 月出版　定价：79.00 元

◆　本书作者以上海社会科学院从事国际城市研究的学者团队为核心，汇集同济大学、华东师范大学、复旦大学、上海交通大学、南京大学、浙江大学相关城市研究专业学者。立足动态跟踪介绍国际城市发展时间中，最新出现的重大战略、重大理念、重大项目、重大报告和最佳案例。

金融蓝皮书

中国金融发展报告（2017）

王国刚 / 主编　2017 年 2 月出版　定价：79.00 元

◆　本书由中国社会科学院金融研究所组织编写，概括和分析了 2016 年中国金融发展和运行中的各方面情况，研讨和评论了 2016 年发生的主要金融事件，有利于读者了解掌握 2016 年中国的金融状况，把握 2017 年中国金融的走势。

农村绿皮书

中国农村经济形势分析与预测（2016 ~ 2017）

魏后凯　黄秉信 / 主编　2017 年 4 月出版　定价：79.00 元

◆　本书描述了 2016 年中国农业农村经济发展的一些主要指标和变化，并对 2017 年中国农业农村经济形势的一些展望和预测，提出相应的政策建议。

西部蓝皮书

中国西部发展报告（2017）

徐璋勇 / 主编　2017 年 8 月出版　定价：89.00 元

◆　本书由西北大学中国西部经济发展研究中心主编，汇集了源自西部本土以及国内研究西部问题的权威专家的第一手资料，对国家实施西部大开发战略进行年度动态跟踪，并对 2017 年西部经济、社会发展态势进行预测和展望。

经济蓝皮书・夏季号

中国经济增长报告（2016 ~ 2017）

李扬 / 主编　2017 年 5 月出版　定价：98.00 元

◆　中国经济增长报告主要探讨 2016~2017 年中国经济增长问题，以专业视角解读中国经济增长，力求将其打造成一个研究中国经济增长、服务宏微观各级决策的周期性、权威性读物。

就业蓝皮书

2017 年中国本科生就业报告

麦可思研究院 / 编著　2017 年 6 月出版　定价：98.00 元

◆　本书基于大量的数据和调研，内容翔实，调查独到，分析到位，用数据说话，对中国大学生就业及学校专业设置起到了很好的建言献策作用。

社会政法类

社会政法类皮书聚焦社会发展领域的热点、难点问题，
提供权威、原创的资讯与视点

社会蓝皮书

2017年中国社会形势分析与预测

李培林　陈光金　张翼 / 主编　2016年12月出版　定价：89.00元

◆　本书由中国社会科学院社会学研究所组织研究机构专家、高校学者和政府研究人员撰写，聚焦当下社会热点，对2016年中国社会发展的各个方面内容进行了权威解读，同时对2017年社会形势发展趋势进行了预测。

法治蓝皮书

中国法治发展报告 No.15（2017）

李林　田禾 / 主编　2017年3月出版　定价：118.00元

◆　本年度法治蓝皮书回顾总结了2016年度中国法治发展取得的成就和存在的不足，对中国政府、司法、检务透明度进行了跟踪调研，并对2017年中国法治发展形势进行了预测和展望。

社会体制蓝皮书

中国社会体制改革报告 No.5（2017）

龚维斌 / 主编　2017年3月出版　定价：89.00元

◆　本书由国家行政学院社会治理研究中心和北京师范大学中国社会管理研究院共同组织编写，主要对2016年社会体制改革情况进行回顾和总结，对2017年的改革走向进行分析，提出相关政策建议。

社会心态蓝皮书

中国社会心态研究报告（2017）

王俊秀　杨宜音 / 主编　2017 年 12 月出版　估价：89.00 元

◆　本书是中国社会科学院社会学研究所社会心理研究中心"社会心态蓝皮书课题组"的年度研究成果，运用社会心理学、社会学、经济学、传播学等多种学科的方法进行了调查和研究，对于目前中国社会心态状况有较广泛和深入的揭示。

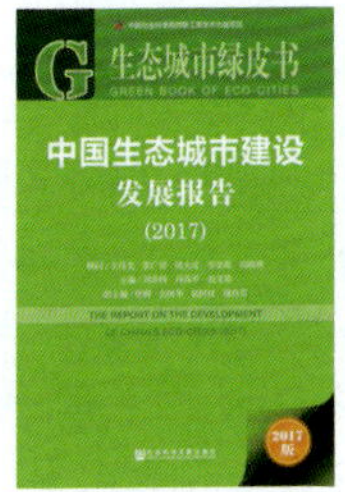

生态城市绿皮书

中国生态城市建设发展报告（2017）

刘举科　孙伟平　胡文臻 / 主编　2017 年 10 月出版　估价：118.00 元

◆　报告以绿色发展、循环经济、低碳生活、民生宜居为理念，以更新民众观念、提供决策咨询、指导工程实践、引领绿色发展为宗旨，试图探索一条具有中国特色的城市生态文明建设新路。

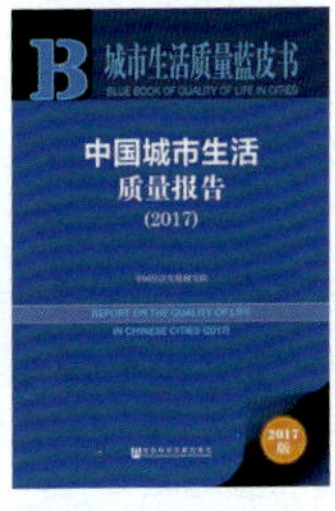

城市生活质量蓝皮书

中国城市生活质量报告（2017）

中国经济实验研究院 / 主编　2018 年 2 月出版　估价：89.00 元

◆　本书对全国 35 个城市居民的生活质量主观满意度进行了电话调查，同时对 35 个城市居民的客观生活质量指数进行了计算，为中国城市居民生活质量的提升，提出了针对性的政策建议。

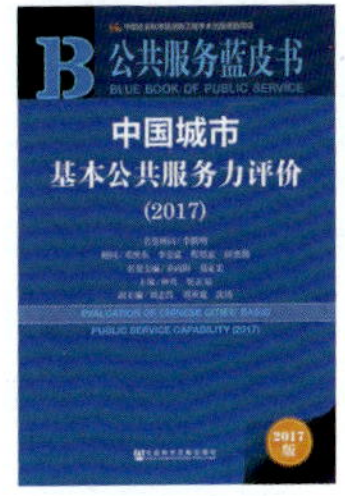

公共服务蓝皮书

中国城市基本公共服务力评价（2017）

钟君　刘志昌　吴正杲 / 主编　2017 年 12 月出版　估价：89.00 元

◆　中国社会科学院经济与社会建设研究室与华图政信调查组成联合课题组，从 2010 年开始对基本公共服务力进行研究，研创了基本公共服务力评价指标体系，为政府考核公共服务与社会管理工作提供了理论工具。

行业报告类

行业报告类皮书立足重点行业、新兴行业领域，
提供及时、前瞻的数据与信息

企业社会责任蓝皮书

中国企业社会责任研究报告（2017）

黄群慧　钟宏武　张蒽　翟利峰 / 著　2017 年 10 月出版　估价：89.00 元

◆　本书剖析了中国企业社会责任在 2016 ~ 2017 年度的最新发展特征，详细解读了省域国有企业在社会责任方面的阶段性特征，生动呈现了国内外优秀企业的社会责任实践。对了解中国企业社会责任履行现状、未来发展，以及推动社会责任建设有重要的参考价值。

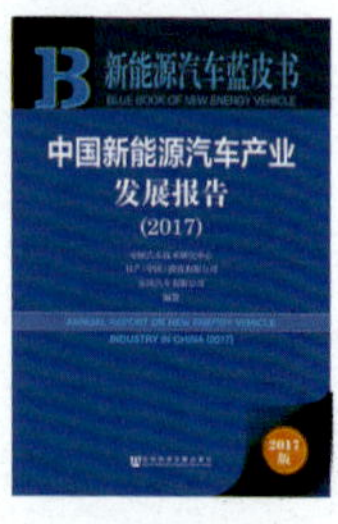

新能源汽车蓝皮书

中国新能源汽车产业发展报告（2017）

中国汽车技术研究中心　日产（中国）投资有限公司
东风汽车有限公司 / 编著　2017 年 8 月出版　定价：98.00 元

◆　本书对中国 2016 年新能源汽车产业发展进行了全面系统的分析，并介绍了国外的发展经验。有助于相关机构、行业和社会公众等了解中国新能源汽车产业发展的最新动态，为政府部门出台新能源汽车产业相关政策法规、企业制定相关战略规划，提供必要的借鉴和参考。

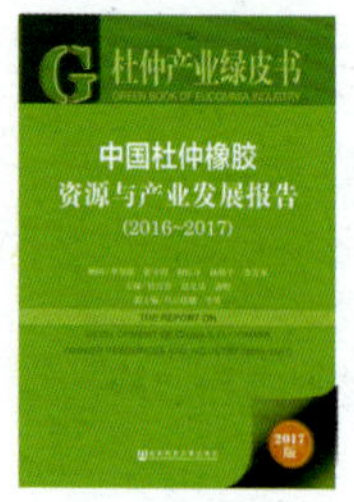

杜仲产业绿皮书

中国杜仲橡胶资源与产业发展报告（2016 ~ 2017）

杜红岩　胡文臻　俞锐 / 主编　2017 年 11 月出版　估价：85.00 元

◆　本书对 2016 年杜仲产业的发展情况、研究团队在杜仲研究方面取得的重要成果、部分地区杜仲产业发展的具体情况、杜仲新标准的制定情况等进行了较为详细的分析与介绍，使广大关心杜仲产业发展的读者能够及时跟踪产业最新进展。

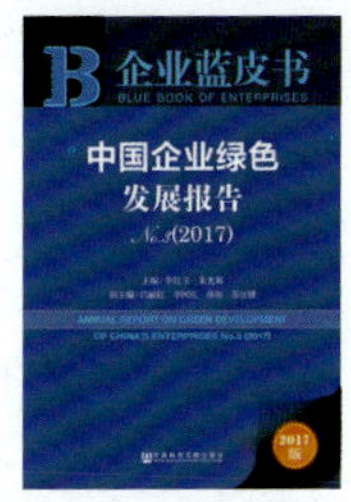

企业蓝皮书

中国企业绿色发展报告 No.2（2017）

李红玉　朱光辉 / 主编　　2017 年 11 月出版　　估价：89.00 元

◆　本书深入分析中国企业能源消费、资源利用、绿色金融、绿色产品、绿色管理、信息化、绿色发展政策及绿色文化方面的现状，并对目前存在的问题进行研究，剖析因果，谋划对策，为企业绿色发展提供借鉴，为中国生态文明建设提供支撑。

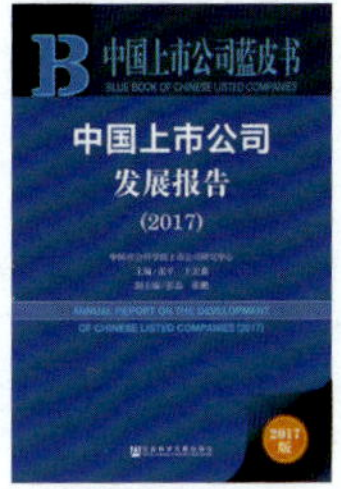

中国上市公司蓝皮书

中国上市公司发展报告（2017）

张平　王宏淼 / 主编　　2017 年 9 月出版　　定价：98.00 元

◆　本书由中国社会科学院上市公司研究中心组织编写的，着力于全面、真实、客观反映当前中国上市公司财务状况和价值评估的综合性年度报告。本书详尽分析了 2016 年中国上市公司情况，特别是现实中暴露出的制度性、基础性问题，并对资本市场改革进行了探讨。

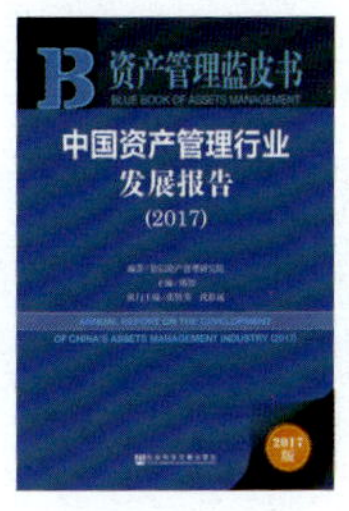

资产管理蓝皮书

中国资产管理行业发展报告（2017）

智信资产管理研究院 / 编著　　2017 年 7 月出版　　定价：98.00 元

◆　中国资产管理行业刚刚兴起，未来将成为中国金融市场最有看点的行业。本书主要分析了 2016 年度资产管理行业的发展情况，同时对资产管理行业的未来发展做出科学的预测。

体育蓝皮书

中国体育产业发展报告（2017）

阮伟　钟秉枢 / 主编　　2017 年 12 月出版　　估价：89.00 元

◆　本书运用多种研究方法，在体育竞赛业、体育用品业、体育场馆业、体育传媒业等传统产业研究的基础上，并对 2016 年体育领域内的各种热点事件进行研究和梳理，进一步拓宽了研究的广度、提升了研究的高度、挖掘了研究的深度。

国际问题类

国际问题类皮书关注全球重点国家与地区，
提供全面、独特的解读与研究

美国蓝皮书

美国研究报告（2017）

郑秉文　黄平 / 主编　2017 年 5 月出版　定价：89.00 元

◆　本书是由中国社会科学院美国研究所主持完成的研究成果，它回顾了美国 2016 年的经济、政治形势与外交战略，对 2017 年以来美国内政外交发生的重大事件及重要政策进行了较为全面的回顾和梳理。

日本蓝皮书

日本研究报告（2017）

杨伯江 / 主编　2017 年 6 月出版　定价：89.00 元

◆　本书对 2016 年日本的政治、经济、社会、外交等方面的发展情况做了系统介绍，对日本的热点及焦点问题进行了总结和分析，并在此基础上对该国 2017 年的发展前景做出预测。

亚太蓝皮书

亚太地区发展报告（2017）

李向阳 / 主编　2017 年 5 月出版　定价：79.00 元

◆　本书是中国社会科学院亚太与全球战略研究院的集体研究成果。2017 年的“亚太蓝皮书”继续关注中国周边环境的变化。该书盘点了 2016 年亚太地区的焦点和热点问题，为深入了解 2016 年及未来中国与周边环境的复杂形势提供了重要参考。

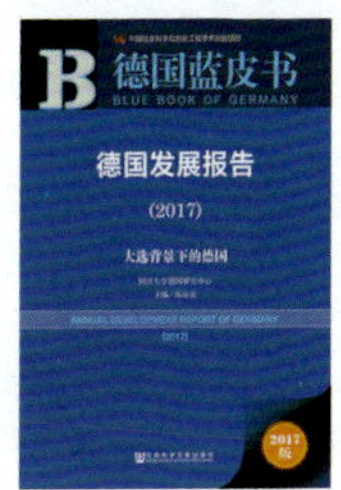

德国蓝皮书

德国发展报告（2017）

郑春荣 / 主编　2017 年 6 月出版　定价：79.00 元

◆　本报告由同济大学德国研究所组织编撰，由该领域的专家学者对德国的政治、经济、社会文化、外交等方面的形势发展情况，进行全面的阐述与分析。

日本经济蓝皮书

日本经济与中日经贸关系研究报告（2017）

张季风 / 编著　2017 年 6 月出版　定价：89.00 元

◆　本书系统、详细地介绍了 2016 年日本经济以及中日经贸关系发展情况，在进行了大量数据分析的基础上，对 2017 年日本经济以及中日经贸关系的大致发展趋势进行了分析与预测。

俄罗斯黄皮书

俄罗斯发展报告（2017）

李永全 / 编著　2017 年 6 月出版　定价：89.00 元

◆　本书系统介绍了 2016 年俄罗斯经济政治情况，并对 2016 年该地区发生的焦点、热点问题进行了分析与回顾；在此基础上，对该地区 2017 年的发展前景进行了预测。

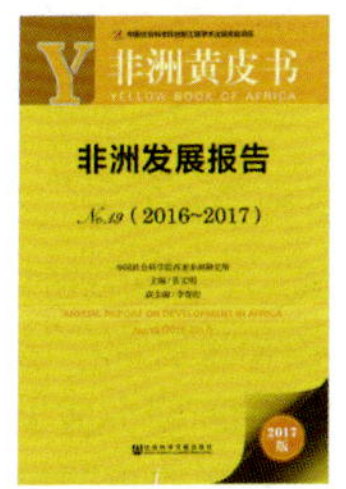

非洲黄皮书

非洲发展报告 No.19（2016 ~ 2017）

张宏明 / 主编　2017 年 7 月出版　定价：89.00 元

◆　本书是由中国社会科学院西亚非洲研究所组织编撰的非洲形势年度报告，比较全面、系统地分析了 2016 年非洲政治形势和热点问题，探讨了非洲经济形势和市场走向，剖析了大国对非洲关系的新动向；此外，还介绍了国内非洲研究的新成果。

地方发展类

地方发展类皮书关注中国各省份、经济区域，
提供科学、多元的预判与资政信息

北京蓝皮书

北京公共服务发展报告（2016~2017）

施昌奎 / 主编　2017 年 3 月出版　定价：79.00 元

◆　本书是由北京市政府职能部门的领导、首都著名高校的教授、知名研究机构的专家共同完成的关于北京市公共服务发展与创新的研究成果。

河南蓝皮书

河南经济发展报告（2017）

张占仓　完世伟 / 主编　2017 年 4 月出版　定价：79.00 元

◆　本书以国内外经济发展环境和走向为背景，主要分析当前河南经济形势，预测未来发展趋势，全面反映河南经济发展的最新动态、热点和问题，为地方经济发展和领导决策提供参考。

广州蓝皮书

2017 年中国广州经济形势分析与预测

魏明海　谢博能　李华 / 主编　2017 年 6 月出版　定价：85.00 元

◆　本书由广州大学与广州市委政策研究室、广州市统计局联合主编，汇集了广州科研团体、高等院校和政府部门诸多经济问题研究专家、学者和实际部门工作者的最新研究成果，是关于广州经济运行情况和相关专题分析、预测的重要参考资料。

文化传媒类

文化传媒类皮书透视文化领域、文化产业，探索文化大繁荣、大发展的路径

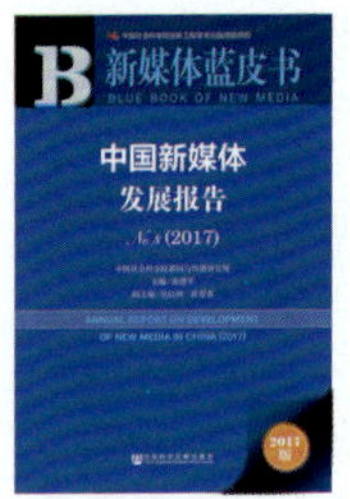

新媒体蓝皮书

中国新媒体发展报告 No.8（2017）

唐绪军 / 主编　2017 年 6 月出版　定价：79.00 元

◆　本书是由中国社会科学院新闻与传播研究所组织编写的关于新媒体发展的最新年度报告，旨在全面分析中国新媒体的发展现状，解读新媒体的发展趋势，探析新媒体的深刻影响。

移动互联网蓝皮书

中国移动互联网发展报告（2017）

余清楚 / 主编　2017 年 6 月出版　定价：98.00 元

◆　本书着眼于对 2016 年度中国移动互联网的发展情况做深入解析，对未来发展趋势进行预测，力求从不同视角、不同层面全面剖析中国移动互联网发展的现状、年度突破及热点趋势等。

传媒蓝皮书

中国传媒产业发展报告（2017）

崔保国 / 主编　2017 年 5 月出版　定价：98.00 元

◆　“传媒蓝皮书”连续十多年跟踪观察和系统研究中国传媒产业发展。本报告在对传媒产业总体以及各细分行业发展状况与趋势进行深入分析基础上，对年度发展热点进行跟踪，剖析新技术引领下的商业模式，对传媒各领域发展趋势、内体经营、传媒投资进行解析，为中国传媒产业正在发生的变革提供前瞻行参考。

经济类

“三农”互联网金融蓝皮书
中国“三农”互联网金融发展报告（2017）
著(编)者：李勇坚 王弢　2017年8月出版 / 估价：98.00元
PSN B-2016-561-1/1

“一带一路”投资安全蓝皮书
中国“一带一路”投资与安全研究报告（2017）
著(编)者：邹统钎 梁昊光　2017年4月出版 / 定价：89.00元
PSN B-2017-612-1/1

G20国家创新竞争力黄皮书
二十国集团（G20）国家创新竞争力发展报告（2016~2017）
著(编)者：李建平 李闽榕 赵新力 周天勇
2017年8月出版 / 估价：158.00元
PSN Y-2011-229-1/1

产业蓝皮书
中国产业竞争力报告（2017）No.7
著(编)者：张其仔　2017年12月出版 / 估价：98.00元
PSN B-2010-175-1/1

城市创新蓝皮书
中国城市创新报告（2017）
著(编)者：周天勇 旷建伟　2017年11月出版 / 估价：89.00元
PSN B-2013-340-1/1

城市蓝皮书
中国城市发展报告 No.10
著(编)者：潘家华 单菁菁　2017年9月出版 / 估价：89.00元
PSN B-2007-091-1/1

城乡一体化蓝皮书
中国城乡一体化发展报告（2016~2017）
著(编)者：汝信 付崇兰　2017年7月出版 / 估价：85.00元
PSN B-2011-226-1/2

城镇化蓝皮书
中国新型城镇化健康发展报告（2017）
著(编)者：张占斌　2017年11月出版 / 估价：89.00元
PSN B-2014-396-1/1

创新蓝皮书
创新型国家建设报告（2016~2017）
著(编)者：詹正茂　2017年12月出版 / 估价：89.00元
PSN B-2009-140-1/1

创业蓝皮书
中国创业发展报告（2016~2017）
著(编)者：黄群慧 赵卫星 钟宏武等
2017年11月出版 / 估价：89.00元
PSN B-2016-578-1/1

低碳发展蓝皮书
中国低碳发展报告（2017）
著(编)者：张希良 齐晔　2017年6月出版 / 定价：79.00元
PSN B-2011-223-1/1

低碳经济蓝皮书
中国低碳经济发展报告（2017）
著(编)者：薛进军 赵忠秀　2017年7月出版 / 估价：85.00元
PSN B-2011-194-1/1

东北蓝皮书
中国东北地区发展报告（2017）
著(编)者：姜晓秋　2017年 2 月出版 / 定价：79.00元
PSN B-2006-067-1/1

发展与改革蓝皮书
中国经济发展和体制改革报告No.8
著(编)者：邹东涛 王再文　2017年7月出版 / 估价：98.00元
PSN B-2008-122-1/1

工业化蓝皮书
中国工业化进程报告（1999~2015）
著(编)者：黄群慧 李芳芳 等
2017年5月出版 / 定价：158.00元
PSN B-2007-095-1/1

管理蓝皮书
中国管理发展报告（2017）
著(编)者：张晓东　2017年10月出版 / 估价：98.00元
PSN B-2014-416-1/1

国际城市蓝皮书
国际城市发展报告（2017）
著(编)者：屠启宇　2017年2月出版 / 定价：79.00元
PSN B-2012-260-1/1

国家创新蓝皮书
中国创新发展报告（2017）
著(编)者：陈劲　2018年3月出版 / 估价：89.00元
PSN B-2014-370-1/1

金融蓝皮书
中国金融发展报告（2017）
著(编)者：王国刚　2017年2月出版 / 定价：79.00元
PSN B-2004-031-1/6

京津冀金融蓝皮书
京津冀金融发展报告（2017）
著(编)者：王爱俭 李向前
2017年7月出版 / 估价：89.00元
PSN B-2016-528-1/1

京津冀蓝皮书
京津冀发展报告（2017）
著(编)者：祝合良 叶堂林 张贵祥 等
2017年4月出版 / 估价：89.00元
PSN B-2012-262-1/1

经济蓝皮书
2017年中国经济形势分析与预测
著(编)者：李扬　2017年1月出版 / 定价：89.00元
PSN B-1996-001-1/1

经济蓝皮书·春季号
2017年中国经济前景分析
著(编)者：李扬　2017年5月出版 / 定价：79.00元
PSN B-1999-008-1/1

经济蓝皮书·夏季号
中国经济增长报告（2016~2017）
著(编)者：李扬　2017年9月出版 / 估价：98.00元
PSN B-2010-176-1/1

经济信息绿皮书
中国与世界经济发展报告（2017）
著(编)者：杜平　2017年12月出版 / 定价：89.00元
PSN G-2003-023-1/1

就业蓝皮书
2017年中国本科生就业报告
著(编)者：麦可思研究院　2017年6月出版 / 定价：98.00元
PSN B-2009-146-1/2

就业蓝皮书
2017年中国高职高专生就业报告
著(编)者：麦可思研究院　　2017年6月出版 / 定价：98.00元
PSN B-2015-472-2/2

科普能力蓝皮书
中国科普能力评价报告（2017）
著(编)者：李富 强李群　　2017年8月出版 / 估价：89.00元
PSN B-2016-556-1/1

临空经济蓝皮书
中国临空经济发展报告（2017）
著(编)者：连玉明　　2017年9月出版 / 估价：89.00元
PSN B-2014-421-1/1

农村绿皮书
中国农村经济形势分析与预测（2016～2017）
著(编)者：魏后凯 黄秉信
2017年4月出版 / 定价：79.00元
PSN G-1998-003-1/1

农业应对气候变化蓝皮书
气候变化对中国农业影响评估报告 No.3
著(编)者：矫梅燕　　2017年8月出版 / 估价：98.00元
PSN B-2014-413-1/1

气候变化绿皮书
应对气候变化报告（2017）
著(编)者：王伟光 郑国光　　2017年11月出版 / 估价：89.00元
PSN G-2009-144-1/1

区域蓝皮书
中国区域经济发展报告（2016～2017）
著(编)者：赵弘　　2017年5月出版 / 定价：79.00元
PSN B-2004-034-1/1

全球环境竞争力绿皮书
全球环境竞争力报告（2017）
著(编)者：李建平 李闽榕 王金南
2017年12月出版 / 估价：198.00元
PSN G-2013-363-1/1

人口与劳动绿皮书
中国人口与劳动问题报告 No.18
著(编)者：蔡昉 张车伟　　2017年11月出版 / 估价：89.00元
PSN G-2000-012-1/1

商务中心区蓝皮书
中国商务中心区发展报告 No.3（2016）
著(编)者：李国红 单菁菁　　2017年9月出版 / 估价：98.00元
PSN B-2015-444-1/1

世界经济黄皮书
2017年世界经济形势分析与预测
著(编)者：张宇燕　　2017年1月出版 / 定价：89.00元
PSN Y-1999-006-1/1

世界旅游城市绿皮书
世界旅游城市发展报告（2017）
著(编)者：宋宇　　2017年7月出版 / 估价：128.00元
PSN G-2014-400-1/1

土地市场蓝皮书
中国农村土地市场发展报告（2016～2017）
著(编)者：李光荣　　2017年7月出版 / 估价：89.00元
PSN B-2016-527-1/1

西北蓝皮书
中国西北发展报告（2017）
著(编)者：任宗哲 白宽犁 王建康
2017年4月出版 / 定价：88.00元
PSN B-2012-261-1/1

西部蓝皮书
中国西部发展报告（2017）
著(编)者：徐璋勇　　2017年8月出版 / 定价：89.00元
PSN B-2005-039-1/1

新型城镇化蓝皮书
新型城镇化发展报告（2017）
著(编)者：李伟 宋敏 沈体雁　　2018年7月出版 / 估价：98.00元
PSN B-2014-431-1/1

新兴经济体蓝皮书
金砖国家发展报告（2017）
著(编)者：林跃勤 周文　　2017年12月出版 / 估价：89.00元
PSN B-2011-195-1/1

长三角蓝皮书
2017年创新融合发展的长三角
著(编)者：王庆五　　2018年3月出版 / 估价：88.00元
PSN B-2005-038-1/1

中部竞争力蓝皮书
中国中部经济社会竞争力报告（2017）
著(编)者：教育部人文社会科学重点研究基地
南昌大学中国中部经济社会发展研究中心
2017年12月出版 / 估价：89.00元
PSN B-2012-276-1/1

中部蓝皮书
中国中部地区发展报告（2017）
著(编)者：宋亚平　　2017年12月出版 / 估价：88.00元
PSN B-2007-089-1/1

中国省域竞争力蓝皮书
中国省域经济综合竞争力发展报告（2017）
著(编)者：李建平 李闽榕 高燕京
2017年2月出版 / 定价：198.00元
PSN B-2007-088-1/1

中三角蓝皮书
长江中游城市群发展报告（2017）
著(编)者：秦尊文　　2017年9月出版 / 估价：89.00元
PSN B-2014-417-1/1

中小城市绿皮书
中国中小城市发展报告（2017）
著(编)者：中国城市经济学会中小城市经济发展委员会
中国城镇化促进会中小城市发展委员会
《中国中小城市发展报告》编纂委员会
中小城市发展战略研究院
2017年11月出版 / 估价：128.00元
PSN G-2010-161-1/1

中原蓝皮书
中原经济区发展报告（2017）
著(编)者：李英杰　　2017年7月出版 / 估价：88.00元
PSN B-2011-192-1/1

自贸区蓝皮书
中国自贸区发展报告（2017）
著(编)者：王力 黄育华　　2017年6月出版 / 定价：89.00元
PSN B-2016-559-1/1

社会政法类

北京蓝皮书
中国社区发展报告（2017）
著(编)者：于燕燕　　2018年4月出版 / 估价：89.00元
PSN B-2007-083-5/8

殡葬绿皮书
中国殡葬事业发展报告（2017）
著(编)者：李伯森　　2017年11月出版 / 估价：158.00元
PSN G-2010-180-1/1

城市管理蓝皮书
中国城市管理报告（2016~2017）
著(编)者：刘林　刘承水　2017年7月出版 / 估价：158.00元
PSN B-2013-336-1/1

城市生活质量蓝皮书
中国城市生活质量报告（2017）
著(编)者：中国经济实验研究院
2018年2月出版 / 估价：89.00元
PSN B-2013-326-1/1

城市政府能力蓝皮书
中国城市政府公共服务能力评估报告（2017）
著(编)者：何艳玲　　2017年7月出版 / 估价：89.00元
PSN B-2013-338-1/1

慈善蓝皮书
中国慈善发展报告（2017）
著(编)者：杨团　　2017年6月出版 / 定价：98.00元
PSN B-2009-142-1/1

党建蓝皮书
党的建设研究报告 No.2（2017）
著(编)者：崔建民　陈东平　　2017年7月出版 / 估价：89.00元
PSN B-2016-524-1/1

地方法治蓝皮书
中国地方法治发展报告 No.3（2017）
著(编)者：李林　田禾　2017年7出版 / 估价：108.00元
PSN B-2015-442-1/1

法治蓝皮书
中国法治发展报告 No.15（2017）
著(编)者：李林 田禾　　2017年3月出版 / 定价：118.00元
PSN B-2004-027-1/1

法治政府蓝皮书
中国法治政府发展报告（2017）
著(编)者：中国政法大学法治政府研究院
2018年4月出版 / 估价：98.00元
PSN B-2015-502-1/2

法治政府蓝皮书
中国法治政府评估报告（2017）
著(编)者：中国政法大学法治政府研究院
2017年11月出版 / 估价：98.00元
PSN B-2016-577-2/2

法治蓝皮书
中国法院信息化发展报告 No.1（2017）
著(编)者：李林 田禾　　2017年2月出版 / 定价：108.00元
PSN B-2017-604-3/3

反腐倡廉蓝皮书
中国反腐倡廉建设报告 No.7
著(编)者：张英伟　　2017年12月出版 / 估价：89.00元
PSN B-2012-259-1/1

非传统安全蓝皮书
中国非传统安全研究报告（2016~2017）
著(编)者：余潇枫 魏志江　　2017年7月出版 / 估价：89.00元
PSN B-2012-273-1/1

妇女发展蓝皮书
中国妇女发展报告 No.7
著(编)者：王金玲　　2017年9月出版 / 估价：148.00元
PSN B-2006-069-1/1

妇女教育蓝皮书
中国妇女教育发展报告 No.4
著(编)者：张李玺　　2017年10月出版 / 估价：78.00元
PSN B-2008-121-1/1

妇女绿皮书
中国性别平等与妇女发展报告（2017）
著(编)者：谭琳　　2017年12月出版 / 估价：99.00元
PSN G-2006-073-1/1

公共服务蓝皮书
中国城市基本公共服务力评价（2017）
著(编)者：钟君 刘志昌 吴正杲　　2017年12月出版 / 估价：89.00
PSN B-2011-214-1/1

公民科学素质蓝皮书
中国公民科学素质报告（2016~2017）
著(编)者：李群　陈雄　马宗文
2017年7月出版 / 估价：89.00元
PSN B-2014-379-1/1

公共关系蓝皮书
中国公共关系发展报告（2017）
著(编)者：柳斌杰　　2017年11月出版 / 估价：89.00元
PSN B-2016-580-1/1

公益蓝皮书
中国公益慈善发展报告（2017）
著(编)者：朱健刚　　2018年4月出版 / 估价：118.00元
PSN B-2012-283-1/1

国际人才蓝皮书
中国国际移民报告（2017）
著(编)者：王辉耀　　2017年7月出版 / 估价：89.00元
PSN B-2012-304-3/4

国际人才蓝皮书
中国留学发展报告（2017）No.5
著(编)者：王辉耀 苗绿　　2017年10月出版 / 估价：89.00元
PSN B-2012-244-2/4

海关发展蓝皮书
中国海关发展前沿报告
著(编)者：干春晖　　2017年6月出版 / 定价：89.00元
PSN B-2017-616-1/1

海洋社会蓝皮书
中国海洋社会发展报告（2017）
著(编)者：崔凤 宋宁而　　2018年3月出版 / 估价：89.00元
PSN B-2015-478-1/1

行政改革蓝皮书
中国行政体制改革报告（2017）No.6
著(编)者：魏礼群　　2017年7月出版 / 估价：98.00元
PSN B-2011-231-1/1

华侨华人蓝皮书
华侨华人研究报告（2017）
著(编)者：贾益民　2017年12月出版 / 估价：128.00元
PSN B-2011-204-1/1

环境竞争力绿皮书
中国省域环境竞争力发展报告（2017）
著(编)者：李建平 李闽榕 王金南
2017年11月出版 / 估价：198.00元
PSN G-2010-165-1/1

环境绿皮书
中国环境发展报告（2016~2017）
著(编)者：李波　　2017年4月出版 / 定价：89.00元
PSN G-2006-048-1/1

基金会蓝皮书
中国基金会发展报告（2016~2017）
著(编)者：中国基金会发展报告课题组
2017年7月出版 / 估价：85.00元
PSN B-2013-368-1/1

基金会绿皮书
中国基金会发展独立研究报告（2017）
著(编)者：基金会中心网 中央民族大学基金会研究中心
2017年7月出版 / 估价：88.00元
PSN G-2011-213-1/1

基金会透明度蓝皮书
中国基金会透明度发展研究报告（2017）
著(编)者：基金会中心网 清华大学廉政与治理研究中心
2017年12月出版 / 估价：89.00元
PSN B-2015-509-1/1

家庭蓝皮书
中国“创建幸福家庭活动”评估报告（2017）
国务院发展研究中心“创建幸福家庭活动评估”课题组著
2017年8月出版 / 估价：89.00元
PSN B-2015-508-1/1

健康城市蓝皮书
中国健康城市建设研究报告（2017）
著(编)者：王鸿春 解树江 盛继洪
2017年9月出版 / 估价：89.00元
PSN B-2016-565-2/2

健康中国蓝皮书
社区首诊与健康中国分析报告（2017）
著(编)者：高和荣 杨叔禹 姜杰
2017年4月出版 / 定价：99.00元
PSN B-2017-611-1/1

教师蓝皮书
中国中小学教师发展报告（2017）
著(编)者：曾晓东 鱼霞　　2017年7月出版 / 估价：89.00元
PSN B-2012-289-1/1

教育蓝皮书
中国教育发展报告（2017）
著(编)者：杨东平　　2017年4月出版 / 定价：89.00元
PSN B-2006-047-1/1

京津冀教育蓝皮书
京津冀教育发展研究报告（2016~2017）
著(编)者：方中雄　　2017年4月出版 / 定价：98.00元
PSN B-2017-608-1/1

科普蓝皮书
国家科普能力发展报告（2016～2017）
著(编)者：王康友　　2017年5月出版 / 定价：128.00元
PSN B-2017-631-1/1

科普蓝皮书
中国基层科普发展报告（2016～2017）
著(编)者：赵立 新陈玲　　2017年9月出版 / 估价：89.00元
PSN B-2016-569-3/3

科普蓝皮书
中国科普基础设施发展报告（2017）
著(编)者：任福君　　2017年7月出版 / 估价：89.00元
PSN B-2010-174-1/3

科普蓝皮书
中国科普人才发展报告（2017）
著(编)者：郑念 任嵘嵘　　2017年7月出版 / 估价：98.00元
PSN B-2015-512-2/3

科学教育蓝皮书
中国科学教育发展报告（2017）
著(编)者：罗晖 王康友　　2017年10月出版 / 估价：89.00元
PSN B-2015-487-1/1

劳动保障蓝皮书
中国劳动保障发展报告（2017）
著(编)者：刘燕斌　　2017年9月出版 / 估价：188.00元
PSN B-2014-415-1/1

老龄蓝皮书
中国老年宜居环境发展报告（2017）
著(编)者：党俊武 周燕珉　　2017年11月出版 / 估价：89.00元
PSN B-2013-320-1/1

连片特困区蓝皮书
中国连片特困区发展报告（2016~2017）
著(编)者：游俊 冷志明 丁建军
2017年4月出版 / 定价：98.00元
PSN B-2013-321-1/1

流动儿童蓝皮书
中国流动儿童教育发展报告（2016）
著(编)者：杨东平　　2017年1月出版 / 定价：79.00元
PSN B-2017-600-1/1

民调蓝皮书
中国民生调查报告（2017）
著(编)者：谢耘耕　2017年12月出版 / 估价：98.00元
PSN B-2014-398-1/1

民族发展蓝皮书
中国民族发展报告（2017）
著(编)者：郝时远 王延中 王希恩
2017年4月出版 / 估价：98.00元
PSN B-2006-070-1/1

女性生活蓝皮书
中国女性生活状况报告 No.11（2017）
著(编)者：韩湘景　2017年10月出版 / 估价：98.00元
PSN B-2006-071-1/1

汽车社会蓝皮书
中国汽车社会发展报告（2017）
著(编)者：王俊秀　2017年12月出版 / 估价：89.00元
PSN B-2011-224-1/1

青年蓝皮书
中国青年发展报告（2017）No.3
著(编)者：廉思 等　2017年12月出版 / 估价：89.00元
PSN B-2013-333-1/1

青少年蓝皮书
中国未成年人互联网运用报告（2017）
著(编)者：李文革 沈洁 季为民
2017年11月出版 / 估价：89.00元
PSN B-2010-165-1/1

青少年体育蓝皮书
中国青少年体育发展报告（2017）
著(编)者：郭建军 戴健　2017年9月出版 / 估价：89.00元
PSN B-2015-482-1/1

群众体育蓝皮书
中国群众体育发展报告（2017）
著(编)者：刘国永 杨桦　2017年12月出版 / 估价：89.00元
PSN B-2016-519-2/3

人权蓝皮书
中国人权事业发展报告 No.7（2017）
著(编)者：李君如　2017年9月出版 / 估价：98.00元
PSN B-2011-215-1/1

社会保障绿皮书
中国社会保障发展报告（2017）No.8
著(编)者：王延中　2017年7月出版 / 估价：98.00元
PSN G-2001-014-1/1

社会风险评估蓝皮书
风险评估与危机预警评估报告（2017）
著(编)者：唐钧　2017年11月出版 / 估价：85.00元
PSN B-2016-521-1/1

社会管理蓝皮书
中国社会管理创新报告 No.5
著(编)者：连玉明　2017年11月出版 / 估价：89.00元
PSN B-2012-300-1/1

社会蓝皮书
2017年中国社会形势分析与预测
著(编)者：李培林　陈光金　张翼
2016年12月出版 / 定价：89.00元
PSN B-1998-002-1/1

社会体制蓝皮书
中国社会体制改革报告No.5（2017）
著(编)者：龚维斌　2017年3月出版 / 定价：89.00元
PSN B-2013-330-1/1

社会心态蓝皮书
中国社会心态研究报告（2017）
著(编)者：王俊秀 杨宜音　2017年12月出版 / 估价：89.00元
PSN B-2011-199-1/1

社会组织蓝皮书
中国社会组织发展报告（2016~2017）
著(编)者：黄晓勇　2017年1月出版 / 定价：89.00元
PSN B-2008-118-1/2

社会组织蓝皮书
中国社会组织评估发展报告（2017）
著(编)者：徐家良 廖鸿　2017年12月出版 / 估价：89.00元
PSN B-2013-366-1/1

生态城市绿皮书
中国生态城市建设发展报告（2017）
著(编)者：刘举科 孙伟平 胡文臻
2017年9月出版 / 估价：118.00元
PSN G-2012-269-1/1

生态文明绿皮书
中国省域生态文明建设评价报告（ECI 2017）
著(编)者：严耕　2017年12月出版 / 估价：98.00元
PSN G-2010-170-1/1

土地整治蓝皮书
中国土地整治发展研究报告 No.4
著(编)者：国土资源部土地整治中心
2017年7月出版 / 定价：89.00元
PSN B-2014-401-1/1

土地政策蓝皮书
中国土地政策研究报告（2017）
著(编)者：高延利 李宪文
2017年12月出版 / 定价：89.00元
PSN B-2015-506-1/1

退休生活蓝皮书
中国城市居民退休生活质量指数报告（2016）
著(编)者：杨一凡　2017年5月出版 / 定价：79.00元
PSN B-2017-618-1/1

遥感监测绿皮书
中国可持续发展遥感监测报告（2016）
著(编)者：顾行发 李闽榕 徐东华
2017年6月出版 / 定价：298.00元
PSN B-2017-629-1/1

医改蓝皮书
中国医药卫生体制改革报告（2017）
著(编)者：文学国 房志武 2017年11月出版 / 估价：98.00元
PSN B-2014-432-1/1

医疗卫生绿皮书
中国医疗卫生发展报告 No.7（2017）
著(编)者：申宝忠 韩玉珍 2017年11月出版 / 估价：85.00元
PSN G-2004-033-1/1

应急管理蓝皮书
中国应急管理报告（2017）
著(编)者：宋英华 2017年9月出版 / 估价：98.00元
PSN B-2016-563-1/1

政治参与蓝皮书
中国政治参与报告（2017）
著(编)者：房宁 2017年8月出版 / 定价：118.00元
PSN B-2011-200-1/1

宗教蓝皮书
中国宗教报告（2016）
著(编)者：邱永辉 2017年8月出版 / 定价：79.00元
PSN B-2008-117-1/1

行业报告类

SUV蓝皮书
中国SUV市场发展报告（2016~2017）
著(编)者：靳军 2017年9月出版 / 估价：89.00元
PSN B-2016-572-1/1

保健蓝皮书
中国保健服务产业发展报告 No.2
著(编)者：中国保健协会 中共中央党校
2017年7月出版 / 估价：198.00元
PSN B-2012-272-3/3

保健蓝皮书
中国保健食品产业发展报告 No.2
著(编)者：中国保健协会
中国社会科学院食品药品产业发展与监管研究中心
2017年7月出版 / 估价：198.00元
PSN B-2012-271-2/3

保健蓝皮书
中国保健用品产业发展报告 No.2
著(编)者：中国保健协会
国务院国有资产监督管理委员会研究中心
2017年7月出版 / 估价：198.00元
PSN B-2012-270-1/3

保险蓝皮书
中国保险业竞争力报告（2017）
著(编)者：保监会 2017年12月出版 / 估价：99.00元
PSN B-2013-311-1/1

冰雪蓝皮书
中国滑雪产业发展报告（2017）
著(编)者：孙承华 伍斌 魏庆华 张鸿俊
2017年9月出版 / 定价：79.00元
PSN B-2016-560-1/1

彩票蓝皮书
中国彩票发展报告（2017）
著(编)者：益彩基金 2017年7月出版 / 估价：98.00元
PSN B-2015-462-1/1

餐饮产业蓝皮书
中国餐饮产业发展报告（2017）
著(编)者：邢颖 2017年6月出版 / 定价：98.00元
PSN B-2009-151-1/1

测绘地理信息蓝皮书
新常态下的测绘地理信息研究报告（2017）
著(编)者：库热西・买合苏提
2017年12月出版 / 估价：118.00元
PSN B-2009-145-1/1

茶业蓝皮书
中国茶产业发展报告（2017）
著(编)者：杨江帆 李闽榕 2017年10月出版 / 估价：88.00元
PSN B-2010-164-1/1

产权市场蓝皮书
中国产权市场发展报告（2016～2017）
著(编)者：曹和平 2017年5月出版 / 估价：89.00元
PSN B-2009-147-1/1

产业安全蓝皮书
中国出版传媒产业安全报告（2016~2017）
著(编)者：北京印刷学院文化产业安全研究院
2017年7月出版 / 估价：89.00元
PSN B-2014-384-13/14

产业安全蓝皮书
中国文化产业安全报告（2017）
著(编)者：北京印刷学院文化产业安全研究院
2017年12月出版 / 估价：89.00元
PSN B-2014-378-12/14

产业安全蓝皮书
中国新媒体产业安全报告（2017）
著(编)者：肖丽
2018年6月出版 / 估价：89.00元
PSN B-2015-500-14/14

城投蓝皮书
中国城投行业发展报告（2017）
著(编)者：王晨艳 丁伯康 2017年9月出版 / 定价：300.00元
PSN B-2016-514-1/1

电子政务蓝皮书
中国电子政务发展报告（2016~2017）
著(编)者：李季 杜平 2017年7月出版 / 估价：89.00元
PSN B-2003-022-1/1

大数据蓝皮书
中国大数据发展报告No.1
著(编)者：连玉明 2017年5月出版 / 定价：79.00元
PSN B-2017-620-1/1

杜仲产业绿皮书
中国杜仲橡胶资源与产业发展报告（2016 ~ 2017）
著(编)者：杜红岩 胡文臻 俞锐
2017年11月出版 / 估价：85.00元
PSN G-2013-350-1/1

对外投资与风险蓝皮书
中国对外直接投资与国家风险报告（2017）
著(编)者：中债资信评估有限公司
中国社科院世界经济与政治研究所
2017年4月出版 / 定价：189.00元
PSN B-2017-606-1/1

房地产蓝皮书
中国房地产发展报告 No.14（2017）
著(编)者：李春华 王业强 2017年5月出版 / 定价：89.00元
PSN B-2004-028-1/1

服务外包蓝皮书
中国服务外包产业发展报告（2017）
著(编)者：王晓红 刘德军
2017年7月出版 / 估价：89.00元
PSN B-2013-331-2/2

服务外包蓝皮书
中国服务外包竞争力报告（2017）
著(编)者：王力 刘春生 黄育华
2017年11月出版 / 估价：85.00元
PSN B-2011-216-1/2

工业和信息化蓝皮书
世界网络安全发展报告（2016~2017）
著(编)者：尹丽波 2017年6月出版 / 定价：89.00元
PSN B-2015-452-5/6

工业和信息化蓝皮书
世界信息化发展报告（2016~2017）
著(编)者：尹丽波 2017年6月出版 / 定价：89.00元
PSN B-2015-451-4/6

工业和信息化蓝皮书
世界信息技术产业发展报告（2016~2017）
著(编)者：尹丽波 2017年6月出版 / 定价：89.00元
PSN B-2015-449-2/6

工业和信息化蓝皮书
移动互联网产业发展报告（2016~2017）
著(编)者：尹丽波 2017年6月出版 / 定价：89.00元
PSN B-2015-448-1/6

工业和信息化蓝皮书
战略性新兴产业发展报告（2016~2017）
著(编)者：尹丽波 2017年6月出版 / 定价：89.00元
PSN B-2015-450-3/6

工业和信息化蓝皮书
世界智慧城市发展报告（2016~2017）
著(编)者：尹丽波 2017年6月出版 / 定价：89.00元
PSN B-2017-624-6/6

工业和信息化蓝皮书
人工智能发展报告（2016~2017）
著(编)者：尹丽波 2017年6月出版 / 定价：89.00元
PSN B-2015-448-1/6

工业设计蓝皮书
中国工业设计发展报告（2017）
著(编)者：王晓红 于炜 张立群
2017年9月出版 / 估价：138.00元
PSN B-2014-420-1/1

黄金市场蓝皮书
中国商业银行黄金业务发展报告（2016~2017）
著(编)者：平安银行 2017年7月出版 / 估价：98.00元
PSN B-2016-525-1/1

互联网金融蓝皮书
中国互联网金融发展报告（2017）
著(编)者：李东荣 2017年9月出版 / 定价：128.00元
PSN B-2014-374-1/1

互联网医疗蓝皮书
中国互联网健康医疗发展报告（2017）
著(编)者：芮晓武 2017年6月出版 / 定价：89.00元
PSN B-2016-568-1/1

会展蓝皮书
中外会展业动态评估年度报告（2017）
著(编)者：张敏 2017年7月出版 / 估价：88.00元
PSN B-2013-327-1/1

金融监管蓝皮书
中国金融监管报告（2017）
著(编)者：胡滨 2017年5月出版 / 定价：89.00元
PSN B-2012-281-1/1

金融信息服务蓝皮书
中国金融信息服务发展报告（2017）
著(编)者：李平 2017年5月出版 / 定价：79.00元
PSN B-2017-621-1/1

金融蓝皮书
中国金融中心发展报告（2017）
著(编)者：王力 黄育华 2017年11月出版 / 估价：85.00元
PSN B-2011-186-6/6

建筑装饰蓝皮书
中国建筑装饰行业发展报告（2017）
著(编)者：刘晓一 葛道顺 2017年11月出版 / 估价：198.00元
PSN B-2016-554-1/1

客车蓝皮书
中国客车产业发展报告（2016~2017）
著(编)者：姚蔚　2017年10月出版 / 估价：85.00元
PSN B-2013-361-1/1

旅游安全蓝皮书
中国旅游安全报告（2017）
著(编)者：郑向敏 谢朝武　2017年5月出版 / 定价：128.00元
PSN B-2012-280-1/1

旅游绿皮书
2016～2017年中国旅游发展分析与预测
著(编)者：宋瑞　2017年2月出版 / 定价：89.00元
PSN G-2002-018-1/1

煤炭蓝皮书
中国煤炭工业发展报告（2017）
著(编)者：岳福斌　2017年12月出版 / 估价：85.00元
PSN B-2008-123-1/1

民营企业社会责任蓝皮书
中国民营企业社会责任报告（2017）
著(编)者：中华全国工商业联合会
2017年12月出版 / 估价：89.00元
PSN B-2015-510-1/1

民营医院蓝皮书
中国民营医院发展报告（2017）
著(编)者：庄一强　2017年10月出版 / 估价：85.00元
PSN B-2012-299-1/1

闽商蓝皮书
闽商发展报告（2017）
著(编)者：李闽榕 王日根 林琛
2017年12月出版 / 估价：89.00元
PSN B-2012-298-1/1

能源蓝皮书
中国能源发展报告（2017）
著(编)者：崔民选 王军生 陈义和
2017年10月出版 / 估价：98.00元
PSN B-2006-049-1/1

农产品流通蓝皮书
中国农产品流通产业发展报告（2017）
著(编)者：贾敬敦 张东科 张玉玺 张鹏毅 周伟
2017年7月出版 / 估价：89.00元
PSN B-2012-288-1/1

企业公益蓝皮书
中国企业公益研究报告（2017）
著(编)者：钟宏武 汪杰 顾一 黄晓娟 等
2017年12月出版 / 估价：89.00元
PSN B-2015-501-1/1

企业国际化蓝皮书
中国企业国际化报告（2017）
著(编)者：王辉耀　2017年11月出版 / 估价：98.00元
PSN B-2014-427-1/1

企业蓝皮书
中国企业绿色发展报告 No.2（2017）
著(编)者：李红玉 朱光辉　2017年11月出版 / 估价：89.00元
PSN B-2015-481-2/2

企业社会责任蓝皮书
中国企业社会责任研究报告（2017）
著(编)者：黄群慧 钟宏武 张蒽 翟利峰
2017年11月出版 / 估价：89.00元
PSN B-2009-149-1/1

企业社会责任蓝皮书
中资企业海外社会责任研究报告（2016~2017）
著(编)者：钟宏武 叶柳红 张蒽
2017年1月出版 / 定价：79.00元
PSN B-2017-603-2/2

汽车安全蓝皮书
中国汽车安全发展报告（2017）
著(编)者：中国汽车技术研究中心
2017年7月出版 / 估价：89.00元
PSN B-2014-385-1/1

汽车电子商务蓝皮书
中国汽车电子商务发展报告（2017）
著(编)者：中华全国工商业联合会汽车经销商商会
北京易观智库网络科技有限公司
2017年10月出版 / 估价：128.00元
PSN B-2015-485-1/1

汽车工业蓝皮书
中国汽车工业发展年度报告（2017）
著(编)者：中国汽车工业协会 中国汽车技术研究中心
丰田汽车（中国）投资有限公司
2017年5月出版 / 定价：128.00元
PSN B-2015-463-1/2

汽车工业蓝皮书
中国汽车零部件产业发展报告（2017）
著(编)者：中国汽车工业协会 中国汽车工程研究院
2017年月出版 / 估价：98.00元
PSN B-2016-515-2/2

汽车蓝皮书
中国汽车产业发展报告（2017）
著(编)者：国务院发展研究中心产业经济研究部
中国汽车工程学会 大众汽车集团（中国）
2017年8月出版 / 估价：98.00元
PSN B-2008-124-1/1

人力资源蓝皮书
中国人力资源发展报告（2017）
著(编)者：余兴安　2017年11月出版 / 估价：89.00元
PSN B-2012-287-1/1

融资租赁蓝皮书
中国融资租赁业发展报告（2016～2017）
著(编)者：李光荣 王力　2017年11月出版 / 估价：89.00元
PSN B-2015-443-1/1

商会蓝皮书
中国商会发展报告No.5（2017）
著(编)者：王钦敏　2017年7月出版 / 估价：89.00元
PSN B-2008-125-1/1

输血服务蓝皮书
中国输血行业发展报告（2017）
著(编)者：朱永明 耿鸿武　2016年12月出版 / 估价：89.00元
PSN B-2016-583-1/1

社会责任管理蓝皮书
中国上市公司社会责任能力成熟度报告（2017）No.2
著(编)者：肖红军 王晓光 李伟阳
2017年12月出版 / 估价：98.00元
PSN B-2015-507-2/2

社会责任管理蓝皮书
中国企业公众透明度报告(2017)No.3
著(编)者：黄速建 熊梦 王晓光 肖红军
2017年4月出版 / 估价：98.00元
PSN B-2015-440-1/2

食品药品蓝皮书
食品药品安全与监管政策研究报告（2016~2017）
著(编)者：唐民皓 2017年7月出版 / 估价：89.00元
PSN B-2009-129-1/1

世界茶业蓝皮书
世界茶业发展报告（2017）
著(编)者：李闽榕 冯廷栓 2017年5月出版 / 定价：118.00元
PSN B-2017-619-1/1

世界能源蓝皮书
世界能源发展报告（2017）
著(编)者：黄晓勇 2017年6月出版 / 定价：99.00元
PSN B-2013-349-1/1

水利风景区蓝皮书
中国水利风景区发展报告（2017）
著(编)者：谢婵才 兰思仁 2017年7月出版 / 估价：89.00元
PSN B-2015-480-1/1

碳市场蓝皮书
中国碳市场报告（2017）
著(编)者：定金彪 2017年11月出版 / 估价：89.00元
PSN B-2014-430-1/1

体育蓝皮书
中国体育产业发展报告（2017）
著(编)者：阮伟 钟秉枢 2017年12月出版 / 估价：89.00元
PSN B-2010-179-1/5

体育蓝皮书
中国体育产业基地发展报告（2015~2016）
著(编)者：李颖川 2017年4月出版 / 定价：89.00元
PSN B-2017-609-5/5

网络空间安全蓝皮书
中国网络空间安全发展报告（2017）
著(编)者：惠志斌 唐涛 2017年7月出版 / 估价：89.00元
PSN B-2015-466-1/1

西部金融蓝皮书
中国西部金融发展报告（2017）
著(编)者：李忠民 2017年8月出版 / 估价：85.00元
PSN B-2010-160-1/1

协会商会蓝皮书
中国行业协会商会发展报告（2017）
著(编)者：景朝阳 李勇 2017年7月出版 / 估价：99.00元
PSN B-2015-461-1/1

新能源汽车蓝皮书
中国新能源汽车产业发展报告（2017）
著(编)者：中国汽车技术研究中心
日产（中国）投资有限公司 东风汽车有限公司
2017年7月出版 / 估价：98.00元
PSN B-2013-347-1/1

新三板蓝皮书
中国新三板市场发展报告（2017）
著(编)者：王力 2017年7月出版 / 估价：89.00元
PSN B-2016-534-1/1

信托市场蓝皮书
中国信托业市场报告（2016~2017）
著(编)者：用益信托研究院
2017年1月出版 / 定价：198.00元
PSN B-2014-371-1/1

信息化蓝皮书
中国信息化形势分析与预测（2016~2017）
著(编)者：周宏仁 2017年8月出版 / 估价：98.00元
PSN B-2010-168-1/1

信用蓝皮书
中国信用发展报告（2017）
著(编)者：章政 田侃 2017年7月出版 / 估价：99.00元
PSN B-2013-328-1/1

休闲绿皮书
2017年中国休闲发展报告
著(编)者：宋瑞 2017年10月出版 / 估价：89.00元
PSN G-2010-158-1/1

休闲体育蓝皮书
中国休闲体育发展报告（2016~2017）
著(编)者：李相如 钟炳枢 2017年10月出版 / 估价：89.00
PSN G-2016-516-1/1

养老金融蓝皮书
中国养老金融发展报告（2017）
著(编)者：董克用 姚余栋
2017年9月出版 / 定价：89.00元
PSN B-2016-584-1/1

药品流通蓝皮书
中国药品流通行业发展报告（2017）
著(编)者：佘鲁林 温再兴 2017年8月出版 / 估价：158.00元
PSN B-2014-429-1/1

医院蓝皮书
中国医院竞争力报告（2017）
著(编)者：庄一强 曾益新 2017年3月出版 / 定价：108.00元
PSN B-2016-529-1/1

瑜伽蓝皮书
中国瑜伽业发展报告（2016~2017）
著(编)者：张永建 徐华锋 朱泰余
2017年3月出版 / 定价：108.00元
PSN B-2017-675-1/1

邮轮绿皮书
中国邮轮产业发展报告（2017）
著(编)者：汪泓　2017年10月出版 / 估价：89.00元
PSN G-2014-419-1/1

智能养老蓝皮书
中国智能养老产业发展报告（2017）
著(编)者：朱勇　2017年10月出版 / 估价：89.00元
PSN B-2015-488-1/1

债券市场蓝皮书
中国债券市场发展报告（2016～2017）
著(编)者：杨农　2017年10月出版 / 估价：89.00元
PSN B-2016-573-1/1

中国节能汽车蓝皮书
中国节能汽车发展报告（2016~2017）
著(编)者：中国汽车工程研究院股份有限公司
2017年9月出版 / 估价：98.00元
PSN B-2016-566-1/1

中国上市公司蓝皮书
中国上市公司发展报告（2017）
著(编)者：张平 王宏淼
2017年9月出版 / 定价：98.00元
PSN B-2014-414-1/1

中国陶瓷产业蓝皮书
中国陶瓷产业发展报告（2017）
著(编)者：左和平 黄速建　2017年10月出版 / 估价：98.00元
PSN B-2016-574-1/1

中医药蓝皮书
中国中医药知识产权发展报告No.1
著(编)者：汪红 屠志涛　2017年4月出版 / 定价：158.00元
PSN B-2016-574-1/1

中国总部经济蓝皮书
中国总部经济发展报告（2016～2017）
著(编)者：赵弘　2017年9月出版 / 估价：89.00元
PSN B-2005-036-1/1

中医文化蓝皮书
中国中医药文化传播发展报告（2017）
著(编)者：毛嘉陵　2017年7月出版 / 估价：89.00元
PSN B-2015-468-1/1

装备制造业蓝皮书
中国装备制造业发展报告（2017）
著(编)者：徐东华　2017年12月出版 / 估价：148.00元
PSN B-2015-505-1/1

资本市场蓝皮书
中国场外交易市场发展报告（2016～2017）
著(编)者：高峦　2017年7月出版 / 估价：89.00元
PSN B-2009-153-1/1

资产管理蓝皮书
中国资产管理行业发展报告（2017）
著(编)者：智信资产管理研究院
2017年7月出版 / 定价：98.00元
PSN B-2014-407-2/2

文化传媒类

传媒竞争力蓝皮书
中国传媒国际竞争力研究报告（2017）
著(编)者：李本乾 刘强
2017年11月出版 / 估价：148.00元
PSN B-2013-356-1/1

传媒蓝皮书
中国传媒产业发展报告（2017）
著(编)者：崔保国　2017年5月出版 / 定价：98.00元
PSN B-2005-035-1/1

传媒投资蓝皮书
中国传媒投资发展报告（2017）
著(编)者：张向东 谭云明
2017年7月出版 / 估价：128.00元
PSN B-2015-474-1/1

动漫蓝皮书
中国动漫产业发展报告（2017）
著(编)者：卢斌 郑玉明 牛兴侦
2017年9月出版 / 估价：89.00元
PSN B-2011-198-1/1

非物质文化遗产蓝皮书
中国非物质文化遗产发展报告（2017）
著(编)者：陈平　2017年7月出版 / 估价：98.00元
PSN B-2015-469-1/1

广电蓝皮书
中国广播电影电视发展报告（2017）
著(编)者：国家新闻出版广电总局发展研究中心
2017年7月出版 / 估价：98.00元
PSN B-2006-072-1/1

广告主蓝皮书
中国广告主营销传播趋势报告 No.9
著(编)者：黄升民 杜国清 邵华冬 等
2017年10月出版 / 估价：148.00元
PSN B-2005-041-1/1

国际传播蓝皮书
中国国际传播发展报告（2017）
著(编)者：胡正荣 李继东 姬德强
2017年11月出版 / 估价：89.00元
PSN B-2014-408-1/1

国家形象蓝皮书
中国国家形象传播报告（2016）
著(编)者：张昆　2017年3月出版 / 定价：98.00元
PSN B-2017-605-1/1

纪录片蓝皮书
中国纪录片发展报告（2017）
著(编)者：何苏六　2017年9月出版 / 估价：89.00元
PSN B-2011-222-1/1

科学传播蓝皮书
中国科学传播报告（2017）
著(编)者：詹正茂　2017年7月出版 / 估价：89.00元
PSN B-2008-120-1/1

两岸创意经济蓝皮书
两岸创意经济研究报告（2017）
著(编)者：罗昌智 林咏能
2017年10月出版 / 估价：98.00元
PSN B-2014-437-1/1

媒介与女性蓝皮书
中国媒介与女性发展报告(2016~2017)
著(编)者：刘利群　2018年5月出版 / 估价：118.00元
PSN B-2013-345-1/1

媒体融合蓝皮书
中国媒体融合发展报告（2017）
著(编)者：梅宁华 宋建武　2017年7月出版 / 估价：89.00元
PSN B-2015-479-1/1

全球传媒蓝皮书
全球传媒发展报告（2016~2017）
著(编)者：胡正荣 李继东
2017年6月出版 / 定价：89.00元
PSN B-2012-237-1/1

少数民族非遗蓝皮书
中国少数民族非物质文化遗产发展报告（2017）
著(编)者：肖远平（彝） 柴立（满）
2017年8月出版 / 估价：98.00元
PSN B-2015-467-1/1

视听新媒体蓝皮书
中国视听新媒体发展报告（2017）
著(编)者：国家新闻出版广电总局发展研究中心
2017年11月出版 / 估价：98.00元
PSN B-2011-184-1/1

文化创新蓝皮书
中国文化创新报告（2016）No.7
著(编)者：于平 傅才武　2017年4月出版 / 定价：89.00元
PSN B-2009-143-1/1

文化建设蓝皮书
中国文化发展报告（2017）
著(编)者：江畅 孙伟平 戴茂堂
2017年5月出版 / 定价：98.00元
PSN B-2014-392-1/1

文化金融蓝皮书
中国文化金融发展报告（2017）
著(编)者：杨涛 余巍　2017年5月出版 / 定价：98.00元
PSN B-2017-610-1/1

文化科技蓝皮书
文化科技创新发展报告（2017）
著(编)者：于平 李凤亮　2017年11月出版 / 估价：89.00元
PSN B-2013-342-1/1

文化蓝皮书
中国公共文化服务发展报告（2017）
著(编)者：刘新成 张永新 张旭
2017年12月出版 / 估价：98.00元
PSN B-2007-093-2/10

文化蓝皮书
中国公共文化投入增长测评报告（2017）
著(编)者：王亚南　2017年2月出版 / 定价：79.00元
PSN B-2014-435-10/10

文化蓝皮书
中国少数民族文化发展报告（2016~2017）
著(编)者：武翠英 张晓明 任乌晶
2017年9月出版 / 估价：89.00元
PSN B-2013-369-9/10

文化蓝皮书
中国文化产业发展报告（2016~2017）
著(编)者：张晓明 王家新 章建刚
2017年7月出版 / 估价：89.00元
PSN B-2002-019-1/10

文化蓝皮书
中国文化产业供需协调检测报告（2017）
著(编)者：王亚南　2017年2月出版 / 定价：79.00元
PSN B-2013-323-8/10

文化蓝皮书
中国文化消费需求景气评价报告（2017）
著(编)者：王亚南　2017年2月出版 / 定价：79.00元
PSN B-2011-236-4/10

文化品牌蓝皮书
中国文化品牌发展报告（2017）
著(编)者：欧阳友权　2017年7月出版 / 估价：98.00元
PSN B-2012-277-1/1

文化遗产蓝皮书
中国文化遗产事业发展报告（2017）
著(编)者：苏杨 张颖岚 王宇飞
2017年8月出版 / 估价：98.00元
PSN B-2008-119-1/1

文学蓝皮书
中国文情报告（2016～2017）
著(编)者：白烨　2017年5月出版 / 定价：69.00元
PSN B-2011-221-1/1

新媒体蓝皮书
中国新媒体发展报告No.8（2017）
著(编)者：唐绪军　2017年7月出版 / 定价：79.00元
PSN B-2010-169-1/1

新媒体社会责任蓝皮书
中国新媒体社会责任研究报告（2017）
著(编)者：钟瑛　2017年11月出版 / 估价：89.00元
PSN B-2014-423-1/1

移动互联网蓝皮书
中国移动互联网发展报告（2017）
著(编)者：余清楚　2017年6月出版 / 定价：98.00元
PSN B-2012-282-1/1

舆情蓝皮书
中国社会舆情与危机管理报告（2017）
著(编)者：谢耘耕　2017年9月出版 / 估价：128.00元
PSN B-2011-235-1/1

影视蓝皮书
中国影视产业发展报告（2017）
著(编)者：司若　2017年4月出版 / 定价：98.00元
PSN B-2016-530-1/1

地方发展类

安徽经济蓝皮书
合芜蚌国家自主创新综合示范区研究报告（2016～2017）
著(编)者：黄家海 王开玉 蔡宪
2017年7月出版 / 估价：89.00元
PSN B-2014-383-1/1

安徽蓝皮书
安徽社会发展报告（2017）
著(编)者：程桦　2017年5月出版 / 定价：89.00元
PSN B-2013-325-1/1

澳门蓝皮书
澳门经济社会发展报告（2016～2017）
著(编)者：吴志良 郝雨凡　2017年7月出版 / 定价：98.00元
PSN B-2009-138-1/1

澳门绿皮书
澳门旅游休闲发展报告（2016～2017）
著(编)者：郝雨凡 林广志　2017年5月出版 / 定价：88.00元
PSN G-2017-617-1/1

北京蓝皮书
北京公共服务发展报告（2016～2017）
著(编)者：施昌奎　2017年3月出版 / 定价：79.00元
PSN B-2008-103-7/8

北京蓝皮书
北京经济发展报告（2016～2017）
著(编)者：杨松　2017年6月出版 / 定价：89.00元
PSN B-2006-054-2/8

北京蓝皮书
北京社会发展报告（2016～2017）
著(编)者：李伟东　2017年7月出版 / 定价：79.00元
PSN B-2006-055-3/8

北京蓝皮书
北京社会治理发展报告（2016～2017）
著(编)者：殷星辰　2017年7月出版 / 定价：79.00元
PSN B-2014-391-8/8

北京蓝皮书
北京文化发展报告（2016～2017）
著(编)者：李建盛　2017年5月出版 / 定价：79.00元
PSN B-2007-082-4/8

北京律师绿皮书
北京律师发展报告No.3（2017）
著(编)者：王隽　2017年7月出版 / 估价：88.00元
PSN G-2012-301-1/1

北京旅游绿皮书
北京旅游发展报告（2017）
著(编)者：北京旅游学会　2017年7月出版 / 定价：88.00元
PSN B-2011-217-1/1

北京人才蓝皮书
北京人才发展报告（2017）
著(编)者：于淼　2017年12月出版 / 估价：128.00元
PSN B-2011-201-1/1

北京社会心态蓝皮书
北京社会心态分析报告（2016～2017）
著(编)者：北京社会心理研究所
2017年11月出版 / 估价：89.00元
PSN B-2014-422-1/1

北京社会组织管理蓝皮书
北京社会组织发展与管理（2016～2017）
著(编)者：黄江松　2017年7月出版 / 估价：88.00元
PSN B-2015-446-1/1

北京体育蓝皮书
北京体育产业发展报告（2016～2017）
著(编)者：钟秉枢 陈杰 杨铁黎
2017年9月出版 / 估价：89.00元
PSN B-2015-475-1/1

北京养老产业蓝皮书
北京养老产业发展报告（2017）
著(编)者：周明明 冯喜良　2017年11月出版 / 估价：89.00元
PSN B-2015-465-1/1

非公有制企业社会责任蓝皮书
北京非公有制企业社会责任报告（2017）
著(编)者：宗贵伦 冯培　2017年6月出版 / 定价：89.00元
PSN B-2017-613-1/1

滨海金融蓝皮书
滨海新区金融发展报告（2017）
著(编)者：王爱俭 张锐钢　2018年4月出版 / 估价：89.00元
PSN B-2014-424-1/1

城乡一体化蓝皮书
北京城乡一体化发展报告（2016～2017）
著(编)者：吴宝新 张宝秀 黄序
2017年5月出版 / 定价：85.00元
PSN B-2012-258-2/2

创意城市蓝皮书
北京文化创意产业发展报告（2017）
著(编)者：张京成 王国华 2017年10月出版 / 估价：89.00元
PSN B-2012-263-1/7

创意城市蓝皮书
天津文化创意产业发展报告（2016～2017）
著(编)者：谢思全 2017年11月出版 / 估价：89.00元
PSN B-2016-537-7/7

创意城市蓝皮书
武汉文化创意产业发展报告（2017）
著(编)者：黄永林 陈汉桥 2017年11月出版 / 估价：99.00元
PSN B-2013-354-4/7

创意上海蓝皮书
上海文化创意产业发展报告（2016～2017）
著(编)者：王慧敏 王兴全 2017年11月出版 / 估价：89.00元
PSN B-2016-562-1/1

福建妇女发展蓝皮书
福建省妇女发展报告（2017）
著(编)者：刘群英 2017年11月出版 / 估价：88.00元
PSN B-2011-220-1/1

福建自贸区蓝皮书
中国（福建）自由贸易实验区发展报告（2016～2017）
著(编)者：黄茂兴 2017年4月出版 / 定价：108.00元
PSN B-2017-532-1/1

甘肃蓝皮书
甘肃经济发展分析与预测（2017）
著(编)者：安文华 罗哲 2017年1月出版 / 定价：79.00元
PSN B-2013-312-1/6

甘肃蓝皮书
甘肃社会发展分析与预测（2017）
著(编)者：安文华 包晓霞 谢增虎
2017年1月出版 / 定价：79.00元
PSN B-2013-313-2/6

甘肃蓝皮书
甘肃文化发展分析与预测（2017）
著(编)者：王俊莲 周小华 2017年1月出版 / 定价：79.00元
PSN B-2013-314-3/6

甘肃蓝皮书
甘肃县域和农村发展报告（2017）
著(编)者：朱智文 包东红 王建兵
2017年1月出版 / 定价：79.00元
PSN B-2013-316-5/6

甘肃蓝皮书
甘肃舆情分析与预测（2017）
著(编)者：陈双梅 张谦元 2017年1月出版 / 定价：79.00元
PSN B-2013-315-4/6

甘肃蓝皮书
甘肃商贸流通发展报告（2017）
著(编)者：张应华 王福生 王晓芳
2017年1月出版 / 定价：79.00元
PSN B-2016-523-6/6

广东蓝皮书
广东全面深化改革发展报告（2017）
著(编)者：周林生 涂成林 2017年12月出版 / 估价：89.00元
PSN B-2015-504-3/3

广东蓝皮书
广东社会工作发展报告（2017）
著(编)者：罗观翠 2017年7月出版 / 估价：89.00元
PSN B-2014-402-2/3

广东外经贸蓝皮书
广东对外经济贸易发展研究报告（2016~2017）
著(编)者：陈万灵 2017年6月出版 / 定价：89.00元
PSN B-2012-286-1/1

广西北部湾经济区蓝皮书
广西北部湾经济区开放开发报告（2017）
著(编)者：广西北部湾经济区规划建设管理委员会办公室
广西社会科学院广西北部湾发展研究院
2017年7月出版 / 估价：89.00元
PSN B-2010-181-1/1

巩义蓝皮书
巩义经济社会发展报告（2017）
著(编)者：丁同民 朱军 2017年7月出版 / 估价：58.00元
PSN B-2016-533-1/1

广州蓝皮书
2017年中国广州经济形势分析与预测
著(编)者：魏明海 谢博能 李华
2017年6月出版 / 定价：85.00元
PSN B-2011-185-9/14

广州蓝皮书
2017年中国广州社会形势分析与预测
著(编)者：张强 何镜清
2017年6月出版 / 定价：88.00元
PSN B-2008-110-5/14

广州蓝皮书
广州城市国际化发展报告（2017）
著(编)者：朱名宏 2017年8月出版 / 估价：79.00元
PSN B-2012-246-11/14

广州蓝皮书
广州创新型城市发展报告（2017）
著(编)者：尹涛 2017年6月出版 / 定价：79.00元
PSN B-2012-247-12/14

广州蓝皮书
广州经济发展报告（2017）
著(编)者：朱名宏 2017年7月出版 / 估价：79.00元
PSN B-2005-040-1/14

广州蓝皮书
广州农村发展报告（2017）
著(编)者：朱名宏 2017年8月出版 / 估价：79.00元
PSN B-2010-167-8/14

广州蓝皮书
广州汽车产业发展报告（2017）
著(编)者：杨再高 冯兴亚 2017年7月出版 / 估价：79.00元
PSN B-2006-066-3/14

广州蓝皮书
广州青年发展报告（2016～2017）
著(编)者：徐柳 张强 2017年9月出版 / 估价：79.00元
PSN B-2013-352-13/14

广州蓝皮书
广州商贸业发展报告（2017）
著(编)者：李江涛 肖振宇 荀振英
2017年7月出版 / 定价：79.00元
PSN B-2012-245-10/14

广州蓝皮书
广州社会保障发展报告（2017）
著(编)者：蔡国萱 2017年8月出版 / 定价：79.00元
PSN B-2014-425-14/14

广州蓝皮书
广州文化创意产业发展报告（2017）
著(编)者：徐咏虹 2017年7月出版 / 定价：79.00元
PSN B-2008-111-6/14

广州蓝皮书
中国广州城市建设与管理发展报告（2017）
著(编)者：董皞 陈小钢 李江涛
2017年11月出版 / 估价：85.00元
PSN B-2007-087-4/14

广州蓝皮书
中国广州科技创新发展报告（2017）
著(编)者：邹采荣 马正勇 陈爽
2017年8月出版 / 定价：85.00元
PSN B-2006-065-2/14

广州蓝皮书
中国广州文化发展报告（2017）
著(编)者：屈哨兵 陆志强
2017年6月出版 / 定价：79.00元
PSN B-2009-134-7/14

贵阳蓝皮书
贵阳城市创新发展报告No.2（白云篇）
著(编)者：连玉明 2017年5月出版 / 定价：98.00元
PSN B-2015-491-3/10

贵阳蓝皮书
贵阳城市创新发展报告No.2（观山湖篇）
著(编)者：连玉明 2017年5月出版 / 定价：98.00元
PSN B-2011-235-1/1

贵阳蓝皮书
贵阳城市创新发展报告No.2（花溪篇）
著(编)者：连玉明 2017年5月出版 / 定价：98.00元
PSN B-2015-490-2/10

贵阳蓝皮书
贵阳城市创新发展报告No.2（开阳篇）
著(编)者：连玉明 2017年5月出版 / 定价：98.00元
PSN B-2015-492-4/10

贵阳蓝皮书
贵阳城市创新发展报告No.2（南明篇）
著(编)者：连玉明 2017年5月出版 / 定价：98.00元
PSN B-2015-496-8/10

贵阳蓝皮书
贵阳城市创新发展报告No.2（清镇篇）
著(编)者：连玉明 2017年5月出版 / 定价：98.00元
PSN B-2015-489-1/10

贵阳蓝皮书
贵阳城市创新发展报告No.2（乌当篇）
著(编)者：连玉明 2017年5月出版 / 定价：98.00元
PSN B-2015-495-7/10

贵阳蓝皮书
贵阳城市创新发展报告No.2（息烽篇）
著(编)者：连玉明 2017年5月出版 / 定价：98.00元
PSN B-2015-493-5/10

贵阳蓝皮书
贵阳城市创新发展报告No.2（修文篇）
著(编)者：连玉明 2017年5月出版 / 定价：98.00元
PSN B-2015-494-6/10

贵阳蓝皮书
贵阳城市创新发展报告No.2（云岩篇）
著(编)者：连玉明 2017年5月出版 / 定价：98.00元
PSN B-2015-498-10/10

贵州房地产蓝皮书
贵州房地产发展报告No.4（2017）
著(编)者：武廷方 2017年7月出版 / 定价：89.00元
PSN B-2014-426-1/1

贵州蓝皮书
贵州册亨经济社会发展报告 (2017)
著(编)者：黄德林 2017年11月出版 / 估价：89.00元
PSN B-2016-526-8/9

贵州蓝皮书
贵安新区发展报告（2016~2017）
著(编)者：马长青 吴大华 2017年11月出版 / 估价：89.00元
PSN B-2015-459-4/9

贵州蓝皮书
贵州法治发展报告（2017）
著(编)者：吴大华 2017年5月出版 / 定价：89.00元
PSN B-2012-254-2/9

贵州蓝皮书
贵州国有企业社会责任发展报告（2016～2017）
著(编)者：郭丽 周航 万强
2017年12月出版 / 估价：89.00元
PSN B-2015-511-6/9

贵州蓝皮书
贵州民航业发展报告（2017）
著(编)者：申振东 吴大华 2017年10月出版 / 估价：89.00元
PSN B-2015-471-5/9

贵州蓝皮书
贵州民营经济发展报告（2017）
著(编)者：杨静 吴大华 2017年11月出版 / 估价：89.00元
PSN B-2016-531-9/9

贵州蓝皮书
贵州人才发展报告（2017）
著(编)者：于杰 吴大华 2017年11月出版 / 估价：89.00元
PSN B-2014-382-3/9

贵州蓝皮书
贵州社会发展报告（2017）
著(编)者：王兴骥 2017年3月出版 / 定价：98.00元
PSN B-2010-166-1/9

贵州蓝皮书
贵州国家级开放创新平台发展报告（2017）
著(编)者：申晓庆 吴大华 李泓
2017年7月出版 / 估价：89.00元
PSN B-2016-518-1/9

海淀蓝皮书
海淀区文化和科技融合发展报告（2017）
著(编)者：陈名杰 孟景伟 2017年11月出版 / 估价：85.00元
PSN B-2013-329-1/1

杭州都市圈蓝皮书
杭州都市圈发展报告（2017）
著(编)者：沈翔 戚建国 2017年11月出版 / 估价：128.00元
PSN B-2012-302-1/1

杭州蓝皮书
杭州妇女发展报告（2017）
著(编)者：魏颖 2017年11月出版 / 估价：89.00元
PSN B-2014-403-1/1

河北经济蓝皮书
河北省经济发展报告（2017）
著(编)者：马树强 金浩 张贵
2017年7月出版 / 估价：89.00元
PSN B-2014-380-1/1

河北蓝皮书
河北经济社会发展报告（2017）
著(编)者：郭金平 2017年1月出版 / 定价：79.00元
PSN B-2014-372-1/3

河北蓝皮书
河北法治发展报告（2017）
著(编)者：郭金平 李永君 2017年1月出版 / 定价：79.00元
PSN B-2017-622-3/3

河北蓝皮书
京津冀协同发展报告（2017）
著(编)者：陈路 2017年1月出版 / 定价：79.00元
PSN B-2017-601-2/3

河北食品药品安全蓝皮书
河北食品药品安全研究报告（2017）
著(编)者：丁锦霞 2017年11月出版 / 估价：89.00元
PSN B-2015-473-1/1

河南经济蓝皮书
2017年河南经济形势分析与预测
著(编)者：王世炎 2017年3月出版 / 定价：79.00元
PSN B-2007-086-1/1

河南蓝皮书
2017年河南社会形势分析与预测
著(编)者：牛苏林 2017年5月出版 / 定价：79.00元
PSN B-2005-043-1/9

河南蓝皮书
河南城市发展报告（2017）
著(编)者：张占仓 王建国 2017年5月出版 / 定价：79.00元
PSN B-2009-131-3/9

河南蓝皮书
河南法治发展报告（2017）
著(编)者：丁同民 张林海 2017年7月出版 / 估价：89.00元
PSN B-2014-376-6/9

河南蓝皮书
河南工业发展报告（2017）
著(编)者：张占仓 2017年5月出版 / 定价：89.00元
PSN B-2013-317-5/9

河南蓝皮书
河南金融发展报告（2017）
著(编)者：河南省社会科学院
2017年7月出版 / 估价：89.00元
PSN B-2014-390-7/9

河南蓝皮书
河南经济发展报告（2017）
著(编)者：张占仓 完世伟 2017年4月出版 / 定价：79.00元
PSN B-2010-157-4/9

河南蓝皮书
河南能源发展报告（2017）
著(编)者：魏胜民 袁凯声 2017年3月出版 / 定价：79.00元
PSN B-2017-607-9/9

河南蓝皮书
河南农业农村发展报告（2017）
著(编)者：吴海峰 2017年11月出版 / 估价：89.00元
PSN B-2015-445-8/9

河南蓝皮书
河南文化发展报告（2017）
著(编)者：卫绍生 2017年7月出版 / 定价：78.00元
PSN B-2008-106-2/9

河南商务蓝皮书
河南商务发展报告（2017）
著(编)者：焦锦淼 穆荣国 2017年5月出版 / 定价：88.00元
PSN B-2014-399-1/1

黑龙江蓝皮书
黑龙江经济发展报告（2017）
著(编)者：朱宇 2017年1月出版 / 定价：79.00元
PSN B-2011-190-2/2

黑龙江蓝皮书
黑龙江社会发展报告（2017）
著(编)者：谢宝禄 2017年1月出版 / 定价：79.00元
PSN B-2011-189-1/2

湖北文化蓝皮书
湖北文化发展报告（2017）
著(编)者：吴成国 2017年10月出版 / 估价：95.00元
PSN B-2016-567-1/1

湖南城市蓝皮书
区域城市群整合
著(编)者：童中贤 韩未名
2017年12月出版 / 估价：89.00元
PSN B-2006-064-1/1

湖南蓝皮书
2017年湖南产业发展报告
著(编)者：梁志峰　2017年7月出版 / 估价：128.00元
PSN B-2011-207-2/8

湖南蓝皮书
2017年湖南电子政务发展报告
著(编)者：梁志峰　2017年7月出版 / 估价：128.00元
PSN B-2014-394-6/8

湖南蓝皮书
2017年湖南经济发展报告
著(编)者：卞鹰　2017年5月出版 / 定价：128.00元
PSN B-2011-206-1/8

湖南蓝皮书
2017年湖南两型社会与生态文明发展报告
著(编)者：卞鹰　2017年5月出版 / 定价：128.00元
PSN B-2011-208-3/8

湖南蓝皮书
2017年湖南社会发展报告
著(编)者：卞鹰　2017年5月出版 / 定价：128.00元
PSN B-2014-393-5/8

湖南蓝皮书
2017年湖南县域经济社会发展报告
著(编)者：梁志峰　2017年7月出版 / 估价：128.00元
PSN B-2014-395-7/8

湖南蓝皮书
湖南城乡一体化发展报告（2017）
著(编)者：陈文胜 王文强 陆福兴 邝奕轩
2017年8月出版 / 定价：89.00元
PSN B-2015-477-8/8

湖南县域绿皮书
湖南县域发展报告 No.3
著(编)者：袁准 周小毛 黎仁寅
2017年3月出版 / 定价：79.00元
PSN G-2012-274-1/1

沪港蓝皮书
沪港发展报告（2017）
著(编)者：尤安山　2017年9月出版 / 估价：89.00元
PSN B-2013-362-1/1

吉林蓝皮书
2017年吉林经济社会形势分析与预测
著(编)者：邵汉明　2016年12月出版 / 定价：79.00元
PSN B-2013-319-1/1

吉林省城市竞争力蓝皮书
吉林省城市竞争力报告（2016~2017）
著(编)者：崔岳春 张磊　2016年12月出版 / 定价：79.00元
PSN B-2015-513-1/1

济源蓝皮书
济源经济社会发展报告（2017）
著(编)者：喻新安　2017年7月出版 / 估价：89.00元
PSN B-2014-387-1/1

健康城市蓝皮书
北京健康城市建设研究报告（2017）
著(编)者：王鸿春　2017年8月出版 / 估价：89.00元
PSN B-2015-460-1/2

江苏法治蓝皮书
江苏法治发展报告 No.6（2017）
著(编)者：蔡道通 龚廷泰　2017年8月出版 / 估价：98.00元
PSN B-2012-290-1/1

江西蓝皮书
江西经济社会发展报告（2017）
著(编)者：张勇 姜玮 梁勇　2017年6月出版 / 估价：128.00元
PSN B-2015-484-1/2

江西蓝皮书
江西设区市发展报告（2017）
著(编)者：姜玮 梁勇　2017年10月出版 / 估价：79.00元
PSN B-2016-517-2/2

江西文化蓝皮书
江西文化产业发展报告（2017）
著(编)者：张圣才 汪春翔
2017年10月出版 / 估价：128.00元
PSN B-2015-499-1/1

经济特区蓝皮书
中国经济特区发展报告（2017）
著(编)者：陶一桃　2017年12月出版 / 估价：98.00元
PSN B-2009-139-1/1

辽宁蓝皮书
2017年辽宁经济社会形势分析与预测
著(编)者：梁启东
2017年6月出版 / 定价：89.00元
PSN B-2006-053-1/1

洛阳蓝皮书
洛阳文化发展报告（2017）
著(编)者：刘福兴 陈启明　2017年10月出版 / 估价：89.00元
PSN B-2015-476-1/1

南京蓝皮书
南京文化发展报告（2017）
著(编)者：徐宁　2017年10月出版 / 估价：89.00元
PSN B-2014-439-1/1

南宁蓝皮书
南宁法治发展报告（2017）
著(编)者：杨维超　2017年12月出版 / 估价：79.00元
PSN B-2015-509-1/3

南宁蓝皮书
南宁经济发展报告（2017）
著(编)者：胡建华　2017年9月出版 / 估价：79.00元
PSN B-2016-570-2/3

南宁蓝皮书
南宁社会发展报告（2017）
著(编)者：胡建华 2017年9月出版 / 估价：79.00元
PSN B-2016-571-3/3

内蒙古蓝皮书
内蒙古反腐倡廉建设报告 No.2
著(编)者：张志华 无极 2017年12月出版 / 估价：79.00元
PSN B-2013-365-1/1

浦东新区蓝皮书
上海浦东经济发展报告（2017）
著(编)者：沈开艳 周奇 2017年2月出版 / 定价：79.00元
PSN B-2011-225-1/1

青海蓝皮书
2017年青海经济社会形势分析与预测
著(编)者：陈玮 2016年12月出版 / 定价：79.00元
PSN B-2012-275-1/1

人口与健康蓝皮书
深圳人口与健康发展报告（2017）
著(编)者：陆杰华 罗乐宣 苏杨
2017年11月出版 / 估价：89.00元
PSN B-2011-228-1/1

山东蓝皮书
山东经济形势分析与预测（2017）
著(编)者：李广杰 2017年7月出版 / 估价：89.00元
PSN B-2014-404-1/4

山东蓝皮书
山东社会形势分析与预测（2017）
著(编)者：张华 唐洲雁 2017年7月出版 / 估价：89.00元
PSN B-2014-405-2/4

山东蓝皮书
山东文化发展报告（2017）
著(编)者：涂可国 2017年5月出版 / 定价：98.00元
PSN B-2014-406-3/4

山西蓝皮书
山西资源型经济转型发展报告（2017）
著(编)者：李志强 2017年7月出版 / 估价：89.00元
PSN B-2011-197-1/1

陕西蓝皮书
陕西经济发展报告（2017）
著(编)者：任宗哲 白宽犁 裴成荣
2017年1月出版 / 定价：69.00元
PSN B-2009-135-1/6

陕西蓝皮书
陕西社会发展报告（2017）
著(编)者：任宗哲 白宽犁 牛昉
2017年1月出版 / 定价：69.00元
PSN B-2009-136-2/6

陕西蓝皮书
陕西文化发展报告（2017）
著(编)者：任宗哲 白宽犁 王长寿
2017年1月出版 / 定价：69.00元
PSN B-2009-137-3/6

陕西蓝皮书
陕西精准脱贫研究报告（2017）
著(编)者：任宗哲 白宽犁 王建康
2017年6月出版 / 定价：69.00元
PSN B-2017-623-6/6

上海蓝皮书
上海传媒发展报告（2017）
著(编)者：强荧 焦雨虹 2017年2月出版 / 定价：79.00元
PSN B-2012-295-5/7

上海蓝皮书
上海法治发展报告（2017）
著(编)者：叶青 2017年7月出版 / 估价：89.00元
PSN B-2012-296-6/7

上海蓝皮书
上海经济发展报告（2017）
著(编)者：沈开艳 2017年2月出版 / 定价：79.00元
PSN B-2006-057-1/7

上海蓝皮书
上海社会发展报告（2017）
著(编)者：杨雄 周海旺 2017年2月出版 / 定价：79.00元
PSN B-2006-058-2/7

上海蓝皮书
上海文化发展报告（2017）
著(编)者：荣跃明 2017年2月出版 / 定价：79.00元
PSN B-2006-059-3/7

上海蓝皮书
上海文学发展报告（2017）
著(编)者：陈圣来 2017年7月出版 / 估价：89.00元
PSN B-2012-297-7/7

上海蓝皮书
上海资源环境发展报告（2017）
著(编)者：周冯琦 汤庆合
2017年2月出版 / 定价：79.00元
PSN B-2006-060-4/7

社会建设蓝皮书
2017年北京社会建设分析报告
著(编)者：宋贵伦 冯虹 2017年10月出版 / 估价：89.00元
PSN B-2010-173-1/1

深圳蓝皮书
深圳法治发展报告（2017）
著(编)者：张骁儒 2017年6月出版 / 定价：79.00元
PSN B-2015-470-6/7

深圳蓝皮书
深圳经济发展报告（2017）
著(编)者：张骁儒 2017年6月出版 / 定价：79.00元
PSN B-2008-112-3/7

深圳蓝皮书
深圳劳动关系发展报告（2017）
著(编)者：汤庭芬 2017年7月出版 / 估价：89.00元
PSN B-2007-097-2/7

深圳蓝皮书
深圳社会治理与发展报告（2017）
著(编)者：张骁儒 邹从兵 2017年6月出版 / 定价：79.00元
PSN B-2008-113-4/7

深圳蓝皮书
深圳文化发展报告(2017)
著(编)者：张骁儒 2017年5月出版 / 定价：79.00元
PSN B-2016-555-7/7

丝绸之路蓝皮书
丝绸之路经济带发展报告（2017）
著(编)者：任宗哲 白宽犁 谷孟宾
2017年1月出版 / 定价：75.00元
PSN B-2014-410-1/1

法治蓝皮书
四川依法治省年度报告 No.3（2017）
著(编)者：李林 杨天宗 田禾
2017年3月出版 / 定价：118.00元
PSN B-2015-447-1/1

四川蓝皮书
2017年四川经济形势分析与预测
著(编)者：杨钢 2017年1月出版 / 定价：98.00元
PSN B-2007-098-2/7

四川蓝皮书
四川城镇化发展报告（2017）
著(编)者：侯水平 陈炜 2017年4月出版 / 定价：75.00元
PSN B-2015-456-7/7

四川蓝皮书
四川法治发展报告（2017）
著(编)者：郑泰安 2017年7月出版 / 估价：89.00元
PSN B-2015-441-5/7

四川蓝皮书
四川企业社会责任研究报告（2016~2017）
著(编)者：侯水平 盛毅
2017年5月出版 / 定价：79.00元
PSN B-2014-386-4/7

四川蓝皮书
四川社会发展报告（2017）
著(编)者：李羚 2017年6月出版 / 定价：79.00元
PSN B-2008-127-3/7

四川蓝皮书
四川生态建设报告（2017）
著(编)者：李晟之 2017年5月出版 / 定价：75.00元
PSN B-2015-455-6/7

四川蓝皮书
四川文化产业发展报告（2017）
著(编)者：向宝云 张立伟
2017年4月出版 / 定价：79.00元
PSN B-2006-074-1/7

体育蓝皮书
上海体育产业发展报告（2016~2017）
著(编)者：张林 黄海燕
2017年10月出版 / 估价：89.00元
PSN B-2015-454-4/4

体育蓝皮书
长三角地区体育产业发展报告（2016~2017）
著(编)者：张林 2017年7月出版 / 估价：89.00元
PSN B-2015-453-3/4

天津金融蓝皮书
天津金融发展报告（2017）
著(编)者：王爱俭 孔德昌
2018年3月出版 / 估价：98.00元
PSN B-2014-418-1/1

图们江区域合作蓝皮书
图们江区域合作发展报告（2017）
著(编)者：李铁 2017年11月出版 / 估价：98.00元
PSN B-2015-464-1/1

温州蓝皮书
2017年温州经济社会形势分析与预测
著(编)者：蒋儒林 王春光 金浩
2017年4月出版 / 定价：79.00元
PSN B-2008-105-1/1

西咸新区蓝皮书
西咸新区发展报告（2016~2017）
著(编)者：李扬 王军 2017年11月出版 / 估价：89.00
元
PSN B-2016-535-1/1

扬州蓝皮书
扬州经济社会发展报告（2017）
著(编)者：丁纯 2017年12月出版 / 估价：98.00元
PSN B-2011-191-1/1

云南社会治理蓝皮书
云南社会治理年度报告（2016）
著(编)者：晏雄 韩全芳
2017年5月出版 / 定价：99.00元
PSN B-2011-191-1/1

长株潭城市群蓝皮书
长株潭城市群发展报告（2017）
著(编)者：张萍 2017年12月出版 / 估价：89.00元
PSN B-2008-109-1/1

中医文化蓝皮书
北京中医文化传播发展报告（2017）
著(编)者：毛嘉陵 2017年7月出版 / 估价：79.00元
PSN B-2015-468-1/2

珠三角流通蓝皮书
珠三角商圈发展研究报告（2017）
著(编)者：王先庆 林至颖
2017年7月出版 / 估价：98.00元
PSN B-2012-292-1/1

遵义蓝皮书
遵义发展报告（2017）
著(编)者：曾征 龚永育 雍思强
2017年12月出版 / 估价：89.00元
PSN B-2014-433-1/1

国际问题类

"一带一路"跨境通道蓝皮书
"一带一路"跨境通道建设研究报告（2017）
著(编)者：郭业洲　2017年8月出版 / 估价：89.00元
PSN B-2016-558-1/1

"一带一路"蓝皮书
"一带一路"建设发展报告（2017）
著(编)者：李永全　2017年6月出版 / 定价：89.00元
PSN B-2016-553-1/1

阿拉伯黄皮书
阿拉伯发展报告（2016～2017）
著(编)者：罗林　2018年3月出版 / 估价：89.00元
PSN Y-2014-381-1/1

巴西黄皮书
巴西发展报告（2017）
著(编)者：刘国枝　2017年5月出版 / 定价：85.00元
PSN Y-2017-614-1/1

北部湾蓝皮书
泛北部湾合作发展报告（2017）
著(编)者：吕余生　2017年12月出版 / 估价：85.00元
PSN B-2008-114-1/1

大湄公河次区域蓝皮书
大湄公河次区域合作发展报告（2017）
著(编)者：刘稚　2017年11月出版 / 估价：89.00元
PSN B-2011-196-1/1

大洋洲蓝皮书
大洋洲发展报告（2017）
著(编)者：喻常森　2017年10月出版 / 估价：89.00元
PSN B-2013-341-1/1

德国蓝皮书
德国发展报告（2017）
著(编)者：郑春荣　2017年6月出版 / 定价：89.00元
PSN B-2012-278-1/1

东北亚区域合作蓝皮书
2016年"一带一路"倡议与东北亚区域合作
著(编)者：刘亚政 金美花
2017年5月出版 / 定价：89.00元
PSN B-2017-631-1/1

东盟黄皮书
东盟发展报告（2017）
著(编)者：杨晓强 庄国土
2017年7月出版 / 估价：89.00元
PSN Y-2012-303-1/1

东南亚蓝皮书
东南亚地区发展报告（2016～2017）
著(编)者：厦门大学东南亚研究中心　王勤
2017年12月出版 / 估价：89.00元
PSN B-2012-240-1/1

俄罗斯黄皮书
俄罗斯发展报告（2017）
著(编)者：李永全　2017年6月出版 / 定价：89.00元
PSN Y-2006-061-1/1

非洲黄皮书
非洲发展报告 No.19（2016～2017）
著(编)者：张宏明　2017年7月出版 / 定价：89.00元
PSN Y-2012-239-1/1

公共外交蓝皮书
中国公共外交发展报告（2017）
著(编)者：赵启正 雷蔚真　2017年11月出版 / 估价：89.00元
PSN B-2015-457-1/1

国际安全蓝皮书
中国国际安全研究报告(2017)
著(编)者：刘慧　2017年11月出版 / 估价：98.00元
PSN B-2016-522-1/1

国际形势黄皮书
全球政治与安全报告（2017）
著(编)者：张宇燕　2017年1月出版 / 定价：89.00元
PSN Y-2001-016-1/1

韩国蓝皮书
韩国发展报告（2017）
著(编)者：牛林杰 刘宝全　2017年11月出版 / 估价：89.00元
PSN B-2010-155-1/1

加拿大蓝皮书
加拿大发展报告（2017）
著(编)者：仲伟合　2017年11月出版 / 估价：89.00元
PSN B-2014-389-1/1

拉美黄皮书
拉丁美洲和加勒比发展报告（2016～2017）
著(编)者：吴白乙 袁东振　2017年6月出版 / 定价：89.00元
PSN Y-1999-007-1/1

美国蓝皮书
美国研究报告（2017）
著(编)者：郑秉文 黄平　2017年5月出版 / 定价：89.00元
PSN B-2011-210-1/1

缅甸蓝皮书
缅甸国情报告（2017）
著(编)者：李晨阳　2017年12月出版 / 估价：86.00元
PSN B-2013-343-1/1

欧洲蓝皮书
欧洲发展报告（2016～2017）
著(编)者：黄平 周弘 程卫东　2017年6月出版 / 定价：89.00元
PSN B-1999-009-1/1

葡语国家蓝皮书
葡语国家发展报告（2017）
著(编)者：王成安 张敏 刘金兰
2017年12月出版 / 估价：89.00元
PSN B-2015-503-1/2

葡语国家蓝皮书
中国与葡语国家关系发展报告·巴西（2017）
著(编)者：张曙光 2017年8月出版 / 估价：89.00元
PSN B-2016-564-2/2

日本经济蓝皮书
日本经济与中日经贸关系研究报告（2017）
著(编)者：张季风 2017年6月出版 / 定价：89.00元
PSN B-2008-102-1/1

日本蓝皮书
日本研究报告（2017）
著(编)者：杨伯江 2017年6月出版 / 定价：89.00元
PSN B-2002-020-1/1

上海合作组织黄皮书
上海合作组织发展报告（2017）
著(编)者：李进峰
2017年6月出版 / 定价：98.00元
PSN Y-2009-130-1/1

世界创新竞争力黄皮书
世界创新竞争力发展报告（2017）
著(编)者：李闽榕 李建平 赵新力
2017年11月出版 / 估价：148.00元
PSN Y-2013-318-1/1

泰国蓝皮书
泰国研究报告（2017）
著(编)者：庄国土 张禹东
2017年11月出版 / 估价：118.00元
PSN B-2016-557-1/1

土耳其蓝皮书
土耳其发展报告（2017）
著(编)者：郭长刚 刘义
2017年11月出版 / 估价：89.00元
PSN B-2014-412-1/1

亚太蓝皮书
亚太地区发展报告（2017）
著(编)者：李向阳 2017年5月出版 / 定价：79.00元
PSN B-2001-015-1/1

印度蓝皮书
印度国情报告（2017）
著(编)者：吕昭义 2018年4月出版 / 估价：89.00元
PSN B-2012-241-1/1

印度洋地区蓝皮书
印度洋地区发展报告（2017）
著(编)者：汪戎 2017年6月出版 / 定价：98.00元
PSN B-2013-334-1/1

英国蓝皮书
英国发展报告（2016~2017）
著(编)者：王展鹏 2017年11月出版 / 估价：89.00元
PSN B-2015-486-1/1

越南蓝皮书
越南国情报告（2017）
著(编)者：谢林城
2017年12月出版 / 估价：89.00元
PSN B-2006-056-1/1

以色列蓝皮书
以色列发展报告（2017）
著(编)者：张倩红 2017年8月出版 / 定价：89.00元
PSN B-2015-483-1/1

伊朗蓝皮书
伊朗发展报告（2017）
著(编)者：冀开远 2017年10月出版 / 估价：89.00元
PSN B-2016-575-1/1

渝新欧蓝皮书
渝新欧沿线国家发展报告（2017）
著(编)者：杨柏 黄森 2017年6月出版 / 定价：88.00元
PSN B-2016-575-1/1

中东黄皮书
中东发展报告 No.19（2016~2017）
著(编)者：杨光 2017年10月出版 / 估价：89.00元
PSN Y-1998-004-1/1

中亚黄皮书
中亚国家发展报告（2017）
著(编)者：孙力 2017年6月出版 / 定价：98.00元
PSN Y-2012-238-1/1

✧ 皮书起源 ✧

“皮书”起源于十七、十八世纪的英国，主要指官方或社会组织正式发表的重要文件或报告，多以“白皮书”命名。在中国，“皮书”这一概念被社会广泛接受，并被成功运作、发展成为一种全新的出版形态，则源于中国社会科学院社会科学文献出版社。

✧ 皮书定义 ✧

皮书是对中国与世界发展状况和热点问题进行年度监测，以专业的角度、专家的视野和实证研究方法，针对某一领域或区域现状与发展态势展开分析和预测，具备原创性、实证性、专业性、连续性、前沿性、时效性等特点的公开出版物，由一系列权威研究报告组成。

✧ 皮书作者 ✧

皮书系列的作者以中国社会科学院、著名高校、地方社会科学院的研究人员为主，多为国内一流研究机构的权威专家学者，他们的看法和观点代表了学界对中国与世界的现实和未来最高水平的解读与分析。

✧ 皮书荣誉 ✧

皮书系列已成为社会科学文献出版社的著名图书品牌和中国社会科学院的知名学术品牌。2016 年，皮书系列正式列入“十三五”国家重点出版规划项目；2012~2016 年，重点皮书列入中国社会科学院承担的国家哲学社会科学创新工程项目；2017 年，55 种院外皮书使用“中国社会科学院创新工程学术出版项目”标识。

中国皮书网

www.pishu.cn

发布皮书研创资讯，传播皮书精彩内容
引领皮书出版潮流，打造皮书服务平台

栏目设置

关于皮书：何谓皮书、皮书分类、皮书大事记、皮书荣誉、
皮书出版第一人、皮书编辑部

最新资讯：通知公告、新闻动态、媒体聚焦、网站专题、视频直播、下载专区

皮书研创：皮书规范、皮书选题、皮书出版、皮书研究、研创团队

皮书评奖评价：指标体系、皮书评价、皮书评奖

互动专区：皮书说、皮书智库、皮书微博、数据库微博

所获荣誉

2008年、2011年，中国皮书网均在全国新闻出版业网站荣誉评选中获得“最具商业价值网站”称号；

2012年，获得“出版业网站百强”称号。

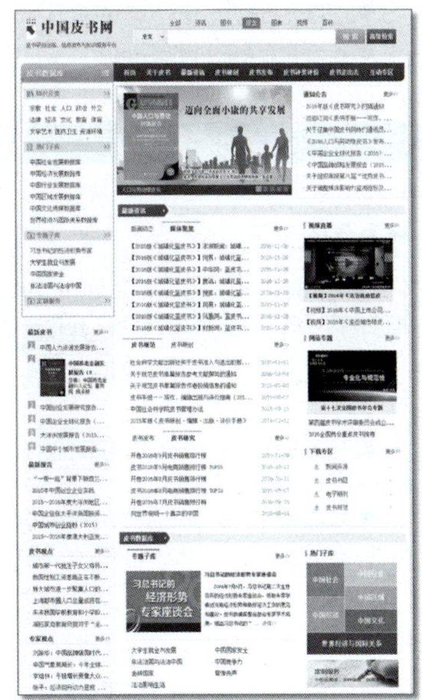

网库合一

2014年，中国皮书网与皮书数据库端口合一，实现资源共享。更多详情请登录www.pishu.cn。

皮书品牌 20 年

YEAR BOOKS

更多信息请登录

皮书数据库
http：//www.pishu.com.cn

中国皮书网
http：//www.pishu.cn

皮书微博
http：//weibo.com/pishu

皮书博客
http：//blog.sina.com.cn/pishu

皮书微信“皮书说”

咨询 / 邮购电话：010-59367028　59367070
邮　　箱：duzhe@ssap.cn
邮购地址：北京市西城区北三环中路甲29号院3号楼
华龙大厦13层读者服务中心
邮　　编：100029
银行户名：社会科学文献出版社
开户银行：中国工商银行北京北太平庄支行
账　　号：0200010019200365434